# 한반도 리빌딩 전략 2025

## 한반도 리빌딩 전략 2025

초판 1쇄 인쇄   2025년 04월 14일
초판 1쇄 발행   2025년 04월 21일

**지은이**  정일영·정대진·김병연·김진아·장영희·최은미·한상범·변준희
　　　　　백인주·조경일·이재호·이예정·최은주·윤세라·김은진·정원희
**펴낸이**  윤관백
**펴낸곳**  ㈜선인
**등 록**  제5-77호(1998.11.4)
**주 소**  서울시 양천구 남부순환로 48길 1(신월동 163-1) 1층
**전 화**  02)718-6252/6257 | **팩 스**  02)718-6253
**E-mail**  suninbook@naver.com

**정 가**  19,000원
**ISBN**  979-11-6068-967-9  93300

* 잘못된 책은 바꿔 드립니다.

# 한반도 리빌딩 전략 2025

정일영
정대진
김병연
김진아
장영희
최은미
한상범
변준희
백인주
조경일
이재호
이예정
최은주
윤세라
김은진
정원희
지음

선인

# Prologue

한반도 정세가 요동치고 있다. 12.3 비상계엄으로 시작된 우리 사회의 갈등은 여전히 현재 진행형이고, 남북관계는 서로를 적대하며 단절된 지 오래다. 트럼프 미국 대통령의 귀환과 함께 동북아 정세 또한 혼란스럽다. 이전에 없었던 불확실성의 시대가 우리 눈앞에 전개되고 있다.

혼란스러운 정세 속에 주저앉아 있을 수만은 없다. 우리는 그 변화 속에서 새로운 한반도 미래를 준비해야 한다. 훼손된 자유민주주의를 복원하고 얼어붙은 남북관계에 온기를 불어넣어야 한다. 그리고 동북아에서 펼쳐지는 강대국들의 열전 속에 한반도 평화를 모색해야 한다.

이 책은 민주주의 수호와 남북관계의 정상화, 그리고 한반도 평화의 정착이라는 시대적 과제를 함께 고민해 온 각 분야 전문가와 활동가, 교육자와 언론인 등이 함께 지혜를 모은 결과물이다.

집필자들은 한반도 내외에서 일어나고 있는 갈등과 대결을 해소하고 화해와 협력을 통해 한반도 평화를 어떻게 만들 것인지 '한반도 리빌딩 전략'을 제안한다. 관련하여 우리는 세 가지 핵심 가치를 이 책에 담고자 하였다.

첫째, 우리는 대북 및 대외 정책에서 절차적 민주성을 복원해야 한다. 더 이상 행정부가 대북, 대외 정책을 독점하며 안보를 정치 도구로 악용하고 국민의 생명을 위협하는 일이 없어야 한다. 행정부의 배타적 권한을 의회와 시민사회가 적절히 견제하고 상호 협력할 수 있는 민주적 절차를 리빌딩해야 한다.

둘째, 우리는 갈등이 고조되고 있는 한반도에서 평화를 재건해야 한다. 한반도에서 대결과 충돌이 아닌 '대화와 교류, 협력을 통한 평화'를 추구해야 한다. 우리는 동북아에서 역내 갈등을 해소하기 위한 정부 간 대화를 다시 시작하고 정부와 의회, 시민사회가 함께 평화 규범과 제도를 리빌딩해야 한다.

셋째, 우리는 상호 불신과 적대로 무너진 남북관계를 복원해야 한다. 한반도 정전 체제하에서 북한을 상대로 군사적 대결을 추구하는 것은 한국의 안보뿐만 아니라 무역에 의존하는 한국 경제에도 치명적이다. 남북 간 신뢰를 회복하고 중단된 교류·협력을 재개함으로써 남북관계를 리빌딩해야 한다.

관련하여 국내외 정세는 위기 상황임이 분명하다. 하지만 국내외에서 일어나고 있는 역동적인 변화는 위기이면서 동시에 기회가 될 수 있음을 직시해야 한다. 그렇다면 이 위기를 어떻게 극복하고 한반도에서 민주주의와 평화를 재건할 것인가?

이 책은 한반도 리빌딩 전략을 세 개의 세션, 즉 외교·안보전략과 대북·통일정책, 그리고 남북의 교류협력 분야로 나누고 그 아래 17개의 세부 정책 과제들을 다루었다. 개별 정책 주제들은 주요 현황과 문제점, 그리고 정책 대안을 제시하는 형태로 구성해 독자들이 쉽게 이해할 수 있도록 작성하였다.

제1세션에서는, 외교와 안보전략을 어떻게 리빌딩할 것인지 제안하였다. 먼저 평화를 향해 가는 항해사로서 한국의 글로벌 외교를 모색하고 한국의 핵심 주변국인 미국과 중국, 그리고 일본에 대한 외교전략을 제시하였다. 또한, 한반도 비핵화를 통해 어떻게 평화를 제도화할 것인지 분석하고 신보호무역주의에 맞설 한국의 경제안보 전략을 제안하였다.

제2세션에서는, 지속 가능한 대북·통일정책의 리빌딩 방안을 제시하였다. 무엇보다도 단절된 대북정책의 문제점을 분석하고 정권교체를 넘어 정책 이어달리기를 할 수 있는 방안을 모색했다. 또한 시민들의 변화하는 대북, 통일 인식과 조화를 이루면서도 지속 가능한 통일교육 제도의 개선 방향을 제시하고 우리 사회의 뜨거운 감자인 북한인권 문제를 어떻게 풀 것인지 모색하였다. 마지막으로 북향민의 남한 사회 정착과 통합 방안을 알아보고 우리 언론의 북한 보도와 관련한 문제점과 대안도 제안하였다.

제3세션에서는, 남북관계의 변화 속에 남북의 교류협력을 어떻게 리빌딩할 것인지 알아보았다. 먼저 단절된 남북관계 속에 인도개발협력을 통한 상호 발전과 화해를 모색하고 중단된 남북경제협력을 구상하였다. 또한 남북 당국의 협력을 보완하기 위한 지역협력 방안을 알아보고 접경지역에서 평화를 정착하기 위한 대안을 제시하였다. 마지막으로 더 이상 미룰 수 없는 기후환경 문제를 해결하기 위한 남북의 협력을 제안하였다.

최근 국내외 정세의 위기 속에 자신의 자리에서 한반도 리빌딩을 제안하고 현장에서 실천하는 수많은 전문가와 활동가들이 지금도 자신의 소임을 다하고 있다. 이 책은 보이지 않는 곳에서 자신의 역할을 다하고 있는 분들 모두의 지혜와 열정을 함께 담은 결과물이다.

이 책이 우리의 일상에서, 남북관계에서, 그리고 한반도 주변국과의 관계에서 정부뿐만 아니라 의회와 시민사회가 더 나은 미래를 모색하는 데 조금이나마 도움이 되길 바란다.

마지막으로 이 책의 출판을 기꺼이 맡아주신 도서출판 선인의 윤관백 대표님, 원고 수정과 편집 과정에서 배려해 주시고 궂은일을 도맡아 주신 선인 편집팀 여러분께 감사드린다.

정일영·정대진·김병연·김진아·장영희·최은미·한상범·변준희
백인주·조경일·이재호·이예정·최은주·윤세라·김은진·정원희

2025년 4월

## 차례

Prologue 5

### I 외교와 안보전략의 리빌딩

01 | 글로벌외교 | 평화를 향해 가는 항해사 13
02 | 대미외교 | 국익에 기반한 실용적 대미외교 27
03 | 대중외교 | 한중관계, 새로운 길의 모색을 위해 45
04 | 대일외교 | 한일관계, 안정적인 파트너십 구축을 위해 63
05 | 경제안보 | 신보호무역주의에 맞설 한국의 통상정책 77
06 | 비 핵 화 | 한반도 비핵화와 평화 만들기 95

### II 지속 가능한 대북·통일정책 리빌딩

07 | 대북정책 | 대북정책의 단절과 이어달리기 115
08 | 통일교육I | 지속 가능한 통일교육 제도 구축 131
09 | 통일교육II | 갈등과 분단 극복을 위한 통일교육이 되려면 147
10 | 북한인권 | 북한인권 문제, 어떻게 풀 것인가? 167
11 | 사회통합 | 북향민과의 사회통합을 위해 185
12 | 언론보도 | 남한 언론의 북한 '가짜뉴스' 보도 205

### III 남북관계 변화와 교류협력 리빌딩

13 | 인도개발 | 상호 발전과 화해를 위한 인도개발협력 225
14 | 남북경협 | 남북경협, 평화에서 번영으로 241
15 | 지역협력 | 언제든 지속될 지역협력을 위하여 259
16 | 기후환경 | 남북이 함께 대응해야 할 기후위기 273
17 | 접경지역 | 접경지역에서 시작하는 한반도 평화 287

참고자료 304

… 

# I

# 외교와 안보전략의 리빌딩

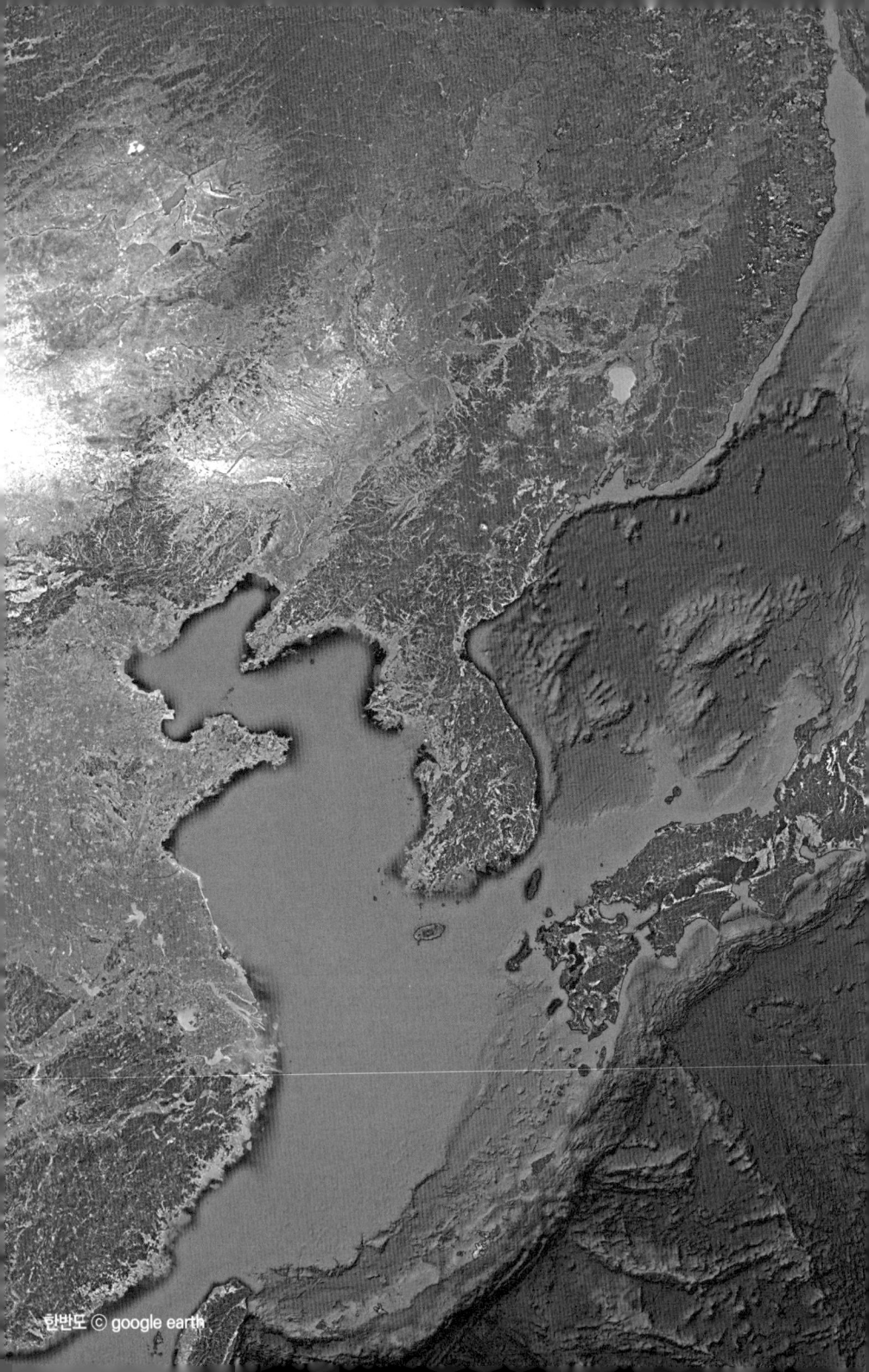
한반도 ⓒ google earth

글로벌외교

# 평화를 향해 가는 항해사

정대진 / 한라대학교 교수

## 1. '평형수'가 필요한 시대

큰 배들은 평형수(ballast water)를 싣고 다닌다. 선박에 짐이 없어 배가 가벼우면 선박 내 평형수 탱크에 물을 채우고, 짐을 실어 배가 무거워지면 평형수를 배출해서 배가 안전하고 효율적으로 항해할 수 있도록 돕는다. 또 선박 오른쪽에 짐을 많이 실으면 왼쪽 평형수 탱크에 물을 채우고, 반대로 선박 왼쪽에 짐을 많이 실으면 오른쪽 평형수 탱크에 물을 채워 배의 균형을 잡는다. 평형수가 없으면 아무리 큰 배라도 균형을 잡고 파도를 헤쳐 나가기 어렵다. 2025년 한국 외교라는 배는 평형수를 제대로 싣고 있는가?

20세기 이후 국제질서가 냉전과 탈냉전을 거쳐 정확히 시대적 특징이 정의되지 않은 각자도생의 상황으로 하루하루 변화하고 있다. 필자는 가끔 현 시기를 '포스트 탈냉전기'라고 부르기도 하지만 이 역시 정의되지 않음을 정의할 뿐이다. 정의되지 않고 계속 변화하는 현 시기 한국 외교라는 큰 배 앞에 매일 새로운 파고가 몰아치고 있다는 점만 모두가 알 뿐이다.

냉전형 패권 외교에 편승해서 편익을 누릴 수 있는 시기도 아니고 패권을 탈피해 이념형 자주외교를 펼치자는 구상만으로 생존과 번영을 보장할 수도 없는 시기이다. 우리나라는 분단과 지정학적 제약 가운데에서 냉전형 패권외교 편승과 이념형 자주외교의 변주라는 급격한 진자운동을 경험했다. 우리가 편의상 '보수'와 '진보'로 부르는 정치세력의 교체 가운데 미국 편인가, 중국 편인가를 묻는 단편적인 질문과 이에 호응하는 듯한 제스처들이 난무했다.

글로벌 선진국 역량을 가진 대한민국이 더 이상 이 틀 안에 머물러 있어서는 안 된다는 문제의식은 대체로 공감하는 듯 보이지만 그 방법에 대해서는 백가쟁명 중이다. 하지만 확실한 하나는 올해 상반기 정치 격동 이후 전 정부 청산이 단순한 이념형 자주외교의 귀환으로 귀결되어서는 안되며 트럼프 시대의 미국 패권에 굴복하는 방식으로 무조건적인 냉전형 패권외교 편승으로 돌아가서도 안된다는 점이다. 우리가 처한 외교 현실 속에서 국제질서라는 파도의 변화에 따라 평형수양을 조절하며 한국 외교라는 배가 균형을 잃지 않고 나아가도록 해야 한다. 그리고 균형을 잃지 않고 끝끝내 찾아가야 할 곳은 글로벌 평화와 번영이라는 기항지이다. 다방면에서 개발도상국이나 중진국 지위를 벗어나 성장했다면 그에 걸맞은 역할을 하는 글로벌 외교 역량을 보여야 할 때이다.

## 2. 몰아치는 외교 쓰나미

### 트럼프의 재등장

트럼프가 19세기 이후로는 최초로 이른바 '징검다리 집권'에 성공할 수 있었던 이유는 미국 유권자들이 정권심판 심리를 보인 것과 동시에 투표 성향이 근본적으로 변화한 것을 들 수 있다. 미국 유권자들은 철저한 미국 우선주의자 트럼프에게 압도적인 표를 몰아주었다. 이들의 지지로 트럼프는 20년 만에 전국 득표는 물론 선거인단에서도 승리한 공화당 출신 대통령이 되었다.

트럼프의 재등장은 냉전 이후 탈냉전과 세계화 시기 내내 국제문제 개입과 영향력 행사를 골자로 한 자유주의 패권외교의 미국이, 이제 고립주의를 기본으로 하면서도 자신들의 이익을 위해서는 일방적 힘의 행사도 불사하겠다는 미국으로 변화했음을 의미한다.

새로운 트럼프 2기의 대외 정책은 근본적으로 바뀌고 있는 미국인들의 민심과 정치 지형에 영향을 받을 수밖에 없고 이는 한반도 정세에도 격변을 초래할 것으로 전망된다. 사실 미국의 역대 행정부 모두 미국의 우선주의(America First) 정권이 아닌 적은 없었지만 트럼프 행정부의 경우 노골적인 표현과 정책이 예상되고 있으며 이를 전 세계가 목도하고 있다.

### 각자도생의 글로벌 시대

미·중 경쟁의 격화와 보호무역주의가 기승하는 가운데 글로벌 각국은 이해관계에 따라 생존을 도모하고 있다. 탈냉전과 세계화 시대의 편익들도 실종되고 있다. 러·우 전쟁으로 인한 항공기 우회로 인해 한국에서 유럽으로 가는 비행시간이 두 시간 더 걸리는 일은 이제 '뉴노멀'이 된 것처럼 익숙해지기까지 했다.

코로나19 팬데믹과 러·우 전쟁, 중동 가자 전쟁, 기후변화 및 전지구적인 식량·에너지 위기 등의 전통안보, 비전통 안보가 뒤섞여 거의 전 분야에서 국제사회의 안정이 거세게 도전받고 있는 양상이다. 세계적인 뉴노멀로 굳어진 경제적 불평등과 정치적 양극화로 인해 여러 나라에서 민족주의와 포퓰리즘이 득세하며 민주주의가 훼손되고 국가 간 갈등도 격화하고 있다. 그런데 이 도전을 기존 서구 중심 자유주의 국제질서가 극복할 수 있으리라는 신뢰는 급감한 것으로 보인다.

특히 미국 영향력의 상대적인 쇠퇴로 인해 미국 중심의 서구 자유주의 국제질서 위기에 대한 논의도 확대되고 있다. 바이든 행정부 당시 미국의 리더십을 복원하려는 노력은 이루어졌으나 혼란스러웠던 아프가니스탄에서의 미군 철수, 러·우 전쟁 억지나 중동 분쟁 방지 실패와 같은 상황을 보고 미국을 중심으로 한 일극체제와 자유주의 국제질서 중심의 탈냉전 시대의 종말을 보여주고 있다는 평가도 많이 나오고 있다.

그 사이 국제질서는 정리되지 않은 채 현재진행형으로 분화를 거듭하고 있다. 냉전 시대 국제질서가 자본주의 대 공산주의 진영 간 '이념' 대립이 명확했다면 탈냉전 이후 현재 국제질서는 각국이 '이익'을 중심으로 이합집산하는 양상이다. 미국을 중심으로 하는 민주주의 진영 대 중국 및 러시아를 중심으로 하는 권위주의 진영 사이의 대결 양상이 큰 줄기를 이루고 있으나 양 진영은 명확한 블록으로 나누어져 있다기보다는 네트워크나 리그를 이루며 사안에 따라 상호작용을 계속하고 있다. 또한 점점 실체를 갖추어가는 글로벌 사우스의 등장 등 국제 질서는 한국이 어느 한쪽을 쉽게 선택하기 어려운 복잡한 모양새다.

### 20세기 전간기의 재현?

현재 국제무대에서 펼쳐 지고 있는 각자도생의 경쟁은 1차 대전과 2차 대전 사이의 전간기를 연상케 한다. 일찍이 2018년 안토니우 구테흐스 유엔 사무총장은 1차 세계대전 종전 100주년 기념 프랑스 파리 평화포럼 연설에서 세계정세가 전간기였던 1930년대와 닮은 점이 많다고 우려한 바 있다. 당시 마크롱 프랑스 대통령, 메르켈 독일 총리도 유사한 우려를 표했다.

1차 대전 종결 당시 승전국은 패전국 독일에 막대한 배상금을 부과했고 극심한 혼란에 빠졌던 독일은 히틀러를 선택했다. 승전국에서도 전쟁 기간 대거 발행한 통화를 환수하자 금융시장이 위축되면서 기업들이 줄도산하고 실업자가 폭증했다. 국제금융 질서가 취약해지면서 1929년 대공황이 발생했다.

주지하다시피 대공황 이후 각국은 각자도생으로 질주했다. 미국은 1930년 그 유명한 '스무트-홀리'법을 채택해서 2만여 종류 상품에 평균적으로 59%, 최대치로는 400%의 관세를 부과했다. 자유무역을 고수하던 영국도 관세를 도입했다. 세계 무역량은 1929년 약 90억 달러 정도 규모에서 1933년 약 30억 달러 정도로 줄어들었다. 각국의 시민들은 혼란과 빈곤을 타개할 강력한 지도자를 원했다. 군국주의자들과 파시스트들의 시대가 열렸다. 하지만 이를 억제할 국제적 헤게모니는 없었다. 1차 대전 후인 1919년 창설된 국제연맹은 이를 발의한 미국이 자국 의회 반대로 동참하지 않는 바람에 처음부터 바람이 빠진 채 출발했다.

1차 대전 직후 닥친 스페인 독감과 대공황 같은 심각한 사회 경제 위기, 극단적 정치세력의 발호, 세계적 혼란을 정리할 리더십의 공백과 전쟁에 대한 반성 부족은 2차 세계대전으로 이어졌다. 지금의 세계도 2차 대전 이후 전쟁에 대한 철저한 반성은커녕 한국전과 베트남전과 같은 대규모 전쟁을 벌였고 지금도 각지에서 국지전이 계속되고 있다. 또한 냉전 하에서 양산된 핵무기가 잔존하고 있으며, 사실상 핵능력을 갖춘 국가들도 늘어났다. 2008년 글로벌 금융위기와 코로나19 팬데믹, 각국에서 두드러지고 있는 극우세력의 약진은 묘한 기시감이 들기에 충분하다. 여기에 분단이라는 가중상황까지 짊어지고 있는 한반도는 도대체 어디로 가야 한단 말인가.

게다가 '전쟁은 국경에서 멈추어야 한다'는 오래된 외교가의 격언이 전혀 통할 것 같지 않은 절망적 정치 현실은 지금의 외교 쓰나미를 우리가 제대로 헤쳐 나갈 수 있을지 걱정하게 만들 뿐이다.

## 3. 자칫하면 항로를 잃는다

### 국경을 넘는 전쟁

세계적인 탈냉전기와 내부적인 민주화 시기를 거치면서 한국에서 극단적 반북·반공주의가 거의 사라졌다고 많은 이들이 믿었다. 남북한 사이의 체제경쟁도 무의미한 일이 되었다. 경제력 차이가 50배, 60배 난다는 비교가 가끔 나오기도 하지만 100배 이상은 차이가 나야 안심하겠다고 말하는 사람도 사실은 거의 없을 것이다. 국제사회의 그 누가 봐도 한국이 제대로 된 길을 가고 있지 북한이 제대로 잘하고 있다고 말하는 이는 찾아볼 수 없다. 하지만 극단적 반북·반공의식은 2024년 말 계엄사태의 주요 명분처럼 재등장했다.

아직 전쟁 중인(technically at war) 분단국가여서일까, 「헌법」에 규정되어 있는 대통령의 계엄 권한을 행사한 명분 중 하나가 "종북·반국가세력을 일거에 척결한다"는 것이었다. 시민들과 국회가 12·3 계엄령을 막아섰지만 대통령 탄핵 재판이 진행되면서 탄핵 반대론도 만만찮게 등장했다. 탄핵 찬성과 반대 논쟁은 한국 사회를 둘로 갈라놓은 듯한 모습까지 보였다. 비상한 상황에서 정쟁은 국경에서 멈추어야 한다는 격언은 무색해졌다.

국제사회 특히 미국 워싱턴 조야에 줄을 대어 자신들의 입장을 알리겠다는 시도와 행렬은 계속되었다. 급기야 미국의 보수 매체인 폭스뉴스 계열 폭스 비즈니스는 12·3 계엄 사태를 다루며 "대한민국의 야당, 진보, 좌파는 실제로 북한에 동조해 왔으며 그들은 한국의 민주주의를 공격해 왔다"는 전문가 대담을 내보내기도 했다. 이어서 "노조는 좌파 세력에 의해 통제되고 있으며, 이는 그들이 북한에 통제되고 있다는 것을 의미한다"는 발언도 전파를 탔다. 12·3 계엄 선포에서 등장한 '종북 반국가 세력'에 한국이 이미 지배당하고 있거나 곧 지배당할 수 있다는 오해를 미국 시청자들이 할 수도 있는 내용이다. 계엄 사태 이후 극단주의 사고가 무분별하게 분출하면 할수록 국가 이미지를 훼손하고 외교적 불투명성을 가중시킬 수 있는 위험도 커짐을 확인할 수 있었다.

## 지렛대가 아닌 덫이 되어 버린 남북관계

북한의 적대적 두 국가 주장 이후 한국 사회의 대북 및 통일 입장은 갈팡질팡하고 있는 것으로 보인다. 최근 수년간 각종 여론조사에서 통일이 필요하지 않다는 입장이 꾸준히 증가하고 있다는 건 이미 모두가 알고 있는 바다. 그렇지만 한 유력 정치인이 북한의 두 국가 주장 이후 통일을 포기하고 평화공존을 하자는 취지의 주장을 했을 때 여론은 이 또한 반대했다. 통일에 대한 피로감과 통일 포기에 대한 반감이 뒤섞여 혼란스러운 상황이다.

북한의 적대적 두 국가 주장이 나오기 이전부터 북한과 통일은 정치권에서도 그리 인기 있는 주제가 아니었다. 2022년 윤석열 대통령은 취임 첫해 9월 유엔 총회 기조연설에서 북한을 언급하지 않은 최초의 대한민국 대통령이 되었다. 2023년 6월 야당 대표 또한 국회 기조연설에서 북한을 언급하지 않았다. 2024년 정부가 8·15통일독트린을 발표했지만 사실상 '자유의 북진'을 골자로 하는 독트린은 북의 호응을 유도하지 못하고 8·15통일독백처럼 그치고 말았다. 남북관계가 한반도 평화를 추동하고 한국의 이미지와 역량을 제고하는 지렛대가 아닌 덫이 되어버렸다.

## 단기 승패에 매몰된 외교 경쟁

한국 외교는 12·3 계엄 사태 이후에 정상외교가 불가능한 기능 부전에 빠졌다. 트럼프 대통령 취임 이후 미일 정상회담이 열리는데 한국은 정상 외교를 펼치지 못하는 데 대한 우려가 언론 지면을 도배했다. 미국과 일본 정상이 교체된 격변기 가운데 정상외교를 원활하게 전개하지 못하는 것은 분명 아쉬운 점이다.

미국과 일본 같은 주변 강대국의 영향력과 비중이 높은 우리나라가 이 일을 심각하게 받아들이는 것도 당연해 보인다. 하지만 미국은 우리의 동맹국이고, 일본은 상당한 이해관계를 함께 하는 가까운 우방국이다. 외교채널을 통한 소통 메커니즘이 유지되는 한 한국의 전략적 중요성이 하루아침에 변하는 것은 아니기에 조급해할 필요는 없다.

우리나라는 외교 실패를 이야기할 때 주요국과의 정상회담 순서나 다자외교 현장에서의 의전 문제를 드는 경우가 많다. 특히 일본과의 경쟁(?)에서 밀리는 것 같으면 이를 외교 실패로 비판하는 경향이 있다. 하지만 외교는 단거리 경주가 아니다. 근대5종이나 철인3종 경기처럼 달리기와 수영, 사이클, 사격, 장애물 경주를 시시각각 다양하게 펼쳐야 하는 게임이다. 상대도 일본이나 미국을 포함한 주변 4강만 있는 것도 아니다. 이제는 글로벌 선진국 역량에 맞는 글로벌 외교를 지향해야 할 때이다.

## 4. 쇄빙선 외교로 평화 항로 개척을!

### 쇄빙선 외교

지금의 세계질서는 우리나라 단독으로 해빙이나 데탕트를 선언할 수 있는 상황이 아니다. 차가운 한파에 빙하가 떠도는 것 같은 유사 전간기(quasi-interwar period)에 가깝다. 빙하가 떠도는 것 같은 국제정세 속에서 쇄빙선처럼 돌파하며 평화 상태로 전진하는 외교가 필요하다.

우리나라는 비제국주의 선진국이라는 정체성 매력과 세계 10위권 안팎의 경제력과 군사력을 동시에 갖춘 강국이라는 능력을 십분 활용해야 한다. 한국은 지금의 선진국 중 유일하게 제국주의를 하지 않았던 나라이다. 심지어 식민지이기까지 했다. 그럼에도 불구하고 지금의 성장을 이룬 나라이다. 만일 우리가 남북한~중국 동북3성과 산둥반도~일본열도~러시아 연해주를 연결하는 '동북아일일생활권'을 주장한다면 적어도 우리에게서 일본의 대동아공영권, 중국의 일대일로 확장판, 러시아의 부동항 확보 야심 같은 걸 떠올리기는 힘들다.

또한 우리나라는 북한의 침략을 받아 유엔군 참전 국가들의 도움을 받아야만 했던 1950년의 대한민국이 아니다. 누구를 공격하거나 약탈하는 방식이 아니더라도 지금의 성장을 일군 능력 있는 나라라는 역사와 정체성은 위태로운 국제질서 속에서 유사 전간기의 빙하를 하나하나 깨뜨리며 평화를 향해 항로를 주창하는데 제격이다. 주변국은 물론 전 세계 국가들에게 지구 공통의 비전과 문제해결 능력을 보여주며 평화 애호 모범 국가로 자리매김할 수 있는 기회를 창출해야 한다.

## 실용적 남북관계와 평화 기반 조성

20세기의 분단은 21세기에도 우리나라의 활동반경 확대에 장애가 되고 발목을 잡는 요소이다. 그렇다고 남북관계 개선과 평화통일을 포기하고 해양무역국가 섬나라 대한민국으로 살아가겠다고 선언할 수도 없는 노릇이다. 반도국으로서의 발전 가능성과 대륙으로 가는 길을 포기하고 섬나라에 머물러 있겠다는 반쪽짜리 선택을 스스로 먼저 할 필요는 없다. 그렇다고 남북관계 특수성에 매몰되어 있을 필요도 없다.

국제관계 보편성을 훼손해 가면서까지 남북관계에 사고를 종속시킬 필요도 없고 국제관계 보편성과 남북관계 특수성을 병행하고 조화를 꾀해야 한다. 지금은 남북관계 특수성의 한 당사자인 북한이 두 국가 주장을 펴며 이를 부정하고 있어서 1960년대 말 70년대 초 동서독 관계에서 나타났던 서독 중심의 한 방향 특수관계가 전개되고 있는 시점이다. 1968년 동독이 신헌법을 제정해 두 국가와 두 민족을 주장했지만 서독은 일관된 대동독 어프로치를 포기하지 않았고 1972년 동서독 기본조약 체결과 실질적 관계유지에 주력했다. 이런 실용적 사고와 자세를 중요하게 참고해야 할 때이다.

구시대의 통미봉남(通美封南) 패러다임에서 벗어나 과감한 대북문제 아웃 소싱 차원에서 용미통북(用美通北)도 고려해야 한다. 북미접촉이 확대된다고 해서 한미동맹을 하루아침에 추월할 수도 없을뿐더러 북미관계가 개선되면 남북관계 개선과 한반도 평화 기회가 많아질 가능성도 높다. 이러한 한반도 평화 기반 위에서 기후 대응과 개발협력 등 다양한 의제에서 남북협력도 선보이고 글로벌 무대에서 평화 애호국가들의 모범국가로 대한민국은 진화해야 한다.

### 평화 애호 국가들의 길잡이

한국 외교는 이제 유사 전간기 갈등과 분쟁에 노출된 국가들의 평화 노력을 증진하고 견인하는 길잡이 역할을 해야 한다. 글로벌 공통 이슈에 대해 분쟁과 갈등 당사자들이 만나서 협력하고 화해할 수 있는 여건과 모델을 제시하고 각자도생의 정글과도 같은 국제사회를 지구촌이라는 이웃들의 공동체로 만들어가는 데 기여해야 한다.

기후 위기만 예를 들어보자. 기후 위기는 전 지구를 덮치는 도전이며 경계와 이념을 가리지 않는 문제이다. 다만 부와 기술을 가진 선진국이 적응과 생존에 있어 조금 더 유리하기는 하다. 그렇지만 지구가 폐허가 된 다음에는 무슨 소용이겠는가. 그럼에도 불구하고 많은 선진국에서 경제적 불평등과 양극화에 신음하는 시민들이 이번 달 내 집 월세가 지구온난화로 없어지고 있는 북극곰의 터전보다 중요하다고 볼멘소리를 하고 있어 문제해결을 위한 지구적 단합은 더욱 어려워 보인다.

사람들의 선의에만 기대기 어려운 이 때에 구체적인 문제해결의 모델을 보여주는 데 누군가는 나서야 하고 우리가 이 역할을 자임해야 한다. 2024년 한 여론조사에서는 기후위기(51.2%)가 북한 핵 문제(51.1%)만큼 중요한 안보 위협으로 꼽히기도 했다(중앙일보, 2024.10.8.). 실제로 지난 100여 년간 지구 평균기온은 0.85도 올랐는데 한반도는 지난 30년(1981~2010년)에만 연평균 1.2도 상승했고, 북한의 연평균 기온상승은 10년간 0.45도 상승했다. 이는 남한의 0.36도보다 1.3배 빠른 것이다(동아사이언스, 2023.2.9.). 누가 봐도 기후 위기 대응을 위해 남북한은 협력

> **국제응용시스템분석연구소(International Institute for Applied Systems Analysis, IIASA)**
>
> 국제응용시스템분석연구소(International Institute for Applied Systems Analysis, IIASA)는 1960년대 말 미국 존슨 대통령과 소련 코시긴 총리의 논의에서 출발하여 1972년 동서 진영 간 과학 협력을 표방하며 설립된 국제연구기관이다. 우리 나라를 비롯해 미국, 일본, 러시아, 중국 등 19개 회원국이 출자중이다. 2007년 노벨평화상을 수상한 기후 변화에 관한 정부 간 협의체(IPCC) 보고서를 IIASA 과학자들이 주도한 바 있다.

해야 하고 공존을 모색해야 한다.

남북이 직접 당장 만나 문제 해결을 시도하면 최상이겠지만 그게 어렵다면 글로벌 무대에서의 협력 공간 창출과 같은 제3의 길도 개척해야 한다. 실제로 기후 분야의 권위 있는 국제 연구기관인 오스트리아 소재 국제응용시스템분석연구소(IIASA)는 과학외교센터를 설립하고 기후문제를 매개로 한 분쟁당사국들의 화해와 협력 노력을 주선하겠다는 구상을 준비 중이다. 이 구상의 일환으로 한반도-유럽기후센터 (Korean Peninsula Climate Center Europe, KPCCE) 설립도 검토 중이다. 이런 프로그램에 한국의 민관이 함께 참여하고 성과를 이끌어 낸다면 얼어붙은 국제질서에서 빙하를 헤치고 평화로 향해 가는 쇄빙선 외교의 단초를 보여주는 일이 될 것이다.

이때의 성과는 정치 외교적인 안정을 회복하는 것에 그치지 않고 평화의 기반 위에서 발생하는 경제적 이익도 포함할 수 있다. 한반도-유럽기후센터가 발족해서 한반도와 유럽을 잇는 중위도지역 국가들의 기후협력을 유도하고 이 과정에서 선진국과 개도국이 다양하게 포진한 중위도 국가들 사이에서 탄소배출권 거래를 통해 기후 대응과 산업

발전의 선순환 구조를 확립할 수도 있으며, 남북한도 이 거래 과정에서 두 국가론이니 특수관계니 하는 틀에 얽매이지 않고 가치중립적이고 실용적인 접촉으로 상호 이익을 도모해 볼 수도 있다.

정의 실현을 위한 전쟁이나 외교적 대립보다 이익 추구를 위한 안정을 최우선으로 하는 트럼프 시대에 오히려 가치중립적이고 실용적인 자세로 새로운 평화 기반을 조성하고 이를 경제적 이익으로 연결해 보는 시도로 평화와 번영의 새 길을 찾아볼 수도 있는 것이다.

## 5. 또 다른 기적을 기다리며

한국 외교는 이제 평화를 향해 가며 유사 전간기 빙하를 헤치는 쇄빙선의 항해사 역할을 해야 한다. 냉전의 섬처럼 남아 있는 한반도에서 평화를 창출하는 일은 생존과 번영을 위한 선결 과제이며 이를 실행하는 과정에서 전 세계에 빙하를 헤치며 평화를 향해 가는 문제 해결모델과 능력을 보여준다면 글로벌 선진국 역량에 맞는 외교 지평 확대 효과를 노려볼 수 있다.

'북한'이라는 요인에 얽매인 정치 군사적인 전통 안보 의제만이 아닌 기후 위기와 식량, 에너지와 같은 전 지구적인 비전통 안보 의제 대응에 관한 역량과 비전을 선보이며 국제사회가 '3차 대전'이라는 파국으로 가지 않고 빙하 속 평화라는 새로운 기항지를 찾을 수 있도록 인도하는 역할을 해야 한다. 20세기에 쓰레기통에서 장미를 피운 기적을 이룬 우리나라가 21세기 인류와 글로벌 사회를 위한 또 다른 기적을 준비해나가야 할 때이다.

대미외교

# 국익에 기반한 실용적 대미외교

김진아 / 한국외국어대학교 교수

## 1. 불확실성의 시대

미국의 대외정책이 빠르게 변화하면서 국제 무대의 불확실성이 커지고 있다. 1953년 체결된 한미 상호방위조약 이후 미국은 한국의 안보 정책에 중요한 역할을 해왔을 뿐만 아니라, 첨단 기술, 제조업, 서비스업 등 다양한 분야에서 주요 교역국으로서 협력을 이어오고 있다. 두 나라가 오랜 시간 쌓아온 긴밀한 파트너십을 감안할 때, 미국의 대외정책 변화는 한국의 안보, 경제, 외교에 직간접적으로 영향을 미칠 수밖에 없다.

이러한 상황에서 트럼프 행정부 2기의 출범이 글로벌 외교·안보 질서에 어떤 파장을 불러올지에 대한 관심이 커지고 있다. 특히, 미국

❖❖❖ 이 글은 한국외국어대학교 학술연구사업 지원을 받아 작성되었음

이 동맹국들에게 방위비 분담금 인상을 강하게 요구하고, '미국 우선주의'를 내세운 보호무역주의 정책을 펼치면서 한국의 수출 중심 경제에 부정적인 영향을 줄 수 있다는 우려가 제기된다. 또한, 미국의 대중국 견제가 강화되면서 한국이 미국과 중국 사이에서 외교적 균형을 유지하는 데 어려움을 겪을 수 있다는 전망도 나오고 있다(이상현, 2024). 일부 전문가들은 미국 정부의 정책적 우선순위가 바뀌면서 동맹국들이 안보, 경제, 외교 전략을 재조정해야 하는 상황에 놓이게 될 것이라고 지적한다(정구연, 2024).

물론 미국의 대외정책은 행정부가 바뀔 때마다 일부 변화가 있을 수 있지만, 국가의 핵심 이익과 전략적 목표를 중심으로 일정한 일관성을 유지하는 특징이 있다. 이 점을 고려할 때, 한국은 매번 미국 정부가 교체될 때마다 새로운 정책을 모색하기보다는, 국제 정세의 큰 흐름 속에서 한국만의 지속 가능한 국가 이익을 추구하는 전략을 마련하는 것이 더욱 바람직할 수 있다. 이러한 점에서, 미국 대외정책의 주요 방향성과 글로벌 전략 목표를 면밀히 살펴보는 것은 한국의 대외전략을 더욱 발전시키는 데 중요한 통찰을 제공할 수 있다.

## 2. 미국의 대외정책은 어떻게 변화하는가?

미국의 대외정책 추진 방식은 행정부마다 뚜렷한 차이를 보여왔다. 트럼프 행정부 1기를 돌아보면, 다자주의보다는 양자주의를 선호하고, 국가 간 관계를 철저히 거래적 시각에서 접근한 것이 전 세계에 큰 충격을 주었다. 실제로 트럼프 대통령은 2016년 4월 27일 외교 정책 연설에서 "미국의 역량을 약화시키는 어떤 협정도 체결하지 않겠다"고 선언했다. 그는 동맹국들이 공정한 분담을 하지 않는다는 불만을 드러내며, 해외주둔 미군을 축소하고 아프가니스탄, 이라크, 소말리아, 시리아 등에서 철군하면서 "미국은 더 이상 세계의 경찰이 아니다"라는 메시지를 분명히 했다(Trump, 2016).

경제 분야에서도 그는 기존의 무역 거래가 불공정하다고 판단될 경우 과감히 재협상을 추진했고, 유엔 및 해외 원조에 대한 지출을 대폭 줄였다. 이러한 접근은 민주주의 동맹국들과의 다자 협력을 중시했던 오바마 및 바이든 행정부와는 확연히 대조적인 행보였다. 이러한 배경 속에서 트럼프 행정부 2기 역시 '미국 우선주의'를 내세우며 자국의 손해를 줄이고 이익을 극대화하려는 태도를 더욱 노골적으로 드러낼 가능성이 높아 보인다. 이에 따라 동맹국들과의 관계에서도 갈등과 마찰이 심화될 수 있다는 우려가 커지고 있다. 이러한 변화가 단지 트럼프 행정부에 국한된 과도기적 현상인지, 아니면 미국 대외정책의 근본적인 변화를 의미하는 것인지에 대한 질문을 던져볼 필요가 있다.

미국의 국가 이익은 다른 나라들과 마찬가지로 국가 안보 강화와 경제적 번영을 목표로 한다(Hooker, 2016). 많은 학자들은 21세기 들어 미국의 대외정책 기조가 제퍼슨주의적 기초 위에 잭슨주의와 윌슨주의적 접근이 상황에 따라 결합되어 왔다고 분석한다(Mead, 2017). 특히 오바마 행정부 이후부터 최근까지 미국은 세계 무대에서 지나치게 얽히지 않으려는 제퍼슨주의적 경향을 보여 왔다(Hollad, 2016). 제퍼슨주의는 미국의 외교 정책이 국내 가치를 보존하고 강화하는 데 초점을 맞추어야 한다고 주장한다(Tucker, 1990). 즉, 외국과의 분쟁을 피하면서 절약된 자원과 역량을 국내 문제 해결에 집중해야 한다는 것이다. 이를 트럼프 행정부의 언어로 표현하면, "미국을 다시 위대하게 만들자"는 슬로건으로 나타났다(Rolf, 2021). 이러한 접근은 미국의 상대적 영향력이 감소하고, 국제 체제가 다극화되는 상황 속에서 미국이 자국의 이익을 보호하고 극대화하려는 대응으로 해석할 수 있다.

제퍼슨주의는 전략적 과잉 개입과 지나친 팽창을 경계하며, 불가피하게 관여해야 하는 상황에서도 가능한 최소한의 위험과 비용을 감수하는 것을 선호한다(Mead, 2002). 이를 잘 보여주는 사례로, 오바마 행정부는 시리아의 화학 무기 사용에 직접적인 군사 대응을 하지 않았고, 리비아 정권 교체 과정에서는 나토(NATO)를 전면에 내세우며 간접적으로 개입했다. 바이든 행정부 역시 아프가니스탄 전쟁을 종결하고 미군을 철수시키면서, 미국의 단독 개입을 최소화하고자 오커스(AUKUS)를 결성하고 유럽의 나토와 인도·태평양 동맹국 간 파트너십을 강화해 지역 안보의 비용과 위험을 분담하려는 모습을 보였다.

하지만 국가적 목표를 달성하기 위한 대전략은 국가 권력의 모든 수단을 활용하는 것으로 이해할 수 있으며, 행정부마다 이를 실현하는 방식은 시대적 상황에 따라 달랐다(Howard, 1979). 오바마 행정부는 이란 핵 합의(JCPOA) 체결과 쿠바와의 외교 관계 정상화 등을 통해 대화와 협력을 강조하는 윌슨주의적 접근을 선호하며, 국제 안보 환경을 안정화하려 했다. 바이든 행정부 역시 민주주의 정상회의와 태평양 도서국 정상회의를 개최하며 전통적인 양자 동맹을 넘어 다자 네트워크를 강화하고, 지역 안보를 안정시키려는 노력을 보여 여전히 윌슨주의적 전통을 잇고 있다.

반면, 트럼프 행정부는 "힘을 통한 평화"를 주장하며 강력한 군사력을 바탕으로 주도권을 유지하고 자국 이익을 보호하려는 잭슨주의적 접근을 택했다(서정건, 2017). 이는 미국이 특정 시기와 상황에 따라 대외정책의 방식을 달리 취했음을 보여주는 사례다. 미국은 국제 무대에서 급격히 부상하는 중국을 견제하고, 군사력과 에너지를 무기로 미국 중심 체제에 도전하는 러시아를 통제하기 위해 다양한 선택지를 모색해 왔다. 이는 신흥 강국과의 협력, 통합·발전 중인 다자 협력체 활용, 혹은 보호주의적·일방주의적 접근까지 포괄한다. 특히 트럼프 행정부가 선택한 일방주의적 접근은 동맹국들과의 마찰을 초래하고 국제 사회에서 미국의 고립을 심화시킬 위험을 안고 있었다. 그러나 동시에 트럼프 행정부는 협박과 경제 제재, 외교적 대화를 병행하며, 전쟁보다는 제재를 선호하는 모습을 보여주기도 했다.

이를 통해 알 수 있는 것은, 우리가 단기적인 정책 방식의 차이보다는 미국 대외정책의 장기적 기조 변화라는 큰 흐름을 읽을 필요가 있다는 점이다. 그리고 그 흐름은 미국이 앞으로도 국내 문제에 더 집중하고, 국외 문제에 대해서는 비개입주의를 선호할 가능성이 높다는

| 구분 | 해밀턴주의 | 윌슨주의 | 제퍼슨주의 | 잭슨주의 |
|---|---|---|---|---|
| Bush | x | x | | |
| Clinton | x | x | | |
| Bush jr. | | x | | x |
| Obama | | x | x | |
| Trump | | | x | x |
| Biden | | x | x | |

*출처: 미국 대외정책 기조 분류체계(W.R. Mead 2002)를 참고로 작성

점이다. 금융 위기, 팬데믹, 기후 변화, 이민 증가 등 다차원적 위기 속에서 '미국 패권'의 지도 아래 자유 세계 질서가 공고해질 것이라는 기대는 이미 사라졌다. 대신 미국 내부에서는 대중주의와 민족주의가 부상하고 있으며, 이러한 환경 속에서 미국의 대외정책은 지속적으로 현실적인 도전에 대응할 수밖에 없는 상황이다(Zakaria, 2016).

21세기의 미국은 동맹 및 우방국과의 상호 연결성을 최대한 활용해 안보 책임을 분담하고, 미국의 이익에 부합하는 효율적인 대응 체계를 구축해야 한다. 이러한 대외정책의 큰 흐름에 따라 한국의 대미 외교도 자연스럽게 적응하고 변화할 수밖에 없다. 특히 전환기적 국면에서 한국은 단순히 수동적인 대응을 넘어, 새로운 외교 전략을 재정립하는 방안을 진지하게 고민해야 할 시점에 와있다.

## 3. 한미 관계의 현 주소는?

미국의 단기적인 실리 추구와 거래 중심의 접근법에만 집중하다 보면, 무엇이 지속되고 있고, 무엇이 변화하고 있는지를 놓치기 쉽다. 미국의 동맹 정책은 필연적으로 지역적 특성을 반영하게 마련이며, 동맹국들과의 협력 방식을 결정하는 거래적 접근 역시 각국의 상황과 특성에 따라 달라질 수 있다. 특히 주목해야 할 점은 미중 경쟁 구도가 지속되는 한 인도·태평양 지역의 전략적 중요성은 변함이 없으며, 이에 따라 한미동맹의 가치도 여전히 높다는 것이다. 이러한 맥락에서 한미동맹의 현황을 살펴보고, 앞으로 논의될 주요 이슈들을 면밀히 검토하는 것이 필요하다. 이를 통해 기존의 안보 협력 체계가 가진 경로 의존성을 파악하는 동시에, 새로운 도전 요소들도 함께 진단할 수 있다. 이 과정은 한국이 대미 관계에서 단순히 수동적으로 대응하는 것을 넘어, 국익을 중심으로 한 외교 전략을 발전시키기 위한 정책적 시사점을 도출하는 데 큰 도움이 될 것이다.

## 인도태평양시대 한미동맹의 안정적 발전

트럼프 2기 행정부 출범을 전후로 한미동맹에 대한 우려의 시각이 커지고 있다. 이는 다자 체제를 경시하고 거래적 접근을 선호하는 트럼프 행정부의 특성상, 한미동맹마저도 철저히 '거래주의적 동맹 정책'으로 전환될 수 있다는 불안감에서 비롯된다. 이러한 배경 속에서 주한미군의 감축, 한국에 대한 방위비 분담금 증액 요구, 북한의 핵보유 사실상 인정과 대북 억제 태세의 변화 등 다양한 이슈들이 마치 기정사실화된 것처럼 논의되기도 한다. 이러한 상황에서는 미국에 어떤 대가를 제공하면서 교환 거래를 추진할지, 혹은 독자적 핵무장과 같은 획기적인 대안을 모색할지에 대한 논의가 다시 수면 위로 떠오르고 있다. 그러나 미국에 지나치게 저자세를 취하는 접근법이나, 반대로 과격하고 강경한 대응을 택하는 것이 과연 한국의 국익에 부합하는지에 대해서는 신중한 현실적 판단이 필요하다.

인도·태평양 지역은 전 세계 GDP의 약 60%와 세계 무역의 약 50%가 집중된 전략적 요충지다. 미국은 '자유롭고 개방된 질서(Free and Open Indo-Pacific)'를 내세운 인도·태평양 전략을 통해 중국을 견제하고 있다. 미국이 해외에서의 비용과 위험을 최소화하려 할수록, 동맹국들이 제공할 수 있는 군사적, 경제적, 외교적 자산을 통합적으로 활용하는 전략이 더욱 중요해진다. 이러한 점에서 한미동맹은 단순히 거래를 통한 실리를 추구하는 대상으로만 간주되지 않는다.

하지만 동맹을 협력의 파트너로 평가할 때는 양국이 인도·태평양 지역에 대해 얼마나 유사한 인식을 가지고 있으며, 이를 바탕으로 관련 전략을 얼마나 일관되게 맞춰 나갈 수 있느냐가 중요한 판단 기준이 된다. 따라서 한국의 인도·태평양 전략이 얼마나 구체화되어 있는지, 이를 실행할 제도적 뒷받침과 인력 보강에 얼마나 투자가 이루어지고 있는지, 그리고 역내 주요국들과 실질적인 성과를 얼마나 내고 있는지 등이 종합적으로 평가될 수밖에 없다. 이는 협력의 지리적 범위뿐만 아니라, 협력의 구체적인 내용을 함께 발전시켜 나가기 위한 필수적인 과정이다.

현재 인도·태평양 지역의 전략적 중요성이 부각되는 시점에서 포괄적 대전략의 부재는 한국의 장기적 국익을 저해할 수 있다. 이미 바이든 행정부 시기부터 '격자무늬 동맹체제' 구축이 활발히 논의되면서, 한국 역시 이에 발맞춰 다자 안보 협력 체계와 동맹 관계의 재정비 필요성을 인식하게 되었다. 트럼프 2기 행정부에서도 기존의 다자 안보 협력 체제가 유지될 가능성이 높다는 전망이 지배적이다. 만약 이러한 경로 지속성이 나타난다면, 한국은 유럽과 인도 등 주요 지역 국가들과의 협력을 국익의 관점에서 확대하는 전략을 보다 신속하게 추진할 필요가 있다. 이는 한국이 변화하는 국제 질서 속에서 능동적이고 주도적인 외교 전략을 통해 국익을 극대화할 수 있는 중요한 기회가 될 것이다.

## 밸런싱에서 리스크매니징 전략으로의 전환

미국의 인도·태평양 전략은 대중국 견제와 동맹국에 대한 협력 강화 요구와 맞물려, 한국을 더욱 복잡한 전략적 딜레마에 빠뜨릴 수 있다. 한국은 미중 전략 경쟁 속에서 어떻게 균형을 맞출지에 대해 오랫동안 고민해 왔다. 지금까지의 논의들을 살펴보면, 미국의 대중 강경 정책이 강화될수록 한국은 안보 동맹 측면에서는 미국과의 협력을 강화해야 하지만, 동시에 중국과의 경제 협력을 유지하는 데 어려움을 겪는다는 인식이 주를 이루었다. 이로 인해 한국은 두 강대국 사이에서 중립적 입지를 유지하려는 시도를 이어왔지만, 이는 미국과 중국 모두에게 완벽히 수용되지 않는 경우가 많았다. 결과적으로, 한국의 이러한 '줄타기 외교'는 외교적 갈등과 딜레마를 초래할 위험이 높아졌으며, 양자택일의 선택을 강요받는 상황에 대한 한계가 지속적으로 제기되었다. 이제는 단순히 균형을 유지하는 차원을 넘어, 중국의 위험을 체계적으로 관리하는 방향으로 사고의 전환이 필요하다.

밸런싱(balancing)은 특정 세력의 부상을 억제하기 위해 다른 세력과 연합하는 전략을 의미한다. 이는 국제 관계를 제로섬 게임으로 보는 현실주의적 관점에 뿌리를 두고 있으며, 종종 군사적 또는 경제적 연대를 통해 상대방의 영향력 확대를 저지하는 방식을 취한다. 흥미로운 점은, 미국조차도 '대중국 균형'을 요구하는 듯 보이지만 실제로는 완전한 '디커플링'(decoupling)의 부작용과 현실적 한계를 인식하고 있다는 것이다. 대신 위험을 줄이고 관리하는 '디리스킹'(de-risking) 전략으로 방향을 전환하고 있다(Benson, 2023). 이는 미·중 전략적 경쟁이 심화되면서 교역과 투자 등 경제적 상호의존성이 초래할 수 있는 취약성에 대한 우려가 커진 데 따른 것이다. 미국은 이러한 접근의 일환으로 쿼드(Quad)와 같은 다자 협력 이니셔티브를 통해 일본, 호주, 인도와의 관계를 강화하고, 중국의 경제적 영향력을 제한하기 위해 관세 인상이나 제재 조치를 시행했다. 그러나 동시에 지역 분쟁 해결, 보건 및 기후변화 대응 등 글로벌 이슈에 대해서는 협력적 태도를 유지해 왔다.

중국에 대한 위험 관리(Risk-managing) 전략은 중국과의 관계를 단절하거나 중간에서 모호성을 취하는 것이 아니라, 위험 요소를 체계적으로 분석하고 예측가능성을 높이면서 장기적 회복력을 구축하는 데 중점을 둔다. 한국이 대외 정책의 핵심을 한미동맹 강화에 두는 한, 중국과의 마찰을 완전히 피할 수는 없을 것이다. 그러나 한국은 특정 분야에서 발생할 수 있는 리스크를 체계적으로 관리하고, 국익을 극대화할 수 있는 실질적인 외교 전략을 마련해야 한다.

이 과정에서 주요 쟁점은 미국이 디리스킹의 핵심으로 강조하는 '첨단 기술 보호', '공급망 다변화', '전략 산업 보호와 투자'가 될 것이다. 미국은 군사적 활용 가능성이 있는 첨단 기술의 중국 이전을 막고, 관련 수출 통제를 강화하고 있다. 또한, 반도체와 배터리와 같은 전략적 산업 분야에서 중국 의존도를 줄이기 위해 공급망을 재편하고, 국내 투자를 확대하고 있다. 이러한 전략을 추진하면서 동맹국들의 협력을 적극적으로 요청할 가능성이 크다. 따라서 한국은 미중 전략 경쟁 속에서 균형 외교의 한계를 냉철하게 인식해야 한다. 중국과의 관계를 완전히 끊지 않으면서도, 잠재적인 위험 요소를 선제적으로 관리하는 실용 외교를 추구해야 한다. 이는 한국이 국제 질서의 변화 속에서 능동적으로 대응하고, 장기적으로 국익을 지키는 현명한 전략이 될 것이다.

## 4. 앞으로 해결해야 할 도전 과제는?

한미동맹이 지속 가능하게 발전하려면 단순히 군사적 협력을 넘어서는 포괄적이고 실질적인 파트너십으로의 질적 전환이 필요하다. 이제는 전통적인 군사동맹의 틀을 넘어, 경제와 기술 분야에서도 상호보완적인 협력을 강화해야 한다. 이러한 협력이 한국의 핵심 국익 실현과 어떻게 연결될 수 있을지에 대해 구체적이고 실질적인 전략을 마련할 필요가 있다. 또한, 이러한 협력 과정에서 예상될 수 있는 다양한 쟁점들을 사전에 파악하고, 잠재적인 갈등을 최소화할 수 있는 대응 방안을 미리 준비하는 것이 중요하다. 이를 통해 한미동맹이 안정적이고 지속 가능한 관계를 유지하면서도, 한국의 외교적 자율성과 국익을 최대한 보장할 수 있을 것이다.

### 안보협력의 확대발전에 따른 역할분담

미국은 한미일 협력을 비롯해 인도·태평양 지역에서의 안보 체계를 강화하려 하고 있으며, 동맹의 역할을 북한을 넘어 중국을 견제하고 대응하는 방향으로 확대하려는 관심이 높아질 것으로 예상된다. 이러한 변화는 한미 동맹 내에서 한국의 부담 분담(burden-sharing) 문제와 연결되며, 한국이 지역 및 글로벌 안보에 얼마나 기여하고 어떤 역할을 할 것인지에 대한 논의를 가속화시킬 수 있다. 한미 동맹에서 가장 큰 딜레마는 두 가지 상반된 목표 사이에서 발생한다. 첫째는 동맹으로부터 안보 보장의 신뢰성을 극대화하고자 하는 것이며, 둘째는 원하지 않는 분쟁에 휘말리는 위험을 회피하려는 것이다. 특히 한국의 핵심 이익이 직접적으로 위협받지 않더라도, 동맹 의무 때문에 한반도 외 지역에서 발생하는 분쟁에 개입하게 되는 상황은 한국이 피하고 싶은 주요 리스크다. 동시에 동맹으로서의 의무를 충분히 이행하지 않으면, 미국의 안보 공약에 대한 신뢰성이 훼손될 가능성도 커진다. 이는 한국으로서도 매우 중요한 문제다.

이 복잡한 딜레마를 해결하려면 신중하고 유연한 접근이 필요하다. 한국의 입장을 명확하게 전달하고, 현실적인 합의를 도출할 수 있도록 미국과 끊임없이 소통하는 것이 중요하다. 주한미군의 임무 변화나 한국군의 기여 확대 논의 단계마다 긴밀한 협의를 통해 동맹의 신뢰성을 명확히 시그널링할 필요가 있다. 동맹 강화를 위한 명확한 신호를 보내는 방법으로는 상호운용성을 높일 수 있는 무기 체계와 훈련을 확대하고, 평상시에도 매몰비용(sunk-cost)을 높여 동맹의 유대감을 강화하는 방안을 고려할 수 있다. 또한, 동맹이 한국 방어를 책임지는 것이 복합적인 지역 위기의 도미노 효과를 방지하는 데 기여할 수 있다는 점을 강조하며, 한국이 감당할 수 있는 역할 분담 방식을 논의하는 과정이 필요하다.

미국의 방위비 분담 요구가 지속적으로 제기되고 있는 상황에서도 대비책을 마련해야 한다. 행정부마다 차이는 있지만, 미국은 꾸준히 한국이 한반도 방어에 더 많은 기여를 하기를 기대하고 있다. 이러한 방위비 문제는 단순히 비용의 문제가 아니라 '부담 분담'의 틀 안에서 접근하는 것이 갈등을 최소화할 수 있는 방안이 될 수 있다. 특히 중국이 군사력을 빠르게 현대화하고 있는 만큼, 미국은 효과적인 억제력을 보장하기 위해 기술적 우위를 유지하는 것을 목표로 하고 있다. 그 과정에서 미국은 기술적 우위를 유지하기 위해 인공지능(AI), 양자 컴퓨팅, 첨단 무기 분야에서 동맹국들과의 협력을 강화하고 있다. 글로벌 방위산업 선도국 중 하나인 한국은 민간 부문의 기술 혁신을 활용하여 이러한 부담 분담 논의에 적극적으로 참여할 수 있다.

경제안보 측면에서도 이러한 접근은 적용될 수 있다. 2000년대 이후 반도체와 첨단 산업이 한국 경제의 성장 동력으로 부상했으며, 미국 역시 글로벌 공급망 재편과 기술 패권 강화를 위해 동맹국과의 전략적 협력을 추진해 왔다. 특히 2020년대 반도체 공급망 위기와 미국의 반도체 동맹 구상 속에서, 한국의 주요 기업들은 미국 산업계 및 정부와 연구개발(R&D) 투자 확대, 생산 기지 이전, 기술 이전 등 다각적인 협력을 진행해 왔다. 트럼프 2기 행정부가 출범하면 이러한 분야에서 동맹 기여를 요구하는 압박이 더욱 강해질 가능성이 있다. 이에 대응해 한국은 단기적 대응에 머물지 않고, 장기적인 경제·기술 협력을 통해 동맹 기여의 폭을 넓히는 전략적 접근을 취할 필요가 있다. 사이버 안보, 인공지능, 차세대 통신 등 신흥 기술 분야에서 제도적 기반과 협력 메커니즘을 마련함으로써, 정치적 상황에 흔들리지 않고 국익을 지속적으로 추구할 수 있는 안정적인 방안을 마련해야 한다.

### 한반도 문제 당사자로서의 주도권 확보

미국 내에서는 북한의 핵 및 미사일 도발에 대한 대응을 두고 강경 노선을 선호하는 입장과 대화와 협상을 통한 위기 완화를 강조하는 입장이 공존하고 있다. 이러한 의견 차이는 정책 결정에 영향을 미치고 있다. 특히 북한의 지속적인 핵실험과 미사일 발사는 미국과 동맹국들에게 위협으로 간주되며, 이에 따라 미국의 전략도 위협 최소화와 리스크 관리 중심으로 변화하게 된다. 이러한 환경에서 한국은 미국 행정부가 교체될 때마다 대북 정책이 급격히 변화할 가능성을 염두에 두고, 동맹국 간 이견을 조율하는 데 어려움을 겪을 수 있다는 점을 우려하고 있다. 특히 트럼프 2기 행정부 출범 이후, 북한과의 핵 군축 협상을 고려한 대화 가능성에 대한 불안감이 커지고 있으며, 미국의 대북 정책 레토릭 변화에 민감하게 반응하고 있다.

그러나 미국의 대북 정책은 비확산(non-proliferation)이라는 일관된 대전략에 기반하고 있어, 실제로는 큰 변화가 일어나기 어려운 분야이기도 하다. 역사적으로 민주당과 공화당 행정부의 대북 접근 방식에는 차이가 있었지만, 북한의 핵 및 대량살상무기(WMD) 프로그램을 지역 및 글로벌 안보에 중대한 위협으로 간주한다는 점에서는 일관성이 있었다. 미국은 한반도의 완전한 비핵화라는 정책 목표를 공식적으로 부인한 적이 없으며, 이는 트럼프 행정부 1기에서도 지속적으로 관찰된 정책적 연속성이다.

일부에서는 트럼프 2기 행정부가 단기적인 북미 대화를 시도할 가능성을 제기하고 있으나, 북한이 기대하는 수준의 관계 개선이나 실질적인 거래를 포함한 장기 협상으로 이어지기에는 제도적 장애물이 존재한다. 현재 미국 내 법 체계상, 북한에 경제적 보상을 제공하거나 제재를 완화하는 협상을 추진하려면 의회의 동의가 필요하다. 따라서 북한이 비핵화에 대한 근본적인 변화를 보이지 않는 한, 미국 행정부가 독자적으로 대북 정책을 급격히 변화시키는 데는 한계가 있다.

이러한 상황에서 한국은 동맹을 활용해 한반도 평화와 안정을 어떻게 관리할 것인지에 대한 전략을 강화할 필요가 있다. 지금까지 남북관계와 북미관계의 선순환적 발전을 목표로 했으나, 북미 핵협상과 남북 간 재래식 군사 신뢰 구축이 유기적으로 연결되지 못한 점은 한계로 지적된다. 한반도의 안보 환경은 핵 위협과 재래식 군사적 긴장이 복합적으로 작용하는 특수성을 지니고 있다. 북미 핵협상이 비핵화와 핵 능력 제한에 초점을 맞추고 있는 반면, 북한의 재래식 군사력은 여전히 한반도 긴장의 주요 요인으로 남아 있다. 만약 핵 문제와 재래식 군사 신뢰 구축이 분절적으로 다루어진다면, 한 분야에서의 진전이 다른 분야로 이어지지 않아 포괄적인 안보 안정화 효과를 기대하기 어려울 수 있다.

따라서 한국은 북미 핵협상의 단계별 진전에 맞춰 남북 간 재래식 군사 신뢰 구축 조치를 비핵화 조치와 병행하거나 순차적으로 추진하는 통합적 접근을 고려해야 한다. 예를 들어, 북한이 핵실험을 중단하거나 검증 체제를 수용할 경우, 이에 상응하는 조치로 남북 군사 긴장 완화 합의를 동시에 추진하는 방안을 미국과 협의할 수 있다. 또한, 단계별 이행 상황을 동맹국과 공유하고, 핵 및 재래식 분야의 진전 상황을 상호 검증할 수 있는 메커니즘을 구축함으로써 동맹 내 잠재적 갈등 요인을 최소화할 수 있다. 이를 통해 공동 검증 및 모니터링 체계에서의 건설적인 역할 분담이 가능해지고, 한국이 한반도 안보와 평화를 주도적으로 관리할 수 있는 외교적 역량을 강화할 수 있을 것이다. 궁극적으로 이러한 통합적 접근법은 한국이 단순히 미국의 대북 정책 변화에 대응하는 차원을 넘어, 독자적인 국익을 극대화할 수 있는 주도적인 안보 전략을 마련하는 데 기여할 것이다.

## 5. 한국의 정책적 대안은?

앞서 논의한 내용을 바탕으로, 한국이 대미 외교 정책을 보다 효과적으로 개선하기 위해 고려할 수 있는 다양한 방안을 다음과 같이 제시할 수 있다.

첫째, 전략적 자율성 강화이다. 한국은 미국의 대외 정책 변화에 단순히 수동적으로 대응하는 것을 넘어, 독자적인 안보 및 외교 전략을 체계화해야 한다. 이를 통해 자주적인 국익 수호 역량을 강화할 필요가 있다. 특히 한반도 문제의 당사자로서 독립적인 안보 전략과 체계적인 대북 정책 로드맵을 마련하여, 전략적 주도권을 확보하는 것이 중요하다.

둘째, 법·제도 개선 및 협력 체계 재정비이다. 한미동맹의 지속 가능성을 높이기 위해 기존 협력 플랫폼의 법적·제도적 기반을 강화해야 한다. 변화하는 국제 정세에 유연하게 대응할 수 있는 협력 체계를 마련하고, 양국 간 협정과 협력 메커니즘의 실효성을 제고하여 상호 신뢰를 강화할 수 있는 노력이 필요하다.

셋째, 포괄적 대전략 및 인도–태평양 전략 개발이다. 미중 전략 경쟁과 급변하는 역내 안보 환경에 대응하여, 인도·태평양 시대에 부합하는 포괄적 대전략을 마련해야 한다. 이를 위해 다자 안보 협력을 강화하고, 역내 동맹 네트워크를 확대하며, 미국, 일본, 유럽 및 아시아 주요국과의 전략적 파트너십을 심화해야 한다.

넷째, 대외 협력의 다변화 전략이다. 미중 전략 경쟁을 넘어 제3국 및 다자 협력체와의 전략적 연계를 강화해야 한다. 경제, 안보, 문화 등 다양한 분야에서 다층적인 외교 네트워크를 구축하여 전략적 자율성을 확대할 필요가 있다. 이를 통해 글로벌 무대에서 한국의 외교적 선택지를 넓히고, 협상력을 강화할 수 있다.

다섯째, 안보와 경제의 연계 강화이다. 안보 협력과 경제 협력을 긴밀히 연결시켜 대외 불확실성 속에서도 안정성을 확보해야 한다. 특히 한미 간 경제안보 공조를 통해 공급망, 첨단 기술, 에너지 안보 등 핵심 분야에서의 전략적 협력을 강화해야 한다. 이러한 노력을 통해 경제적 이익과 안보적 안정성을 동시에 추구할 수 있다.

여섯째, 전략적 예측 및 정보 공유 체계 강화이다. 미중 관계와 한반도 정세 변화에 선제적으로 대응할 수 있도록 정보 수집 및 분석 체계를 강화해야 한다. 주요 동맹국과의 정보 공유 협력을 확대하여, 신속하고 효과적인 전략 수립과 실행을 뒷받침할 수 있는 기반을 마련해야 한다.

일곱째, 다자제도 활용의 극대화이다. UN, ASEAN, G20 등 다양한 다자제도와의 협력을 강화하여 국제 사회에서 한국의 전략적 위상을 높여야 한다. 이를 통해 공정하고 균형 잡힌 국제 규범 형성에 기여하고, 한국의 소프트파워를 확대할 수 있다.

마지막으로, 국내 정치적 합의 기반 구축과 정책 연구 역량 강화이다. 대미 외교 정책의 수립 및 이행 과정에서 정치권, 전문가 그룹, 시민사회와의 긴밀한 소통을 통해 정책의 일관성과 실효성을 확보해야 한다. 다양한 이해관계자의 의견을 반영하여 국익 중심의 외교 정책을 마련하고, 정부·민간 연구기관·학계 간 협력적 연구 네트워크를 활성화해야 한다. 이를 통해 변화하는 국제 정세에 대한 심층 분석과 실질적인 정책 대안을 마련할 수 있으며, 연구 성과를 정책에 체계적으로 반영할 수 있는 메커니즘을 구축해야 한다.

이와 같은 다각적인 접근을 통해 한국의 대미 외교 정책은 보다 실질적이고, 국익을 최우선으로 하는 방향으로 발전할 수 있을 것이다.

대중외교

# 한중관계, 새로운 길의 모색을 위해

장영희 / 충남대학교 평화안보연구소 연구위원

## 1. 누구을 위한 외교를 할 것인가?

국가 간의 관계 속에서 국가는 권력, 이익, 가치의 추구라는 세 가지 동기에 따라 움직인다. 달리 말하자면 국가라는 공동체는 "국민을 위해" 안보, 경제, 이념을 추구하는 존재다. 그런데 모든 국가가 안보, 경제, 이념을 동일한 비중으로 취급하는 것은 아니다. 나라마다 어디에 더 큰 비중을 두고 무엇을 더 중시할 것인지 공동체의 의지와 능력을 가늠하며 최적의 균형점을 조율해 나간다. 지정학적·지경학적 위치와 국력의 비대칭성에 대한 냉철한 판단에 따라 힘의 투사 방식과 전략을 결정해야만 국민의 안전과 경제를 지킬 수 있다. 한국이 미국이나 중국과 동일한 비중 혹은 동일한 방식으로 권력이나 이념을 추구할 필요는 없고 그래서도 안된다. 한국의 정체성과 방향성은 보편적인 가치에 기반을 둔 개방형 통상문화국가이기 때문이다.

세계 정치는 현재 경쟁과 대립이 심화되는 국면에 접어들었다. 특히 미·중 전략경쟁의 격화는 국제정치 질서를 '집단 극화(group polarization)'의 시대로 몰아가고 있다. 강대국들이 줄서기를 강요하고 자국의 패권과 국익을 위해 의도와 상관없이 동맹국과 우방국의 이익을 희생시키는 일들이 발생한다. 각국은 자국의 생존과 국익을 우선시하는 방향으로 정책을 조정하고 있으며, 이로 인해 국제관계의 불확실성이 더욱 증대되고 있다.

안보(security)가 의미하는 것이 더 이상 군사적인 차원에 국한되지 않고, 경제적 이익, 가치 및 정체성과 결합되면서 보다 광범위하고 편향된 형태로 확대되고 있다. 안보 중심적 사고가 경제적 상호 이익을 추구하는 논리를 압도하는 양상을 보이고 있는 것이다. 더욱 심각한 것은 국가 정체성과 공유된 가치가 안보 개념을 형성하는 핵심 요소로 작용하며, 특정 국가 간의 정체성 차이가 안보 위협을 구성하는 데 중요한 역할을 하고 있다. 이에 따라 안보는 점점 더 경제적 이해관계뿐만 아니라 가치와 정체성의 논리로 정당화되며, 국가 간 대립과 갈등의 구심점으로 작용하고 있다.

이와 같은 추세로 인해 국가 간 협력의 기반이 약화되고 갈등과 대립의 요인들이 강하게 작동하는 양상을 보이고 있다. 이는 국제 정치에서 상호 적대감을 심화시키는 구조적 조건을 형성하며, 국제관계를 더욱 복잡하고 예측하기 어렵게 만들고 있다. 결과적으로 현재 한반도는 미중 전략경쟁, 미중 패권 경쟁, 신냉전 등으로 규정되는 글로벌 정치 역학의 중심에 놓여 있다. 이러한 악화된 외부 환경하에서 국가이익

(national interest)의 수호라는 명목하에 종종 사회이익(social interest), 즉 국민 혹은 공동체 구성원들의 이익을 배려하지 않는 외교가 펼쳐진다. 한국의 외교는 국가이익이 의미하는 바를 좀 더 다각적으로 재구성할 필요가 있다.

한국은 미중 전략경쟁으로 인해 다각적인 국익 손실을 겪고 있다. 지경학적 차원에서, 중국은 그동안 한국의 최대 무역 파트너였는데 미중 전략경쟁에 따른 관세 인상과 불확실성으로 한국 수출산업이 위기에 봉착하고 수출 기업의 채산성이 악화되었다. 또한 미국이 중국에 대한 기술 수출을 제한하면서 반도체 및 전자 부문에 종사하는 한국 기업들이 중국 시장 접근 및 기술 협업에 어려움을 겪고 있다. 이는 잠재적인 매출 손실과 경쟁력 저하로 이어지고 있다. 첨단 기술에 대한 미국의 대중국 수출 규제는 한국 기술 기업에 간접적인 영향을 미치고 있다. 글로벌 공급망에 깊숙이 통합되어 있는 한국기업으로서는 혁신에 필요한 핵심 기술과 부품에 접근하는 데 장애를 겪고 있다. 이러한 제한으로 기술 발전의 선두에 서는 데 걸림돌이 되고 있다.

지정학적 긴장이 고조되면서 한국은 국방예산을 크게 늘리고 있다. 한국의 국방예산은 2017년 40.3조에서 2023년 약 57조 원으로 증가했다. 2017년부터 2023년까지 40% 이상 증가한 셈이다. 국방 예산이 정부 재정의 12.8%를 점하고 있다. 게다가 "국방 중기계획"에 따라 2027년까지 76조 원으로 증액될 예정이다. 한미일 3국 안보협력 강화를 위해 한국은 점점 더 많은 국방비를 쓰게 될 것이다. 안보의 중요성을 고려하더라도 과도한 국방비 지출은 정부 예산에 부담을 주고 교육 및 사회복지에 영향을 주어 지속 가능한 국가공동체의 발전과 이익에 손실을 일으킨다. 안보의 명목 아래 사회 이익과 민생이 잠식되어 갈 수 있는 것이다.

이러한 문제를 해결하기 위해 우리는 좀 더 다각적인 차원에서 국가이익을 성찰해야 하며 외교정책 결정 과정의 절차적 민주주의를 복원하고 발전시켜야 할 것이다. 좀 더 다각적인 차원에서 한국의 국가이익을 성찰하고 실현한다는 것은 중국과의 관계에서 갈등을 고조시키는 지정학과 지경학의 이슈에만 매몰될 것이 아니라, 비전통 안보 영역을 포함한 보다 넓은 범주의 안보와 발전 개념을 국가이익 속에 포함시켜야 한다는 것이다. 비전통 안보는 국가 간 협력의 여지가 큰 분야이며 경쟁과 대립보다 공공재의 창출과 상호협력이 강조되는 영역이다. 예컨대 한국과 중국 간에는 환경, 보건, 재난, 기후변화, 사이버 안보, 식량안보, 에너지, 인권, 국제 범죄, 테러 등 지정학적 갈등 외에도 공동으로 대응해야 할 이슈들이 존재한다.

우선, 황사 및 미세먼지는 초국경적 환경 이슈이고 중국의 산업활동이 한국의 대기질에 영향을 미친다는 문제의식은 이미 대중화되어 있다. 이를 위해 양국은 탄소중립, 재생에너지 기술, 기후 기술 협력 분야에서 협력할 공간이 매우 크다. 이는 국제적 기후 거버넌스 참여에서도 공동의 이익을 형성할 수 있는 분야이다. 두 번째로 감염병의 초국적 확산을 방어하기 위한 질병 감시 시스템, 백신 개발 및 공급 협력, 의약품 공동 비축 체제 등에 대해 협력할 수 있다. 한국과 중국 뿐만 아니라 일본과도 동북아시아 차원의 보건 협력 기제 구축을 위한 상시적인 협력 채널을 마련할 수 있다. 세 번째로 향후 사이버 안보 및 디지털 범죄는 국가 간 갈등을 촉발할 수 있는 새로운 안보 위협이다. 한중 간에 사이버 보안 표준 구축, 사이버 테러 공동 대응 등을 통한 신뢰 구축의 노력이 필요하다.

한국과 중국은 지정학적 갈등 구조를 넘어 비전통 안보 분야에서 공동의 위협에 대응할 필요성이 커지는 시대에 살고 있다. 이 분야에서의 협력은 한반도 및 동북아 전체의 평화 안정에 실질적 기여를 할 수 있는 계기가 될 것이며, 양국 간 외교 신뢰 회복과 상호 이익의 접점을 찾는 중요한 장치로 활용될 수 있다. 군사 안보 중심의 대립을 넘어, 보건·환경·사이버 등 다양한 안보 위협에 대한 다자적 접근이야말로 진정한 국가이익을 추구하는 새로운 외교 전략의 핵심이 될 수 있을 것이다. 요컨대 비전통 안보는 한중 관계에서 협력의 공간을 창출할 전략적 자산으로서, 또한 미래의 사회적 이익이 포함되는 국가이익의 개념 자체를 진화시키는 계기를 마련할 수 있다. 특히 중국이 내세우는 "인류운명공동체" 담론과도 접점을 찾을 수 있다는 점에서 한중관계의 중장기적 외교 어젠다로 육성할 필요가 있다.

## 2. 한중관계 리빌딩의 길: 정책적 한계의 인지와 극복

역대 우리 정부의 대중국 정책에서 노출된 한계를 극복하고 보다 전략적인 대중국 정책을 세우기 위해서는 당파적 입장을 초월하여 우리가 늘 직면해 왔던 정책적 한계를 편견 없이 인식할 필요가 있다. 특히 대중국 정책의 일관성 문제를 해결하기 위해서는, 역대 정부의 정책적 문제점을 분석하고 새로운 균형 전략을 모색하는 것이 필요하다.

## 역대 정부의 한계: 여론적 지지의 부족과 합의 도출의 결여

진보 정부의 맏형이라 할 수 있는 김대중 정부는 "햇볕정책"을 통해 북한과의 관계 개선을 추구했다. 그 과정에서 중국의 대북 영향력을 과대평가하며 중국과의 협력에 지나치게 의존한 측면이 있다. 이는 북한의 비핵화 문제에서 실질적인 성과를 도출하지 못한 원인이기도 하다. 노무현 정부는 동북아 균형자론을 제시하며 중국과의 전략적 협력을 강화하려 했으나, 한국의 여론 지형에서 미국과의 동맹 관계를 약화시킨다는 우려를 불러일으켰다. 진위 여부를 떠나 이러한 접근이 한미관계의 긴장을 초래한다는 논란이 일기도 했다. 문재인 정부는 사드 배치 문제로 인한 중국의 경제 보복에 직면했을 때, 중국의 압력에 대한 대응에 원칙과 일관성이 미흡했다는 일각의 비판을 받았다. 한국이 미국과 중국, 안보와 경제 이익 사이에서 거시적이고 명확한 전략 부재의 구조적 문제를 안고 있다는 것을 인지하게 만들었다.

보수 정부는 중국과의 관계에서 시장주의와 반공주의의 이념적 경직성을 탈피하지 못하고 있다. 이명박 정부는 "비핵·개방·3000" 정책 구상을 제기하며 북한의 비핵화를 추진했으나, 중국의 협력을 효과적으로 이끌어내지 못했다. "친미"라는 대외정체성을 과도하게 강조하는 과정에서 실용적 국익 확보와 중국과의 기본적 신뢰 관계 구축에 실패했다. 박근혜 정부는 정부 출범 초기부터 중국과의 관계를 강화하려 했으나, 갑작스런 사드 배치 결정으로 인해 중국과의 관계가 급격히 악화되었다. 외교 정책의 일관성 부족과 전략적 예측에서 한계를 드러낸 것이다. 윤석열 정부는 외교정책의 차별화를 위해 미국과의 동맹 강화를 과도하게 강조했다. 인도태평양 전략의 제시를 통해 중견국 정체성을 강조하고 지역과 세계에서 한국의 역할을 재구성하겠다는 포부를 밝혔지만 중국과의 경제 관계를 어떻게 조율할 것인지에 대한 명확한 전략이 부족하다는 비판을 받아 왔다.

이러한 과거 정부들의 한계는 단순한 정책 실패라기보다는 우리가 위치하고 있는 지정학적, 지경학적 위치와 남북 분단이라는 근원적인 구조적 도전에 기인한 것이기도 하다. 그리고 이러한 딜레마와 한계는 단기적인 정책 변화로 해결할 수 있는 문제도 아니다. 따라서 좀 더 장기적인 차원에서 우리의 원칙과 방향성을 확립해 가는 "민주적 과정"이 긴요하다. 한국의 외교가 일관성 있고 원칙 있는 외교를 하기 위해서 국민의 대의와 이익을 반영하는 외교정책 결정 과정을 구축해야 한다. 민주적인 기제를 통한 외교정책 결정을 통해 여러 도전과 변화에도 흔들리지 않는 외교를 펼칠 수 있을 것이다.

## 대중국 정책의 일관성과 지속성을 위한 장기적 제도 설계

이상에서 논한 역대 정부의 정책적 한계를 극복하기 위해서는 첫째, 국민적 합의를 도출하는 외교정책 결정 기제와 제도를 만들어가야 한다. 대중국 정책에 있어서 국민적 이해와 지지를 확보하기 위해 투명한 정보 공개와 국민 참여적 외교를 확대해야 한다. 이를 통해 외교정책의 일관성과 지속성을 높일 수 있을 것이다. 둘째, 다층적 외교 전략의 수립이 필요하다. 미국과의 동맹을 강화하면서도 중국과의 경제적 협력을 지속하는 다층적 외교 전략을 수립해야 한다. 경제뿐만 아니라 환경, 보건 등 다양한 분야에서 공동의 이익과 가치를 창출할 수 있어야 한다. 셋째, 지역 다자 협력체에 적극 참여함으로써 중국과의 관계를 다자주의 틀 내에서 관리해야 한다. 이를 통해 양자 관계의 부담을 줄이고 지역의 안정과 번영에 기여할 수 있을 것이다.

외교정책의 일관성 문제는 비단 한국만의 문제는 아니며 민주주의 국가들은 모두 이러한 문제를 안고 있다. 집권 세력이 국민의 대의를 반영하여 외교정책을 쇄신하고 변화를 만드는 것은 필요하다. 그러나 종종 일부 정치세력의 의지만 반영되는 권위주의적 외교정책은 우리의 안보와 경제를 위태롭게 만들 수 있고, 변화의 폭이 너무 커서 외교 정책이 널뛰기하는 문제가 생긴다. 이러한 문제를 해결하기 위해 정권 교체와 상관없이 대중국 정책의 일관성과 지속성을 유지하기 위해 여야를 포함한 초당적 외교정책 협의체를 구성하여 대중국 정책 및 대외정책을 논의하고 합의하는 제도 설계와 실행이 필요하다. 이는 외교 정책의 연속성과 안정성을 확보하는 데 기여할 수 있다.

지금은 정부만이 외교정책을 책임지는 시대가 아니다. 국가 공동체 내의 구성원들이 좀 더 참여적으로 외교정책에 대해 논의하는 제도가 필요하다. 이를 위해 국회 내 외교 관련 상임위원회의 전문성을 강화하고, 외교 정책 결정 과정에서 국회의 역할을 확대하여 다양한 의견이 반영될 수 있도록 해야 한다. 이는 외교 정책의 민주적 정당성과 일관성을 높이는 데 도움이 될 것이다. 집권 세력이 자신들의 가치와 의지에 따라 외교정책을 전유함으로써 전문성과 지속성이 훼손되는 경우가 생기고 있다. 이를 해결하기 위해서는 외교부 내에 장기적이고 일관된 외교 전략을 수립하고 추진할 수 있는 전략기획 기능을 강화하여 정권 교체와 무관하게 국가 이익을 중심으로 한 외교정책을 지속적으로 추진할 수 있도록 해야 한다.

## 3. 중국과의 관계에서 우리가 지켜내야 할 것들

한국은 지금까지 대중국 관계를 다루는 과정에서 통합적인 접근보다는 일부 전략적 목표를 달성하기 위한 단면적인 접근을 해 왔다. 우리는 민주적 대외정책을 실천하는 과정에서 대중국 관계를 조율할 때, 다양한 정치·경제·안보·외교적 요소를 통합적으로 고려해야 한다. 중국은 한국의 주요 교역국이자 지정학적 영향력을 미치는 강대국이고, 한중 관계는 안보적 이해관계뿐만 아니라 경제적 상호 의존, 가치와 규범의 수호 등과 밀접한 관련을 맺고 있다. 따라서 실질적인 국익을 극대화할 수 있는 전략적 균형을 모색해야 한다.

### 공급망의 안정: 중국발 공급망 위협의 과대평가 경계해야

한국과 중국의 경제 관계는 높은 상호의존성 속에 있다. 특히 반도체, 배터리, 전기차, 디스플레이 등 첨단 산업 분야에서 밀접한 협력 관계를 유지해 왔다. 그러나 최근 미국 주도의 공급망 재편과 중국의 기술 자립 가속화로 인해 한국은 경제적 리스크를 분산할 필요성이 커지고 있다.

그런데 생각해 봐야 할 문제는 미국이 원하는 바대로 깔끔하고 정교하게 디커플링 하거나 공급망을 재편하는 것은 실현하기 매우 어려운 과제라는 점이다. 미중 간 무역은 역설적이게도 2021년부터 증가세를 보이고 있다. 물론 일자리 창출과 기후 변화에 대한 우려 등을 고려하면 중장기적으로 중국에 편중되어 있는 한국의 공급망을 분산시키는 것은 필요한 과정이다. 그러나 억지로 상호의존성을 해체하려는 정책은 '전략적 자해'에 다름 아니다. 중국으로의 아웃소싱을 억제하기 위해서는 오랜 시간이 필요하고 비용이 많이 들기 때문이다. 중국에 대한 공급망 재편은 단거리 경주가 아니기 때문에 경제안보와 경제발전을 동시에 고려하는 긴 호흡의 정책이 필요하다.

무엇보다 중국이 정치적 목적을 위해 사용하는 경제적 강압 수단의 대부분은 본질적으로 범위와 영향에 있어서 제한적이고 단기적이다. 일반적으로 중국이 무역을 정치적 도구로 사용하는 것은 효과적이지 못했으며 중국 경제 자체에도 피해를 야기하기 때문에 중국은 이를 사용하는 것을 꺼려왔다. 또한 이미 많은 글로벌 기업들이 중국의 비교우위 하락(노동력 감소와 노동세 및 환경세 등)과 공급망 리스크로 중국을 떠나고 있다. 따라서 불필요한 정책 지원은 세금 낭비의 측면도 있다.

결론적으로 이념을 내세우며 공급망 정책을 수립하면 역효과가 크다. 따라서 공급망 재편에 대한 한국의 전략은 실사구시 정신에 발을 딛고 배타성이 드러나지 않는 외교적 레토릭을 유지해야 한다. 우리의 전략과 정책이 한국의 국가이익을 지키기 위한 것이지 미국과 힘을 합쳐 중국을 견제하기 위함이 아님을 분명히 함으로써 우리의 행위에 대한 정당성을 확보해야 한다.

## 미·중 전략경쟁 속에 새로운 균형점 찾기

미중 전략경쟁이 심화되는 가운데, 한국은 전통적으로 한미 동맹을 중심으로 한 안보 체계를 유지하면서도 중국과의 관계를 안정적으로 관리해야 하는 과제를 안고 있다. 미국은 한국에 인도태평양 전략과 반도체 공급망 재편 등 다양한 협력 참여를 요구하고 있으며, 중국은 이에 대한 반발로 경제적·외교적 압박을 가하는 상황이다. 따라서 한국은 안보 동맹과 경제적 이해관계 사이에서 전략적 자율성을 확보하고, 동북아시아 지역의 안정성을 유지할 수 있는 외교적 조율이 필요하다.

한반도 문제에서 중국은 북한의 주요 후원국이자 다자협력의 중요한 행위자로 자리하고 있다. 한국의 대외정책 실천 과정에서 중국의 협력을 배제할 수 없는 이유는 북한 비핵화와 한반도 평화에 미치는 중국의 영향력이 크기 때문이다. 따라서 한국은 중국과의 전략적 소통 채널을 유지하면서도, 북한 문제에서 국제사회와의 협력을 지속할 필요가 있다. 이를 위해 한국은 민주주의의 원칙을 훼손하지 않는 범위 내에서 중국과의 대화를 지속하며, 북핵 문제 해결을 위한 실용적인 접근법을 모색해야 한다.

또한 미·중 간 기술 패권 경쟁이 격화되는 상황에서, 한국은 반도체·인공지능·5G·바이오 기술 등 첨단산업에서 주요한 역할을 수행하고 있다. 미국은 한국에 중국과의 기술 협력을 축소할 것을 요구하는 한편, 중국은 한국이 미국 주도의 기술 동맹에 참여하는 것에 강한 반발을 보이고 있다. 한국은 이러한 상황에서 기술 경쟁력을 유지하면서도 특정 국가에 과도하게 의존하지 않는 기술 외교 전략을 수립해야 하며, 민주적 원칙에 기반한 디지털 거버넌스를 구축하는 방향으로 정책을 조정할 필요가 있다.

결론적으로, 한국이 민주적 대외정책을 실천하면서 대중국 관계를 조율하기 위해서는 경제적 상호 의존, 안보 및 국방 전략, 가치 외교, 한반도 평화 프로세스, 기술 패권 경쟁 등의 요소를 통합적으로 고려해야 한다. 한국은 민주주의 국가로서 보편적 가치와 규범을 지키면서도 현실적 국익을 극대화할 수 있는 외교적 유연성을 확보해야 하며, 다자주의적 협력을 강화하는 방식으로 미·중 전략경쟁 속에서 균형을 유지하는 것이 중요하다. 이러한 전략적 접근을 통해 한국은 민주적 원칙을 유지하면서도 지속 가능한 외교적 이익을 확보할 수 있을 것이다.

### 지정학적 부조리에 대한 정교한 입론과 외교적 수사 사용

현재 대만해협과 우크라이나 등 지정학적 단층선 위에서 벌어지고 있는 긴장과 충돌은 지정학적 부조리의 문제이다. 지정학적 부조리는 구조적 딜레마의 성격을 갖고 있다. 미중 전략경쟁이 심화되면서 우리가 마주하고 있는 지정학적 부조리는 더욱 해결하기 어려워졌다. 이는 단선적인 해법으로 접근해서는 안 되는 복잡계의 문제이다. 외교·안보적 차원의 문제를 넘어 경제, 기술, 공급망 등 다양한 영역에서 복합적으로 작용하기 때문이다. 따라서 이 문제는 "섣부른 의지"의 차원보다는 "신중한 관리"의 차원에서 접근해야 할 과제이다. 이 문제를 단기간에 단선적으로 해결하려는 자세는 오히려 안보 딜레마를 격화시킬 뿐이다.

특히 트럼프 2기에서는 한반도를 둘러싼 국제 정세가 급변할 수 있고 미·중 전략경쟁이 더욱 격화될 것이기 때문에 우리의 선택지는 더욱 제한될 것이다. 따라서 외교적 유연성과 전략적 균형 감각이 그 어느 때보다 중요한 시점이다. 하지만 현재의 정세적 국면은 우리가 대만해협의 평화나 우크라이나 전쟁 등의 문제에 대해 회피하는 태도로 접근할 수가 없게 되었다. 또한 우리의 국가이익과도 직결되는 문제가 되었다.

따라서 이 문제들에 대해 모호성을 유지하려 하기보다는 평화적 해결이라는 우리의 원칙을 담은 외교적 수사를 분명하게 밝힐 수 있어야 한다. 이 문제들에 모호하고 회피적 태도를 보인다면 국제사회에서 외면받을 수 있다. 중국이 주장하는 것처럼 대만 문제는 현재 단순한 내정의 문제에 머물러 있지 않다.

우리의 국가이익과 직결되는 문제이고 "연결된 위기"의 차원에서 다뤄야 할 문제이기 때문이다. 우선, 대만해협의 유사 사태는 한국의 국가이익을 심각하게 훼손할 수 있다. 따라서 전쟁 발발의 가능성을 경계하고 차단하는 노력은 주권 국가로서 당연한 권리이다. 대만해협은 세계 무역의 주요 해상 통로로 2022년에는 전 세계 해상무역의 5분의 1이 넘는 약 2조 4,500억 달러 상당의 물류가 대만해협을 통과했다. 특히 한국의 경우 수입의 30%, 수출의 23%, 약 3,570억 달러가 이 해협에 의존하고 있다. 또한 한국은 대만해협을 통과하는 에너지 수입에 크게 의존하고 있다. 한국 원유의 65% 이상이 중동 국가로부터 공급되며, 이 무역의 대부분이 대만해협을 통해 공급된다.

한국의 입장에서는 대만 국내 정치에서 중시되는 "대만의 주권 문제" 자체보다는 대만 해협의 불안정성이 가져올 수 있는 지정학적 긴장과 지경학적 쇼크를 더 우려하는 차원에서 접근해야 한다. 이는 한국의 국가이익에 큰 충격과 손실을 가져올 수 있기 때문에 대만해협의 평화와 안정에 대한 우려를 중국에 지속적으로 전달해야 한다. 그러나 이에 대한 외교적 수사나 접근 방식은 상호이해에 기반하고 다자주의적인 방식을 취할 필요가 있다. 위기의 급박성과 우선순위를 평가할 때 단기간에 대만해협에서 유사 사태가 벌어질 가능성이 높지 않기 때문에 대만 문제를 중국과의 관계에서 직접적인 갈등 요인으로 만들 필요는 없다. 따라서 한국은 장기적으로 대만 유사사태에 대한 관심을 기울이고 이에 대한 다자주의적 접근방식을 통해 한국의 국가이익과 지역의 평화와 안정에 기여해야 할 것이다.

한미일 삼각 협력의 강화는 지역의 안보를 견고히 하는 측면이 있지만, 동시에 안보 딜레마를 더욱 촉발시키고 역내 긴장을 고조시키는 요인으로 작용할 수 있다. 이러한 구조적 딜레마 속에서 우리는 미·중 경쟁의 단순한 수혜자 또는 희생자가 아니라, 전략적 자율성을 확보하며 한반도 평화와 안정이라는 목표를 달성할 수 있는 주체적인 외교 전략을 마련해야 한다. 이를 위해서는 △한반도 평화와 안정 유지 △경제적 상호의존성에 기반한 실용적 외교 △국제사회와의 연대를 통한 지속 가능한 안보 체제 구축 등의 원칙을 바탕으로 한 다층적 접근이 요구된다. 단순한 이분법적 사고에서 벗어나 종합적이고 장기적인 관점에서 문제를 바라보고, 상황 변화에 따른 유연한 대응책을 마련하는 것이 중요하다.

궁극적으로, 지정학적 부조리를 효과적으로 관리하기 위해서는 한미 동맹을 강화하는 동시에 중국과의 전략적 대화를 지속하는 등 다각적인 접근이 필요하다. 동시에 지역과 글로벌 차원의 문제에 대해 원칙적 수사를 사용하여 발언하는 모습을 보여야 한다.

## 4. 다초점 렌즈의 대중국 외교

국제사회에서 우리와 관계를 맺고 있는 어떤 대상이든 한 가지 시각으로만 바라봐서는 안 되며 조금은 어지럽더라도 다초점 렌즈를 착용해야 한다. 정치 체제와 가치의 측면에서 현재의 중국은 우리에게 불편한 존재임이 분명하고 시진핑 정부의 중국은 더욱 그러하다. 그러나 경제와 통상의 측면에서 중국은 여전히 중요한 협력 대상이고 앞으로도 그러할 것이다.

전통적으로 한국 외교는 미·중 사이에서 전략적 모호성을 유지하며 실용 외교를 추구해 왔지만, 미중 경쟁이 구조적 대립으로 고착화되고 있는 상황에서 이러한 접근법은 점차 한계를 드러내고 있다. 한국이 지속 가능한 외교정책을 구축하기 위해서는 위험을 감수하되, 명확한 원칙과 전략적 균형을 기반으로 한 대외정책을 수립해야 한다.

미국은 한국이 중국과의 경제적 관계를 지나치게 고려한다고 판단하며, 한미 동맹의 확장을 적극적으로 요구하고 있다. 반면, 중국은 한국이 미국 주도의 경제·안보 협력에 참여할 경우 강력한 경제적 보복을 가하는 등 압박을 가하고 있다. 이 과정에서 한국은 양국의 신뢰를 모두 충분히 확보하지 못하는 애매한 입장에 놓이게 되었다. 그러나 한국은 과거처럼 위험회피를 위한 전략적 모호성을 유지하는 대신, 국내적 합의를 통해 도출된 명확하고 분명한 원칙을 반영하는 용기있는 외교 전략을 구사해야 한다. 미국과의 안보 협력을 강화하면서도, 중국과의 경제 협력을 지속할 수 있는 원칙을 수립해야 한다.

트럼프 2기의 출현과 함께 한국이 외교적 자주성을 발휘할 공간이 더욱 좁아졌지만, 한국의 지전략적 중요성이 상승했기 때문에 트럼프 정부의 요구만을 수용해야 한다는 수동적 태도에서 탈피하는 계기로 삼아야 할 것이다. 트럼프 전 대통령의 1기 재임 시절, 미국은 중국에 대한 강경한 무역 정책과 기술 패권 경쟁을 주도했으며, 이러한 기조는 2기 행정부에서 더욱 지속되고 강화될 것으로 예상된다. 따라서 중견국으로서 한국의 처지는 더 어려워질 것이다. 그렇다고 미국에게만 경도되는 쉬운 길을 선택해서는 안 된다. 미국이 동맹과 우방의 국가이익을 챙겨주던 시대는 지났기 때문이다.

한국은 모호성 뒤에 숨을 것이 아니라 한국 국민 여론에서 민주적으로 도출한 외교 원칙에 따라 사안별로 미중과의 협력 범위를 명확히 구분하는 정책을 세밀하게 수립하고 "선택적 연계(selective engagement)"의 외교를 용기 있게 수행해야 한다. 예를 들어, 안보 분야에서는 한미 동맹을 강화하고, 경제 분야에서는 단기적으로는 중국과의 협력을 지속하되 장기적인 대안을 모색하겠다는 입장을 분명히 하면서 미중과의 삼각관계를 다루는 방식이 필요하다. 기술 지정학의 시대에 한국은 반도체·배터리·AI 등 첨단 기술 분야에서는 미국과의 협력이 매우 중요한 입장이다. 하지만 중국 시장을 상실할 수 없기 때문에 단기적으로 중국과의 협력 의제를 포기하지 않으면서 장기적으로 대체 시장을 확보하거나 다자 협력을 강화하는 방안을 모색하겠다는 원칙을 천명하며 외교적 행보를 이어가야 한다.

　미중 간의 대립이 심화될수록, 한국이 특정 진영에 과도하게 치우치는 것은 장기적인 경제 및 외교적 리스크를 초래할 수 있다. 따라서 한국은 다자주의적 협력을 적극적으로 활용하여 아세안, 유럽연합(EU), 인도, 호주 등과의 협력을 강화함으로써 미중 경쟁 속에서도 명확한 원칙을 견지하고 균형을 유지하면서 외교적 공간을 확보해야 한다.

대일외교

# 한일관계, 안정적인 파트너십 구축을 위해

최은미 / 아산정책연구원 연구위원

## 1. 한일수교 60년, 기로에 선 한일관계

바람 잘 날 없던 한일관계가 또 한 번 기로에 섰다. 한일수교 60주년을 맞는 2025년, 양국 관계가 극적인 발전을 이룰 수 있을 것이라는 기대는 무산되었고, 국내외 불안정 속 현재의 상태가 지속될 수 있을지조차 불안하다. 돌이켜보면, 한국과 일본이 국가관계를 시작한 1965년 이후 지난 60년간 양국관계가 안정적일 때가 얼마나 있었겠냐마는 갈등 사안이 발생할 때마다 롤러코스터를 타듯 출렁대는 모습을 보며 한일관계의 미래를 걱정하지 않을 수 없다.

더욱이 지난 2023년 3월, 12년간 중단된 한일정상회의를 재개하며 양국관계의 새로운 장(章)을 열었던 윤석열-기시다 리더십이 부재한 상황에서 앞으로 한일 간에는 어떠한 일들이 벌어질 것인지 예측하기 어렵다. 물론 한일관계에서 정상의 리더십이 전부는 아니지만, 양국 정부와 리더십의 역할이 얼마나 중요한지 우리는 그동안 수도 없이 목도해 왔기 때문이다.

모든 것이 불확실한 현재, 한일관계의 현주소는 무엇이고, 어디를 향해 가고 있는가. 본 장에서는 현재의 한일관계를 진단 및 분석하고, 앞으로 더 나은 양국관계를 구축해 나가기 위한 방안과 우리의 대일외교 전략을 모색해 보고자 한다.

## 2. 한일협력의 진화 속 여전히 남아있는 문제들

2025년은 한국과 일본이 수교를 맺은 지 60년이 되는 해이다. 사람으로 치면 환갑의 나이이다. 한 바퀴를 돌아 다시 원래의 자리로 돌아온다는 의미를 갖는 환갑(還甲)은 육십갑자(10간과 12지를 결합하여 만든 60개의 간지) 한 주기의 완성이자, 새로운 시작의 의미가 담겨있다. 이는 곧 그동안의 논의와 경험 속에서 지나온 삶을 돌아보고, 새로운 목표와 비전을 향해 앞으로 나아가는 중요한 '변곡점'이자, '전환점'이라고도 볼 수 있다. 수교 60년이 된 한일관계는 새로운 전환점을 맞이할 수 있을까.

### 14년이 넘는 교섭에도 채우지 못한 단추

한일관계의 시작인 1965년 6월 22일, 양국의 국교관계에 대한 내용을 담은 한일기본조약이 정식으로 조인되었다(발효: 같은 해, 12월 18일). 양국 수교를 위한 회담은 1951년에 시작하여 14년간(1951년~1965년) 이어져

온 결실이었다. 하지만 그 긴 시간과 오랜 논의에서도 양측은 끝내 35년간(1910-1945) 일본 식민 통치의 법적 성격에 합의를 보지 못했다. 그리고 결국 양국 관계는 양측의 의견이 일치되지 않은 것에 합의했다는 의미인 '비동의의 동의(agree to disagree)'의 부담을 안고 시작되었다. 결론을 내리지 못한 문제에 대한 봉합이었다. 그 결과, 일본의 식민지배는 한국에서는 불법, 일본에서는 합법으로 인식된다. 이는 곧 한일관계는 과거의 과오에 대한 제대로 된 사죄와 반성, 보상이 이루어질 수 있는 여건조차 마련되지 못한 채 시작되었다는 것을 의미한다.

이처럼 끝내 채우지 못한 단추가 미친 파장은 상당했다. 치유되지 못한 식민지배의 상흔(傷痕)은 일본군'위안부'문제, 강제징용문제 등으로 제기되었고, 여기에서 파생된 소녀상 문제, 군함도 및 사도광산 유네스코 세계문화유산 등재와 추도식 문제 등은 여전히 양국이 풀지 못한 문제로 남게 되었다. 이뿐만 아니다. 한일의 서로 다른 역사 인식의 간극은 매년 반복되는 일본의 역사교과서 문제, 야스쿠니신사 참배 문제, 독도 도발 등으로 나타나 마치 '연례 행사'처럼 되어 버렸다.

이러한 가운데 한국의 경제 성장에 따른 일본과의 격차 감소, K-pop, K-movie 등 문화 콘텐츠의 인기, 한국의 국력 신장에 따른 국제사회에서의 존재감 부각과 지위 향상 등이 이루어지며, 기존의 '수직적 한일관계'는 '수평적 한일관계'로 변화하게 되었다. 그러나 이러한 변화 속에서도 역사문제로 대표되는 양국 갈등은 큰 진전을 보이지 못했다. 피해자와 시민단체, 학계와 언론 등 전문가그룹, 그리고 정부가 기울여온 다양한 노력에도 불구하고, 한일 간의 합의는 이루기 어려웠고, 이는 60년이 지난 오늘까지도 이어지고 있다.

## 악화일로의 한일관계, 2023년 3월 이후의 극적 변화

이러한 한일관계가 극도로 악화되기 시작한 건 최근 10여 년 전부터다. 2012년 이명박 대통령의 독도 방문 이후부터 갈등 국면에 놓였던 한일관계는 2018년 10월, 한국 대법원의 강제징용문제에 대한 판결 이후부터 악화되기 시작하여, 2018년 말 제주관함식 일본 해상자위대의 욱일기 게양문제, 일본 해상초계기 저공위협 비행-레이더 조사(照射) 갈등, 2019년 일본의 대한국 수출규제 등으로 이어지면서 극에 달했다. 대대적인 반일시위와 일본제품 불매 운동이 일었고, 양국 정부도 날 선 말로 대립했다. 이처럼 악화일로를 걷던 한일관계가 급격한 변화를 이루게 된 것은 2023년 3월 한국 정부가 한국 대법원판결에 대한 '제3자변제'라는 해법을 제시하면서부터였다(외교부, 2023.3.6.).

비행기로 고작 2시간도 채 걸리지 않는 이웃 나라 정상과의 회담이 12년 만에 재개됐고, 정치, 경제, 사회, 문화 등 여러 분야에서 그동안 멈춰있던 많은 사업들이 다시 시작되었다. 디지털, AI, 공급망, 과학기술, 환경, 에너지 등 신산업 분야에의 협력도 논의할 수 있게 되었다. 그간 멈춰있던 시간의 기회비용을 생각해 보면 매우 큰 변화가 아닐 수 없다. 민간 교류도 다시 활발해졌다. 한국을 찾는 일본인, 일본을 찾는 한국인이 전체 방문객 중 1위를 차지하며, 2024년 양국은 천만 교류 시대에 다시 들어섰다. 2019년 반일시위와 불매운동의 상징이었던 아사히맥주와 유니클로가 다시 팔리기 시작했고, 양국 국민들은 더 이상 다른 사람의 눈치를 보지 않고 서로의 문화를 즐기고, 방문한다. 인스타그램, 페이스북, Youtube 등 SNS에는 한국과 일본 방문을 인증한 사진과 글들이 넘쳐난다.

양자관계가 진전되면서 다자관계도 변화가 나타나기 시작했다. 2023년 8월에는 역사적인 '캠프데이비드 한미일 정상회의'가 개최되었고, 4년 5개월 만에 한일중 정상회의도 재개됐다. 가치를 공유하는 인도·태평양 4개국 파트너십(IP4, 한국·일본·호주·뉴질랜드)도 시작되었다.

이처럼 양국 관계가 다시 활기를 띠면서 한일은 새로운 협력의 역사를 쓰게 되었다. 관계의 전환을 가져온 우리 정부의 '제3자 변제'에 대한 반발이 적지 않았지만, 오랜 기간 역사문제에 매몰되어 있던 한일관계가 다른 분야의 논의를 할 수 있게 되었고, 이 과정에서 양국관계가 놀라운 속도로 개선 및 증진되기 시작한 것이다.

## 불확실성 속 지금의 모멘텀을 잃지 않으려는 한일관계

2025년 현재, 이처럼 어렵게 정상궤도에 들어선 한일관계를 이어가려는 노력은 곳곳에서 이어지고 있다. 정부 차원의 교류와 협력은 물론이고, 민간 차원에서도 다양한 논의를 이어가며 현재의 긍정적인 모멘텀을 유지해 나가기 위한 방안을 모색하고 있다. '국민이 체감할 수 있는' 대일정책을 위해 신규사업, 아이디어 등을 모색하는 것도 이러한 맥락에서 나오는 말이다. 이는 더 나은 한일관계를 만들어 가기 위한 노력이기도 하지만, 국내 정치적 변화에도 흔들리지 않을 견고한 관계를 만들어 나가겠다는 강한 의지의 발현이기도 하다.

그러나 이러한 많은 노력에도 한일관계는 여전히 안갯속이다. 특히, 마음 한구석에서는 어딘지 모르게 불편한 느낌을 지울 수 없다. 달라진 한일관계 속에서도 한국에서는 여전히 성의를 보이지 않는 일본에 대한 불만이 쌓여가고, 일본에서는 한국의 대일정책이 변화에 불안해하는 상황이 지속되고 있기 때문이다. 지금 우리는 이대로 괜찮은 것일까?

## 3. 한국의 불만, 일본의 불안, 한일의 간극

### '최선'보다는 '차악', 현실적 해결책 속 끝나지 않은 문제들

오랫동안 꽉 막혀 있던 양국 관계 개선에 물꼬를 튼 것은 대법원의 강제징용문제 판결에 대한 해법을 낸 한국 정부였다. 다양한 해결책에도 오랜 기간 동안 합의점을 찾을 수 없던 문제에 한국 정부는 '최선(最善)'이 아닌 '차악(次惡)'의 해결책을 내놓았고, 실제로 많은 당사자들(대법원 최종판결을 받은 피해자 및 유족들)이 이에 동의했다. 만족스러운 결과는 아니었지만, 현실적 해법이라는 것이었다. 여기에 선대(先代)인 아버지, 어머니와 함께한 고통과 기다림, 아픔의 시간을 후대(後代)인 자식들 세대까지 물려주고 싶지 않고, 새로운 미래를 열어가길 바란다는 유족의 깊은 뜻도 있었다(동아일보, 2023.2.14). 그렇지만 문제는 끝나지 않았다.

무엇보다도 문제 해결에 있어 가장 중요한 일본의 역할이 보이지 않았고, 정부의 해법에 동의하지 않은 당사자들에 대한 대안이 부재했다. 뿐만 아니라, 당사자를 넘어 전 국민의 문제가 되어 버린 한일 간의 역사 문제를 풀어가는 과정에서 우리 국민을 상대로 한 설명도 충분하지 않았다. 물론 이 과정에서 정부가 아무것도 하지 않은 것은 아니다. 오히려 정부는 '강제징용문제 해결을 위한 민관협의회' 등을 설치하고, 수많은 전문가 회의와 일반 국민을 상대로 한 공청회 등을 열며 그 어느 때보다도 더 많이 노력했다. 일본과의 협상 과정과 논의의 대부분이 공개되었고, 절차적 투명성과 논의의 공정성도 기하였다. 그러나 오랜 기간 이어져 온 한일 역사문제에 대한 우리 국민의 깊은 분노와 실망에 비하면 결코 충분하다고 말할 수 없을 것이다.

이는 결국 우리 국민들의 큰 실망으로 이어졌고, 다시 우리 정부의 대일정책에 대한 높은 불만으로 이어졌다. 이후 한일관계 개선 무드 속에서 이어진 일본의 후쿠시마 오염수 방류 문제에도, LINE-Yahoo 사태에도 일본에 단호하게 대응하지 못하고, 2015년 군함도 등재 이후 다시 사도광산 유네스코 세계문화유산 등재에 합의하는 모습은 '저자세외교', '굴욕외교'라는 비판을 불러일으켰다. 무엇이 이런 상황을 초래한 것일까.

### 국민들의 공감을 얻지 못한 대일외교

주지하듯이, 한일관계는 다른 어떤 나라와의 외교 사안보다도 유독 정치화되어 있고, 국내 여론이 민감하게 반응한다. 과거보다 나아졌다고는 하나, 여전히 우리 사회는 '친일'과 '반일' 감정이 이념적 이데올로기와 얽혀 일본을 객관적으로 바라보는 경향이 작지 않다. 이 과정에서 일본과의 관계를 국익과 전략에 기반하여 설정하기보다는 주관적이고, 감정적인 관계로 생각하기도 한다.

이와 같은 상황 속에서 수십 년간 이어져 온 일본과의 갈등 사안과 부정적인 대일 인식은 하루아침에 사라질 수 있는 것은 아니었다. 비록 정부는 문제 해결 과정에서 많은 전문가들의 의견을 청취하고, 그 과정을 공개하였으며, 그 결과를 당사자인 피해자들과 유족들에게 설명하고자 노력했지만, 그 과정에서 우리 국민들이 소외되고 말았다.

더욱이 이 과정에서 강조된 대통령의 리더십은 국내적 공감대를 얻기 어려웠다. 뿌리 깊은 한일갈등을 대통령 리더십만으로 넘어서기에는 역부족이라는 의미이다. 더욱이 이념적 양극화로 인한 어려움과 근본적 한계를 고려할 때, 우리 국민들에 대한 설명을 통해 공감과 이해를 구하려는 노력은 더 많이 이루어졌어야 했다.

### 일본에 선의에만 기댄 대일외교와 'Plan B'의 부재

반면, 일본에서는 연일 놀라운 기색이 가득했다. 윤석열 대통령과 우리 정부의 결단에 연일 찬사를 보냈다. 그러나 동시에 이와 같은 우리 정부의 기조가 다시 바뀔지 모른다는 불안감도 존재했다. 한일갈등의 긴 역사 속에서 이례적인 지금의 상황이 지속되지 않을 것이라는 불신이었다.

하지만 한국은 굳건한 의지로 일관했다. 문제는 이 과정에서 일본의 역할에 대해 압박하지 않았다는 것이다. 한국은 일본에게 먼저 손을 내밀었고, 일본이 그 손을 맞잡고 따라오길 기대했지만, 보이지 않는 곳에서 이루어지는 '일본식 호응'과 보다 보이는 곳에서 확실하게 해 주길 바라는 '한국이 기대하는 호응'의 간극은 여전히 컸다. 특히,

한국이 기대했던 '일본 정부의 사죄와 반성, 일본 기업의 인정과 배상'이 제대로 이루어지지 않으며 한국의 불만은 가라앉을 수 없었다. 결국 대법원판결 관련 강제징용문제의 해법이 발표되며 언급된 '물컵 반잔'은 여전히 채워지지 않은 채 비어 있는 상태이다. 상황이 이렇다 보니, 한국의 불만은 커질 수밖에 없었고, 크고 작은 한일갈등 사안이 발생될 때마다 한국의 불편한 마음이 자극되었다. 일본의 호응을 끌어낼 방안을 마련하지 않은 채, 혹은 어떠한 조건도 붙이지 않은 채, 일본의 선의에만 기댄 대일외교와 그 위에 세워진 현재의 한일관계가 불안해 보이는 이유이기도 하다.

더 큰 문제는 대안이 부재하다는 것이다. 움직이지 않는 일본을 어떻게 움직이게 할 것인가? 한일갈등의 핵심은 피한 채, 그 외 문제들에만 주목하는 한일관계는 괜찮은가? 하는 의문이 끊임없이 제기된다.

## 4. 안정적인 한일파트너십 구축을 위한 제언

지속되는 한일의 국내 정치의 변화 속에서 우리의 관심은 한국 정부가 현재의 대일기조와 방침을 유지할 것인가, 향후 일본 정부가 전향적인 태도를 보일 것인가에 놓여져 있다. 이러한 여건 속에서 어떻게 발전된 한일관계를 만들 것인가에 고민이 수반된다.

### 일관된 대일기조 속 할 말은 하는 외교

국내정치적 변화에 따른 한국의 대일기조의 유지 여부에 대한 논의는 비단 이념 성향의 차이에서 오는 정권의 변화만을 이야기하는 것은 아니다. 일반적으로 이야기되는 한국에서 정권이 바뀔 때마다 대외정책이 바뀐다는 인식이기도 하다. 그런데 이러한 인식은 한국외교에 있어 큰 손해가 아닐 수 없다. 국제 사회에서 외교의 방향성을 알 수 없는 국가와 협력하기는 쉽지 않기 때문이다.

한일관계도 마찬가지다. 한일관계에 있어서는 우리의 본래의 의도와 다르게 한국이 입장을 자주 바꾸며 '골포스트를 옮긴다'는 프레임에 갇혀 버리기도 한다. 따라서 우리는 국내 정치적 변화 속에서도 한국에게 있어 일본의 전략적 관계와 필요성을 명확하게 설정하고, 일관된 메시지를 지속적으로 발신해 나갈 필요가 있다. 예를 들어, 한국과 일본의 존립 근간이 되는 자유민주주의와 시장경제의 가치를 공유한다는 점은 한일이 국제사회에서 함께 해 나가야 할 이유이자, 이익의 기반이기도 하다. 이러한 관점에서 한일 양국은 자국을 위해, 그리고 이 지역의 평화와 안정을 위해 우리가 소중히 여기는 가치를 중요시하며, 이를 지켜나가기 위한 노력을 기울어야 한다. 이는 양자관계뿐만 아니라, 다자관계에서도 중요한 협력 이유가 된다.

동시에 한국의 국익과 우리 국민의 영토, 재산, 안전, 권리에 관한 사안에는 단호하게 대응해야 한다. 한일이 가치를 공유하는 이웃 국가이지만, 냉혹한 국제사회의 현실에서 우리의 국익을 위해 물러설 수 없는 부분이 있다는 점을 분명하기 때문이다.

## 역사 문제, 불편한 논의를 피하지 않을 용기

하지만 결국은 역사 문제다. 해결되지 않은, 그리고 어쩌면 앞으로도 해결되지 않을 역사 문제에 대해 혹자는 이제 그만하자고 한다. 하지만 한일관계를 논하며 역사 문제를 빼놓을 수는 없을 것이다. 불편하고, 어려운 이야기고, 모두를 만족시킬 수 있는 해결책을 찾을 수 있는 것도 아니지만, 그렇다고 그만둘 수 있는 것도 아니다. 선대의 아프고, 슬픈 역사라 하더라도 이를 기억하고, 추모하며 후대로 이어 나가야 할 책임과 의무가 현재를 살아가는 우리에게 있기 때문이다. 비록 한일 간의 역사 인식의 차이와 대화의 부족으로 그 과정이 매우 지난하더라도 조금씩 달라지는 모습을 기대할 수 있을 때, 우리는 더 밝은 미래를 그릴 수 있을 것이다.

따라서 우리에게는 피하지 않을 용기가 필요하다. 피하기보다는 부딪혀야 하고, 그 안에서 함께 할 수 있는 방안을 모색해야 한다. 더욱이 한일 양국의 젊은 세대가 과거의 역사에 대해 점차 무관심해지는 상황에서 이와 같은 불편한 논의도 감정을 배제하고, 허심탄회하게 질문하고, 답할 수 있는 사회적 분위기를 만들어 가는 것이 필요하다. 한일의 청년들이 역사적으로 의미 있는 장소에서 함께하는 한일학생교류, 수학여행, 역사기행 등을 통해 함께 논의하는 장을 만들고, 상대방의 생각을 이해할 수 있을 때 좀 더 나은 내일을 그릴 수 있을 것이다.

## 교류·협력의 질적 업그레이드와 집단 지성에 대한 기대

여론이 민감하게 반응하는 한일관계의 특성을 고려할 때, 한일 양국의 소통은 더욱 공개된 곳에서, 더욱 활발히 이루어져야 한다. 특히, 한국과 일본, 정부와 민간, 전문가와 일반 국민들의 인식 차이가 큰 만큼 그 간극을 좁히기 위한 노력이 지속되어야 한다. 이를 위해 정부와 민간이 함께할 수 있는 협력 사업을 확대해야 하며, 양적 교류의 확대 속에서도 질적 교류를 증진시킬 수 있는 방안을 함께 고민해야 한다.

특히, 전문가, 언론, 시민사회 등 오피니언리더들의 인식 차이를 좁혀 감정보다는 이성과 논리에 기반한 여론이 형성될 수 있도록 노력하는 것이 필요하다. 이는 곧 전문가들의 교류 속에서 집단지성이 작용할 수 있는 한일관계를 만들기 위함이기도 하다.

나아가 이를 일반 국민들에게 알릴 수 있어야 할 것이다. 예를 들어, 일반 국민들도 쉽게 참여할 수 있는 공개세미나, 관련 콘텐츠 제작 및 홍보 등의 교류 및 협력의 포맷을 다양화하는 가운데, 한일 학생들이 참여할 수 있는 논의의 장, 주제의 융복합을 통한 한일 교류 등을 고려해 볼 수 있다. 이는 비단 역사 문제뿐만이 아니며, 한일이 직면하고 있는 저출생고령화, 지방소멸, 기후변화, 지진 등 재해·재난 등 다양한 문제에 대한 해결책을 모색하는 과정도 함께 이야기될 수 있을 것이다. 지금까지의 한일 교류가 양적 성장에 초점을 맞추었다면, 이제는 질적 성장에 보다 중점을 두어야 할 때이다. 그 과정에서 보다 건전한 한일관계를 기대할 수 있다.

## 5. 한일관계, 앞으로의 60년을 위해

불안정한 현재의 한일관계 속에서도 앞으로의 한일관계를 기대할 수 있는 이유는 양국 협력의 중요성과 필요성에 대한 일정 수준의 공감대가 형성되어 있기 때문이고, 이를 위해 노력하는 사람들이 있기 때문이다. 한일협력을 증진시키기 위해 만들어진 많은 단체들과 오피니언리더, 그리고 민간에서의 교류는 한일관계의 굳건한 기반이 되고 있으며, 불안정한 한일관계를 지탱해 나가는 힘이 되기도 한다.

2025년, 한일 수교 60년을 맞이하며 그간 우리가 어떻게 갈등을 극복하고, 협력을 증진시키기 위해 노력해 왔는지, 지난 시간을 차분히 되돌아보고, 앞으로의 60년을 준비해 나가야 할 것이다.

경제안보
# 신보호무역주의에 맞설 한국의 통상정책

한상범 / 시흥산업진흥원 경영전략본부장, 前 국회 외교통일위원장 보좌관

## 1. 세계경제질서의 대전환, 경제안보

트럼프 대통령이 돌아왔다. 취임식 당일 41건의 '행정조치'를 발표한 트럼프 대통령은 취임사를 통해 "매일매일 미국을 최우선으로 할 것"이라고 선포하는 한편, 백악관 홈페이지에 이렇게 썼다. "미국이 돌아왔다(America is back)."

중국은 물론 캐나다·멕시코를 대상으로 '관세폭탄'을 퍼붓는 트럼프 대통령의 '미국 우선주의' 속도나 강도는 놀랍지만, 그 방향은 새삼스럽지 않다. 이미 트럼프 1기 때부터 '경제안보'가 현안으로 부상했기 때문이다.

❖❖❖ 이 글은 저자의 국방대학교 국방관리대학원 석사논문 「자유무역협정상 필수적 안보이익 보호에 관한 연구」(2025)를 요약, 발전시킨 것임을 밝힘.

"경제안보는 국가안보(Economic security is national security)." 미국 우선주의를 내세운 트럼프 1기를 상징하는 문장이다. 트럼프 1기 행정부 첫해인 2017년 12월 미국 국방부의 국가안보전략에 처음으로 등장했던 이 문장은 바이든 행정부에서도 이어졌다. 바이든 임기 마지막 해인 2024년 9월 현재, 미국 상무부의 전략계획 '미국의 경제 및 국가안보 강화' 챕터의 첫 문장은 이렇게 시작한다. "경제안보는 국가안보."

이 같은 '경제안보' 강화의 이유는 미중 기술패권 경쟁 때문이다. 2000년대 차이메리카(Chimerica)라 불릴 만큼 긴밀했던 미중 간의 경제협력 관계는 온데간데없이, 미중 기술패권 경쟁의 시대가 도래했다. 월스트리트저널(Wall Street Journal, WSJ) 만평은 이 같은 양국관계 변화를 단적으로 보여준다. WSJ은 2007년 2월 CHIMERICA를 시각화하며 중국과 미국이 서로 감싸안는 모습을 그렸다. 이른바 '미중 경제협력의 시대'다. 11년 후인 2018년 만평에서는 서로 등을 돌리고 있는 '양코쟁이'와 '팬더곰'의 모습을 그렸다. 바야흐로 '미중 기술패권 경쟁의 시대'가 된 것이다.

2017년 시작한 트럼프 1기 행정부는 중국과의 기술패권 경쟁을 공급망 안보 위기로 규정하고 철강·알루미늄 등에 세이프가드를 발동하는 등 여러 조치를 시행했다. 이 같은 대중국 규제 조치는 우리나라의 철강, 가전제품 등에도 많은 영향을 미쳤다. 이에 더해 2020년 불어닥친 코로나19 팬데믹으로 인해 주요국들은 침체된 경제와 산업을 살리기 위해 다양한 수입 규제 제도를 도입하면서 보호무역주의가 심화됐다.

일방의 행위는 또 다른 행위를 이끌어낸다. 미국의「인플레이션감축법」(IRA),「인프라법」,「반도체과학법」등을 본격적인 시작으로, 유럽연합(EU)도 IRA와 유사한「핵심원자재법」(CRMA)이나「반도체법」등을 추진하는 등 이른바 신보호무역주의의 시대가 열리게 됐다. 미국, EU 등 강대국들이 '필수적 안보이익'을 이유로 일방적으로 보호무역 법률을 제정하면 대응할 방법이 없을까? 그렇지 않다. 국제법 질서는 사실상 '정글'이지만, 국제기구나 조약을 통해 국제질서를 유지하고 있다. 수출입을 통해 경제를 운용하는 한국이 2000년대 이후 적극적으로 FTA를 체결한 이유가 여기에 있다.

하지만 FTA는 신보호무역주의 속에서 한국의 이익을 보장해 주지 못했다. 알다시피 미국의 IRA는 한미FTA 상 '내국민대우' 위반이지만, 정부는 한미FTA 제22장에서 규정한 이의제기 절차조차 진행하지 못하고 있다.

아래에서는 이처럼 한국이 체결한 FTA가 신보호무역주의 앞에서 무력화되고 있는 이유가 무엇인지 살펴보고, 앞으로 더 거세질 것으로 예상되는 신보호무역주의의 파고를 넘기 위한 우리나라의 대응 방안은 무엇인지 대안을 제시하려 한다.

서두에 이어 2절에서는 '강대국의 절대반지'라 할 수 있는 GATT 제21조로 대표되는 '국가안보 예외조항'을 살펴보고, 3절에서는 한국이 체결한 주요 국가와의 FTA에 포함된 '국가안보 예외조항'을 분석한다. 4절에서는 신보호무역주의에 맞설 통상정책을 모색한다.

## 2. 무역질서를 뒤흔드는 '필수적 국가안보 예외조항'

### 무역질서를 지키는 두 개의 축

앞서 언급했듯이 공정한 무역질서를 지키는 두 개의 큰 축은 국제기구와 조약이다. 그중 가장 널리 알려진 것이 WTO(세계무역기구)와 GATT(관세 및 무역에 관한 일반협정)다. 2024년 8월 30일 현재 166개 국가가 가입한 WTO의 설립목적은 '보호주의 및 지역주의에의 대처'이며, GATT 제3조 상의 '**내국민대우**(외국제품 및 제품공급자가 국내시장에서 국내제품 및 제품공급자보다 열악하지 않은 대우를 받을 수 있도록 보장하는 원칙)'는 '**최혜국대우**(한 나라가 어떤 외국에 부여하고 있는 가장 유리한 대우를 상대국에도 부여하는 원칙)'와 함께 WTO 체제를 유지하는 기본원칙이다.

만약 다자조약 외에 양자조약을 체결해 '내국민대우' 조항을 규정한다면? 한국에게는 보호무역주의에 맞설 '이중의 방패'가 있는 셈이다. 한국은 이미 미국, EU, 중국, 인도 등 주요 국가와 FTA를 체결했으며, 이들 FTA에는 모두 내국민대우 조항이 규정되어 있다. 한편, 2024년 1월 기준 미국이 FTA를 체결한 국가는 한국을 포함하여 총 20개국으로, WTO 회원국의 8분의 1 수준이다. 그렇다면 미국과 FTA까지 체결한 한국의 상품과 투자는 최소한 미국 내에서는 더욱 안전해졌을까?

불행히도 그렇지 않다. 한국에서 생산된 전기차나 배터리는 다른 나라와 마찬가지로 특정한 요건 하에서만 미국산으로 인정받을 수 있으며, 「무역확장법」 232조를 근거로 한 '철강·알루미늄 25% 추가 관세' 조치로 인해 2018년 한미FTA 재협상에서 확보한 철강 쿼터마저 무용지물이 됐다.

## 강대국의 절대 '반지', '필수적 국가안보 예외조항'

이처럼 국제무역 질서나 양자 간 조약마저 무력화시키는 강대국의 무기는 이른바 '필수적 국가안보 예외조항'이다. WTO 협정상 '필수적 국가안보 예외조항'은 회원국이 국가안보에 필요한 조치를 취하는 경우 협정상 의무로부터 면제되는 조항으로, 1928년 국제연맹(Leageof Nations) 시절부터 존재했다. 당시 국제연맹 경제이사회(Economic Committee)는 "필수불가결한 성격을 지닌 정책들은 자유무역 목적에 위배되지 않는 것으로 간주하는 공공정책 예외 관행이 있다"고 해석했다. 이는 2차 세계대전 이후 GATT나 WTO 체제에도 수정 없이 수용되었고, 양자 및 다자조약에서도 GATT 제21조와 유사한 국가안보 예외 조항이 반영되어 왔다.

개별국가들이 상당한 자의적 판단 권한을 보유하는 안보 예외조항은 자유주의 기반의 국제경제질서 하에서도 경제와 안보의 연계를 유지하기 위한 노력의 결과물이나 국가안보 이익의 보호를 위한 일종의 대비책으로 평가되었다. 그간 동 조항은 GATT와 WTO의 분쟁해결절차를 통해 원용된 사례가 많지 않아 크게 주목받지 못했다. 이유는 안보 예외조항을 남용하면 국제무역질서가 혼란스러워질 수 있으니, 신중하게 사용해야 한다는 데 의견이 모아졌기 때문이다. 실제 GATT 및 후속 WTO 체제 하에 수십 년간 회원국들은 안보 예외조항의 적극적 활용을 지양해 왔다. 하지만 미국의 트럼프 행정부가 촉발한 신보호무역주의적 국제정세 속에서 국가안보 예외조항이 다시 주목받고 있다.

아래에서 대표적 국가안보 예외조항인 GATT 제21조를 살펴보자.

### 필수적 국가안보 예외조항

GATT 제21조는 3개 조항으로 구성되어 있다. a항은 '정보의 제공'과 관련된 조항, b항은 회원국들이 '필수적 안보이익'을 취할 수 있는 세 가지 상황을 규정하고 있으며, c항은 'UN헌장 상의 의무이행' 조항이다.

---

**GATT 제21조 안보상의 예외**
이 협정의 어떠한 규정도 다음으로 해석되지 아니한다.
(a) 공개시 자신의 필수적인 안보이익에 반한다고 체약당사자가 간주하는 정보를 제공하도록 체약당사자에게 요구하는 것 또는
(b) 자신의 필수적인 안보이익의 보호를 위하여 필요하다고 체약당사자가 간주하는 다음의 조치를 체약당사자가 취하는 것을 방해하는 것
  (i) 핵분열성 물질 또는 그 원료가 되는 물질에 관련된 조치
  (ii) 무기, 탄약 및 전쟁도구의 거래에 관한 조치와 군사시설에 공급하기 위하여 직접적 또는 간접적으로 행하여지는 그밖의 재화 및 물질의 거래에 관련된 조치
  (iii) 전시 또는 국제관계에 있어서의 그밖의 비상시에 취하는 조치
(c) 국제 평화 및 안보의 유지를 위하여 국제연합헌장 하의 자신의 의무에 따라 체약당사자가 조치를 취하는 것을 방해하는 것

---

문제는 a항과 b항의 "체약당사자가 간주하는" 대목이다. '필수적 안보이익'의 판단은 해당 국가의 단독 재량사항이다. 조약상대국이 '국가안보상 필요하기 때문에 취한 조치'라고 주장하면, 기존의 조약상의 의무가 사라지게 된다. 더 큰 문제는 한국이 수십 개의 법률까지 개정해 가며 체결한 21개의 FTA에서도 '모두' 국가안보 예외조항이 있다는 점이다. 아래에서 한국이 주요 국가와 체결한 FTA상의 '국가안보 예외조항'을 살펴보자.

## 3. 한국이 체결한 FTA 상의 '필수적 국가안보 예외조항'

GATT 제21조로 대표되는 '필수적 국가안보 예외조항'은 한미 FTA를 비롯하여 우리나라가 체결한 대다수 통상조약에서 규정하고 있다. 2023년 1월 외교부가 국회에 제출한 서면답변에 의하면, 우리나라가 체결한 모든 FTA(21개)에는 "필수적 안보이익과 관련한 국가의 재량을 확보하고, WTO GATT 제21조 및 GATS 제14조의2와의 통일성을 유지하기 위해" 안보 관련 예외조항을 포함하고 있다. 외교부는 '필수적 국가안보 예외조항'의 내용을 중심으로 하여 '안보 예외조항 주요 사례'를 미국, EU, 중국, RECP 등 4가지로 분류하고 있다.

### 한-미 FTA

한미FTA 국가안보 예외 조항은 제23.2조다. GATT 제21조를 비교해 보면, 첫째 적용범위가 다르다. GATT 제21조 c항이 'UN헌장 하의 의무'에 따른 조치를 대상으로 하는 반면, 한미 FTA 제23.2조 나항은 "국제평화 또는 안보의 유지 또는 회복에 대한 자국의 의무"를 이행하기 위해 취하는 조치로 일반화하여 그 적용범위를 확대하고 있다.

둘째, GATT 제21조 b항에서는 '필수적 안보이익'을 위한 조치를 취할 수 있는 세 가지 상황(핵물질, 전쟁무기, 전쟁 등)을 구체적으로 적시하고 있으나, 한미FTA에서는 이 같은 예를 적시하지 않고 있다. 즉, 어떤 상황이든 미국 맘대로 '안보사항'을 정할 수 있다.

셋째, 국가안보 예외조항의 '자기판단(self-judging)적 성격'이 더욱 명확히 규정되어 있다. 알다시피 GATT 제21조 안보 예외조항은 '자기판단' 조항의 형태로 되어 있기는 하나 WTO 분쟁해결기구(DSB)의 판단대상(justiciable)이다. 하지만 미국은 한미FTA 제23.2조 각주로 "당사국이 제11장(투자) 또는 제22장(제도규정 및 분쟁해결)에 따라 개시된 중재절차에서 제23.2조를 원용하는 경우, 그 사안을 심리하는 중재판정부 또는 패널은 그 예외가 적용됨을 판정"이라는 문구를 추가했다. 투자 관련 분쟁(ISDS)을 포함한 한미 FTA와 관련한 모든 분쟁에 있어서 국가안보 예외를 원용하는 경우에는 법적 판단을 받지 않겠다는 것을 더욱 분명히 밝힌 것이다.

### 한-EU FTA

한·EU FTA 국가안보 예외 조항인 제15.9조는 GATT 제21조와 상당히 유사하다. 다만, 필수적 안보이익과 관련된 조치를 취할 수 있는 상황을 구체화함에 있어 차이점이 있다. 첫째, 한·EU FTA에서는 무기, 탄약 및 전쟁도구의 '거래' 뿐만 아니라 '생산'에 대해서도 조치를 취할 수 있다. 둘째, '핵분열성 물질'에 더해 '핵융합성 물질'과 관련된 조치가 가능하다고 규정하여 최신 기술의 변화를 반영하고 있다. 셋째, 북대서양조약기구(NATO) 등 EU의 외교정책을 반영하기 위해 'UN헌장 하의 자신의 의무'가 아닌 '국제평화 및 안보의 유지를 위한 자신의 의무'에 따른 조치라고 규정했다. 끝으로 EU는 미국과는 달리 국가안보 예외조치와 관련한 분쟁 발생 시 중재판정부 또는 패널의 결정을 따르도록 하여 국제질서를 존중하는 태도를 보이고 있다.

## 한-중 FTA

한중 FTA 국가안보 예외 조항인 제21.2조에서는 한미FTA나 한EU FTA와 달리 GATT 제21조를 확대 또는 변형하는 방식이 아니라, "1994년도 GATT 제21조와 GATS 제14조의2는 필요한 변경을 가하여 이 협정에 통합되어 그 일부가 된다."는 형태로 그대로 원용했다. 국제통상 질서를 가장 존중하고 있는 셈이다. '세계화'라는 새로운 경제질서를 만들고 확장시킨 미국이 보호무역의 새로운 장을 열었고, '죽의 장막'이라 불렸던 중국이 '자유무역'의 중요성을 연일 설파하고 있는 현실을 여실히 보여주고 있는 사례라 할 것이다.

## RCEP

역내포괄적경제동반자협정(RCEP)은 15개국이 참여한 세계 최대의 다자간 FTA로, RCEP의 안보 예외 조항인 제17.13조 역시 GATT 제21조와 유사하다. 다만 특이한 점은 GATT 제21조나 한국이 체결한 다른 FTA와는 달리 '전시 또는 국제 관계에서의 비상시' 이외에 '국내적 비상시에 취해지는 조치'에 대해서도 예외가 적용된다고 규정하여 ASEAN 국가 내 불안정한 정국이 빈번한 현실을 반영하고 있다. 또한, RCEP 제17.13조 나항 3호에서는 "통신, 전력 및 수도 시설을 포함하는 중요한 공공 기반시설을 보호"하기 위한 조치를 '안보 예외 대상'으로 추가하고, 각주를 통해 "보다 명확히 하기 위하여, 이는 공공 또는 민간 소유 여부에 관계없이 중요한 공공 기반시설을 포함한다."

라고 규정하여 저개발국가로서 기반시설에 대한 보호 의지를 명확히 드러내고 있다.

### 한-인도 CEPA

마지막으로 외교부가 RCEP의 안보 예외조항과 유사한 것으로 분류했던 한-인도 포괄적 경제동반자협정(CEPA)은 RCEP은 물론, 기발효된 FTA의 안보예외 조항과도 구조적으로 차이를 보인다.

먼저 여타의 FTA에서는 '안보 예외조항'이 상품교역과 서비스교역, 투자 전체에 적용되는 반면, 한-인도 CEPA에서는 상품·서비스·투자 챕터에 각각 규정되어 있다. 이처럼 2010년 발효된 한-인도 CEPA가 독특한 구조를 가지고 있는 이유는 영토분쟁 때문이다. 인도는 2015년 인도-방글라데시 간 국경협정이 체결되기 전까지 "세상에서 가장 복잡한 국경"을 지닌 국가였다. 또한 인도는 카슈미르 지역을 두고 지금도 파키스탄과 정전 통제선(Line of Control)을 맞댄 채 대립하고 있다.

내용상 차이점을 살펴보면, 먼저 상품교역에서의 '안보예외'를 정한 제2.9조는 한중 FTA와 같이 GATT 제21조를 원용한다. 특이한 점은 동조 제2항에서 위협적인 제3국(파키스탄, 방글라데시)을 염두에 두고, 이들 나라의 투자자들이 한국에 기업을 설립, 한국 투자자로서 협정을 적용받지 못하도록 '제3국의 안보 위협 대비 목적의 협정 적용의 제한' 규정을 추가했다(국회 외통위 검토보고서, 2009).

서비스 교역에서 '안보 예외'를 다룬 제6.15조는 인도가 파키스탄과의 갈등을 이유로, 자국의 안보 관련 법을 협정에 반영하려 하면서 협상 과정에서 많은 어려움을 겪은 조항이다. 당시 인도는 '테러 등 국내안보상 위협'을 들며 모든 공공 인프라에 대해 예외를 적용하겠다고 강하게 주장했다. 결국 협상 끝에 공공인프라의 범위를 통신·전기·수도만으로 좁히고, 남용을 막기 위해 '자의적 차별이나 위장된 제한 금지'라는 내용을 주석에 추가하자는 한국의 주장을 받아들였다. 둘째, 긴급조치 및 조치 종료에 대하여 "가능한 범위에서 최대한 통보한다."라는 조항을 두어 조약당사국의 안보 예외조치에 대한 통제장치를 두고 있다. 셋째, 상품교역 챕터와 마찬가지로 제17.13조 제3항에서 '제3국의 안보 위협 대비 목적의 협정 적용의 제한' 규정을 두고 있다.

투자 챕터에서의 '안보예외'를 정한 제10.18조(예외) 제2항은 제6.15조와 유사하다. 다만 '투자에 대한 안보상 예외'를 다룬 부속서를 추가하여 인도가 얼마나 '안보상 예외'에 관심을 두고 있는지 알 수 있다.

### 각 나라별 상황에 맞춘 '국가안보 예외조항'

앞서 보았듯이 우리나라의 주요 FTA 상대국들은 각 나라의 상황에 맞춰 '국가안보 예외조항'을 규정하고 있다. 간략히 그 특징을 보자.

먼저 세계질서를 이끌어간다고 평가받는 미국의 경우 국가안보 예외의 적용 범위를 확대하고 자기 판단적 성격을 더욱 명확히 규정하는 등 '세계경찰'로서의 위상을 한껏 느낄 수 있었다. 또한, '국가안보 예외조치'에 대해서는 국제분쟁의 소지를 원천적으로 봉쇄하고 있는 것이 인상적이다.

서방의 또 다른 경제 축인 EU는 GATT 제21조와 상당히 유사하게 규정하되, '핵융합성 물질', '전쟁도구의 생산'과 같은 최신 기술의 변화를 반영하는 한편, 'UN헌장 하의 의무'라는 전제조건을 삭제하여 NATO 등 EU의 외교 정책을 반영하고 있다.

또 다른 거대경제권인 중국이 '보호무역'이 아닌 '자유무역'의 기치를 강력하게 주장하고 있음은 한중FTA의 국가안보 예외조항에서 극명히 드러난다. 중국은 미국이나 EU와 달리 GATT 제21조 등 다자조약의 해당 조항을 그대로 원용하고 있다.

세계 최대의 다자간 자유무역협정인 RCEP은 GATT 제21조를 그대로 원용할 것으로 예상되었으나 실제는 그러하지 않았다. RCEP의 '국가안보 예외조항'은 '국내적 비상시'에 취해지는 조치에 대해서도 예외가 적용된다고 규정하여 아세안 국가 내 불안정한 정국이 빈번한 현실을 반영하고 있다. 또한, 통신, 전력, 수도 등 중요한 공공 기반시설 보호조치를 '안보 예외 대상'으로 추가하여 저개발국가의 우려를 불식시키려는 의도가 반영되어 있음을 알 수 있다.

마지막으로 살펴본 한-인도 CEPA는 국가안보 예외조항의 구조와 내용이 가장 특이하다. 특히 인도는 파키스탄·방글라데시 등 적대적 관계에 있는 국가를 염두에 두고 '필수적 국가안보 예외조항'을 상세히 규정하기 위해 협상 과정에서 치열하게 노력했다.

이처럼 한국과 FTA를 체결한 각 국가들은 자국의 상황을 반영하여 '국가안보 예외조항'을 다양한 방식으로 규정하고 있다. 반면, 북한과 70년 넘게 정전상태인 '전쟁 중 국가'로서 한국은 '국가안보 예외조항'에 대한 모델이 있는지조차 불분명하다. 트럼프 행정부 2기, 국가

안보를 이유로 한 보호무역조치는 끝간데 없이 이어진다. 그 속에서 한국은 어떻게 맞서야 할지 아래에서 살펴보자.

## 4. 신보호무역주의에 맞설 통상정책 제언

### 한국형 '국가안보 예외조항' 모델 수립

노벨문학상을 수상한 한강 작가의 말처럼 "과거가 현재를 도울 수 있는가?" 그렇다. 2000년대 후반 한국이 동시다발적 FTA를 추진하기 전까지 활용되던 양자 간 투자협정(BIT) 추진 과정에서 교훈을 얻어야 한다.

한국은 1980년대에는 유럽식 BIT 모델을, 2000년대에는 미국식 BIT 모델을 따라 조약을 체결했다. 그러다가 첫 BIT 체결 37년 만인 2001년, 드디어 한국만의 독자적 모델인 '2001 투자보장협정 표준문안'을 발표했다(배영자, 2015). 이 모델은 이후 여러 FTA를 한꺼번에 진행하던 중 발생한 문제점을 보완해, 2009년 '2009 투자보장협정 표준문안'으로 업데이트되기도 했다.

한국이 처음 체결한 FTA인 한-페루 FTA(2003년)가 발효된 지 22년이 지났다. 각 나라마다 상품 관세율이나 서비스 시장 개방 수준을 다르게 정하는 건 당연한 일이다. 하지만 FTA의 모든 약속을 한 번에 무효화시킬 수 있는 '국가안보 예외' 같은 포괄적 조항은, 한국만의 기준을 담은 '모델 조항'을 서둘러 마련해야 한다.

### 중견국 외교 강화

미국·EU 등 경제안보를 이유로 한 보호무역주의 확대는 지속될 것으로 예상된다. 이런 기조에서 벗어나 공정한 경쟁의 장을 만들기 위해 다양한 외교채널을 확보해야 한다. WTO 등 국제기구나 국제 규범으로 풀 수 없는 문제는 외교적으로 풀 수밖에 없기 때문이다.

특히 강대국의 보호무역주의로 인해 피해를 받고 있는 한국과 일본은 적극적으로 중견국 외교, 중견국 연대에 나서야 한다. 이를 통해 과도한 탈세계화와 강대국 간 충돌 위험을 통제하며 규범 기반의 자유주의 복원에 힘써야 한다(김양희, 2023). 한국은 그간 규범 수립을 주도하는 국가(rule-maker)가 아니었으나 국제규범 수립을 통해 대외적 영향력을 확대하고자 하는 일본과 같이 한국도 디지털 경제 및 인프라·공급망 등 새로운 규범 수립 과정에 주도적으로 참여할 필요가 있다(이효영, 2022). 또한, 트럼프 2기 출범 이후 미국이 탈퇴하더라도 인도태평양경제프레임워크(IPEF)와 같은 지역협력체를 중견국 협력체로 재정립, 유지하기 위해 노력하는 한편, RCEP 내 중국의 국제규범 준수 여건을 만들기 위해 노력해야 할 것이다(김양희, 2024).

### '보조금' 정책보다는 R&D예산·민관협력 강화

최고의 통상정책은 글로벌 가치사슬에서 입지 강화를 위한 내적 역량 확보다. 가장 쉬운 방법은 미국·EU와 같이 사실상 보조금을 지급하는 방법이다. 통상교섭본부장과 주제네바 대사를 지낸 최석영 법무법인 광장 고문은 "주요 국가가 너나 할 것 없이 국가 안보를 앞세워 보조금 지급에 나서고 있고 WTO 분쟁 체제는 작동하지 않은 지 오래"라며 "이런데도 자유무역을 얘기하면서 보조금 지급을 외면하는 것은 순진한 발상"이라고 지적하기도 했다(유현욱, 2024). 하지만 현실적으로 우리나라가 미국·EU처럼 자유무역에 역행하는 보조금 정책을 명시적으로 추진하기에는 많은 어려움이 있다. 산업 보조금으로 인해 무역마찰이 생기면 글로벌 소싱과 수출시장의 안정적 확보가 어려워지기 때문이다. 특히 미국·EU는 시장이 크지만, 우리나라 규모의 시장은 많은 나라에서 필수불가결한 수요처로 보긴 어려운 것 역시 현실이다.

이런 상황에서 무역 제재나 기업 철수를 유발할 수 있는 규범 위반(보조금 등)을 명시적으로 추진하기는 어렵고, 내부 지원을 받는 미국·EU의 제품 및 서비스와 경쟁할 만한 차별적인 경쟁력과 글로벌 가치사슬 안에서의 우위를 유지하는 것이 무엇보다 중요하다. 예컨대, 미국이 기술 이전을 꺼림에도 불구하고 정부 R&D와 민관협력을 결합하여 수출시장을 개척한 방위산업의 예처럼 창의적인 모델을 개발할 필요가 있다.

### 경제안보 전담 조직 체계화·내실화

독일은 2021년 12월 사회민주당, 녹색당, 자유민주당 연립정부 취임 이후 '독일연방경제·기후보호부(BMWK)'를 새롭게 조직하였으며, 일본은 내각의 경제안보 분야를 총괄하기 위해 2021년 경제안전보장담당상을 신설했다. 프랑스 역시 2019년 부처 간 정책조정기구인 경제안보연락위원회(COLISE)를 신설했으며, 경제안보 정책 수립·총괄기구인 전략정보경제안보국(SISSE)을 경제재정산업부 소속으로 두고 있다.

'경제안보'를 화두로 떠올린 미국의 경우 별도의 전담 기관은 신설하지 않았으나, 백악관의 전략설계와 조정하에 상무부(산업안보국 산하 전략산업, 경제안보실), 국토안보부(무역·경제안보실), 국무부(경제·기업국) 등이 협업하여 경제, 산업, 외교, 안보를 연계하여 대응하고 있다. 특히 미국은 2000년 10월 30일 초당적 의회자문기구인 미·중 경제안보검토위원회를 설치, 매년 미국과 중국의 패권경쟁이 양국과 주변 국가에 미치는 영향을 분석하고 이에 대한 보고서를 연방의회에 제출하고 있다.

중국은 경제안보를 담당하는 정부 차원의 기구는 없으나, 공산당 내 기구인 '중앙재경위원회'와 '중앙경제공작회의' 등에서 경제안보 관련 사안을 다루고 있으며, 영국은 기업통상부 내 통상정책·경제안보 부장관과 경제안보·통상관계국을 두고 있으며, 과학혁신기술부 내 디지털기술·텔레콤그룹에서 '국제안보 및 경제안보'를 담당하고 있다(민홍철·정청래, 2025).

이 같은 주요 각국의 경제안보 전담조직 대응에 비해 한국의 대응은 걸음마 수준이다. 한국 법질서 하에서 '경제안보'에 대한 정의가 규정된 것은 2024년 6월 시행된 「경제안보를 위한 공급망 안정화 지원 기본법」이 처음이다. 동법 제정 이전에도 2022년 3월 대통령실(안보실 3차장), 기획재정부(공급망기획단), 산업통상자원부(무역안보정책관, 산업공급망정책관), 외교부(경제안보외교센터) 등 부처별로 내부 조직강화가 이뤄지기는 했으나, 경제안보 정책을 총괄하는 컨트롤타워 중심의 체계 구축보다는 기관 차원의 대응이나 연구기관의 틀을 벗어나지 못했다. 그나마 동법 제정 이후 기획재정부장관 소속으로 '경제안보를 위한 공급망안정화위원회'(제10조)가 출범하기는 했으나, 당초 대통령 직속기구에서 그 위상이 한참 낮아졌다.

2022년 기준 한국의 GNI 대비 수출입 비율은 94.8%(OECD 기준)으로 대단히 높은 편이며, 국제통화기금(IMF)은 2024년 10월 아시아태평양국의 '지역경제전망 브리핑'에서 글로벌시장으로 매우 강하게 통합된 한국은 "미중 무역갈등이 심화될 경우 상대적으로 더 큰 부정적 영향을 받게 될 것"이라고 발표했다(IMF, 2024).

2024년 한국의 대미 무역흑자는 557억 달러로 미국 입장에서 8번째 무역 적자국이다. 무역 불균형 해소를 이유로 한 트럼프발 보호무역 조치가 본격 가동되지 않았음에도 불구하고, 「무역확장법」 232조와 「무역법」 301조를 근거로 한 '철강·알루미늄' 보편관세 조치로 인해 한국 철강업계에 비상이 걸렸다. 반덤핑(AD)·상계관세(CVD) 등 미국의 보호무역 장벽 역시 갈수록 높아지고 있다.

비상한 시기에는 비상한 대책이 필요하다. 체계적이면서 지속 가능한 전략 수립을 위해 당초 「공급망기본법」 원안처럼 대통령 직속의 경제안보 컨트롤 타워가 조속히 마련될 필요가 있다.

한반도 비핵화

# 한반도 비핵화와 평화 만들기

정일영 / 서강대학교 사회과학연구소 연구교수

## 1. 목에 걸린 가시처럼

한반도에서 가장 큰 안보 위협은 무엇일까? 한국인이라면 제일 먼저 북한의 핵무기를 떠올릴 것이다. 마치 목에 걸린 가시처럼… 우리 목에 걸려있다. 서울대 통일평화연구원의 인식 조사에 따르면, 북한의 핵무기 보유에 대해 위협을 느낀다는 우리 국민의 대답이 85.9%로 높게 나타났다(서울대 통일평화연구원, 2024). 덩달아 북한과 통일에 대한 우리 국민의 인식은 역대 최악으로 치닫고 있다.

한반도 비핵화는 우리 국민뿐 아니라 동북아의 평화를 위한 선결 과제로 다뤄져 왔다. 관련하여 남북은 1992년 한반도 비핵화에 처음이자 마지막으로 합의한 바 있다. 남북은 '한반도 비핵화에 관한 공동선언'에서 한반도 비핵화를 한반도에서 핵무기의 시험, 제조, 생산, 접수, 보유, 저장, 배비, 사용하지 않으며, 핵에너지를 오직 평화적 목적에만 이용하고 핵 재처리시설과 우라늄 농축시설을 보유하지 않는 것으로 정의하고 이에 합의하였다.

1992년 국제원자력기구(IAEA)가 북한의 핵 개발 의혹을 제기하고 남북이 비핵화에 합의한 후 33년이 지났다. 그동안 한국과 미국, 그리고 주변국들이 북한의 핵 개발을 저지하기 위해 노력해 왔다. 하지만 현재의 시점에서 안타깝게도 한반도 비핵화는 '실패'했다. 그 긴 시간 동안 수많은 노력이 다양한 형태로 진행됐지만 성공하지 못한 것이다.

남북관계 또한 2019년 2월 북미 하노이 정상회담이 결렬된 이후 얼음장처럼 차갑게 멈춰있다. 아니 하루, 하루 더 악화되고 있다. 북한이 핵무기를 가지고 있는 이상 남북관계가 그 이전으로 정상화되기는 어려울 것이다. 북한의 핵무기는 그렇게 한반도의 목에 걸린 가시처럼 모든 것을 가로막고 있다.

그 많은 시간, 미국과 중국, 러시아 등 세계의 강대국들이 달라붙어 해결 방안을 모색했지만 무용지물이었다. 과연 무엇이 잘못된 것일까? 북한은 2017년 6월 6차 핵실험을 통해 '핵 무력 완성'을 선언했다. 그동안 양자회담과 4자회담, 그리고 6자회담, 북한이 그렇게 원했던 북미정상회담도 2차례 진행됐지만, 여전히 북한의 핵전력은 증강되고 있다. 우리는 왜 협상과 제재를 반복하면서도 북한의 핵 개발을 막지 못했을까?

이 장에서는 누구나 한 번쯤은 가졌을 질문에 대해 냉정하게 돌아보려 한다. 실패에 대한 냉정한 평가 없이 한반도 비핵화를 논하는 것은 실패를 반복하는 길일 뿐이다. 안타깝지만 북한 핵은 이제 한반도 국제관계의 상수로 굳어지고 있다. 그만큼 비핵화는 더 어려운 과제가 되어버렸다.

'그럼에도 불구하고' 우리는 한반도 비핵화를 포기할 수 없다. 대륙과 해양, 미국과 중국의 패권 경쟁 속에 핵무기를 머리에 이고 한반도 평화를 지킬 수 없기 때문이다. 이 장에서는 30년간 진행된 한반도 비핵화의 여정에서 우리가 새겨야 할 교훈을 정리하고 비핵화를 위한 원칙과 프로세스를 제안한다. 또한, 한반도 비핵화가 평화를 제도화하는 것으로 완성되어야 함을 주장할 것이다.

암울한 한반도 정세 속에서도 '기회의 창'은 언제 우리에게 한반도 평화의 길을 열어줄지 모른다. 새롭게 출범한 트럼프 미국 대통령은 북미대화를 재개할 뜻을 밝히고 있다. 그의 행보가 예측 불가한 측면이 있지만, 이를 기회로 활용하는 것 또한 우리의 몫이다.

우리가 먼저 준비하고 한반도 비핵화와 평화 체제를 주도해 나가야 한다. 그 과정에서 정부와 국회, 시민사회가 함께 힘을 모아야 한다. 이제 지난 33년의 한반도 비핵화 여정을 돌아보자.

## 2. 한반도 비핵화 여정의 교훈

지난 30여 년간 지속된 한반도 비핵화의 여정은 현재 진행 중이다. 안타깝게도 북한은 핵무장에 성공했으며 국제사회는 이를 저지하는 데 실패했다. 과연 무엇이 문제였을까?

### 첫째, 한반도 냉전체제의 그림자

1990년대 초반, 미소 냉전이 해체되고 있었다. 미국과 함께 냉전을 주도했던 소련이 붕괴되고 동구 사회주의 국가들이 체제 전환을 단행하였다. 미소 냉전의 해체는 한반도에서 새로운 전환의 기회를 가져다주었다. 당시 한국의 노태우 정부는 적극적인 북방정책으로 소련과 중국 등 사회주의 국가들과 관계를 정상화했으며 남북관계에서도 1991년 '남북기본합의서'를 체결하는 등 한반도 냉전체제 또한 해체되는 듯했다.

한국이 소련, 중국과 국교를 정상화하며 한반도 냉전체제의 한 축을 허물었지만 거기까지였다. 한반도 냉전체제의 다른 한 축은 결국 해체되지 못했다. 북한과 미국, 그리고 일본은 관계 정상화에 다다르지 못했다. 소련의 붕괴와 한중관계의 정상화는 북한이 스스로 안전보장을 추구하는 원인이 됐으며 그들은 핵무장을 추진하게 된 것이다.

돌이켜 보면 북한은 체제 안전을 보장받기 위해 핵무장과 북미관계 개선을 병행 추진해 왔다. 북한은 미국만이 그들의 안전을 보장해 줄 수 있다는 것을 알고 있었다. 북미 제네바 합의로부터 시작된 북핵 협상에서 그들은 줄기차게 북미관계 정상화를 요구해 왔다. 하지만 북미관계 정상화는 이뤄지지 않았고 북한은 핵무장의 길을 선택했다. 한반도 냉전체제가 지속되는 상황, 즉 북미 간 적대적 갈등 상황이 지속되는 상황에서 북한은 핵무기를 포기하지 않을 것이다.

## 둘째, 비효율적인 협상전략

지난 30년간 진행된 한반도 비핵화 협상은 그야말로 비효율적이었다. 먼저, 너무 긴 합의이행의 타임테이블을 지적하지 않을 수 없다. 북미 제네바 합의 이후의 북미 양자 협상뿐만 아니라 6자회담에서도 너무 긴 합의이행 기간으로 인해 상호신뢰가 훼손되고 정권교체 등 참여국의 국내 정치 변동으로 협상을 다시 시작하는 등 비효율적인 협상이 반복되며 북한이 핵 프로그램을 진전시키는 결과를 가져왔다.

또한, 핵무기와 시설, 물질에 대한 검증문제에 있어 너무 높은 목표 설정으로 협상이 결렬되기 일쑤였다. 2008년 6자회담 마지막 단계에서 검증문제에 합의하지 못했으며, 2019년 북미 하노이 정상회담에서 북한이 영변의 핵시설 폐기를 제안했음에도 더 많은 양보를 요구하며 결렬된 것 또한 아쉬울 수밖에 없다.

마지막으로, 북한이 핵 개발에 본격적으로 나섰던 2010년대 초반에 미국의 오판은 뼈아팠다. 6자회담이 중단된 상황에서 2009년 등장한 오바마 정부는 소위 '전략적 인내'를 내세웠다. 대북 협상에 미온적이었던 오바마 행정부는 북한에 대한 소극적 압박을 계속하며 북한의 변화를 '기다리는' 다소 이해하지 못할 전략으로 시간을 낭비했다.

결국 북한은 김정은 체제 출범 이후 2013년 한 차례, 그리고 2016년 1월부터 2017년 9월까지 짧은 시간 동안 세 차례의 핵실험을 단행하며 핵 무력을 완성했다.

### 셋째, 대북 제재의 한계

국제사회는 2016년 북한이 제4차 핵실험을 단행한 이후 UN 안보리를 중심으로 전에 없던 경제제재를 가했다. UN 안보리의 대북 제재는 물자와 사람, 그리고 돈의 이동을 차단하는 형태로 이뤄졌다.

**북한의 도발과 UN 안보리의 대북 제재 주요 현황**

| 북한도발 | | 4차 핵실험 | 5차 핵실험 | ICBM 발사 | 6차 핵실험 | ICBM 발사 |
|---|---|---|---|---|---|---|
| UN 결의안 2016.3 | | 2270호 | 2321호 | 2371호 | 2375호 | 2397호 |
| | | 2016.11 | 2017.8 | 2017.9 | 2017.12 | |
| 무역 | 북한 수출 | 석탄(예외 인정) | (예외 조항 삭제) | (전면 금지) | 섬유 | 식용품, 농산물 |
| | | 금, 희토류 | | 은, 동, 니켈, 수산물 | | |
| | 북한 수입 | - | - | - | 원유 (400만 배럴) | - |
| | | | | | 정제유 (200만 배럴) | 50만 배럴 |
| 해외 노동자 | | - | 우려 표명 | 파견 규모 동결 | 신규노동 허가금지 | 기존노동자 송환 (24개월 내) |
| 금융과 투자 | | 회원국 내 북한은행 북한 내 회원국은행 폐쇄(WMD 연관) | 예외조항 삭제 (WMD연관) | 조선무역은행 제재 신규합작, 기존 투자 확대 금지 | 합작투자 전면금지 (기존사업의 경우 120일 내 폐쇄) | - |

*출처: 남북교류협력지원협회의 대북 제재 관련 자료를 중심으로 저자 작성

국제사회의 대북 제재는 북한의 일부 수입 품목을 제외하면 밀봉에 가까운 조치였다. 특히 미국이 주도한 금융 제재는 북한을 국제금융으로부터 차단하는 강력한 것이었다. 여기에 더해 2020년 발생한 코로나-19 팬데믹은 국제사회의 대북 제재가 거의 완벽히 이행된 상

황을 연출했다. 하지만 북한은 이를 견뎌내는 내구력을 증명했다. 역설적으로 북한은 국제사회와의 고립 속에 코로나-19 팬데믹을 더 강한 사회통제의 동력으로 활용하였다.

북한은 한국전쟁 이후 폐쇄적인 경제체제를 운영해 왔다. 1990년대 경제위기로 시장이 새로운 경제 공간으로 등장했으나 이러한 변화가 1인 지배체제를 무너뜨릴 새로운 세력의 등장으로 연결되지 못했다. 결국 제재를 통해 북한을 굴복시킨다는 전략은 현재의 시점에서 실패한 것으로 판단된다.

국제사회의 대북 제재는 한반도 비핵화를 위한 도구이다. 한반도 비핵화가 목적이라는 것이다. 하지만 제재 그 자체가 목적이 된 제재가 지속되면서 북핵 협상이 난관에 봉착하는 결과를 가져왔다. 결국 한반도 비핵화를 위해 제재를 적절히 활용하는 지혜가 필요했다.

그 사이 미중 전략경쟁이 격화하고 미국과 러시아의 갈등이 증폭되면서 강고했던 대북 제재 동맹은 상당히 이완되었다. 북한의 무력도발이 지속되고 있지만, 더 이상의 대북 제재는 러시아와 중국의 비토권 행사로 이행되지 못하는 상황이다. 한반도 비핵화 전략을 다시 고민하는 지금, 과연 무엇을 위한 제재였는지 돌아봐야 한다.

## 3. 한반도 비핵화를 위한 제안들

북한의 핵무장은 돌이킬 수 없는 현실이다. 그저 '북한을 핵보유국으로 인정할 수 없다' 외치는 것으로 문제가 해결되지 않는다. 여기서는 세 가지 관점에서 한반도 비핵화를 모색해 보도록 한다.

## 북미관계의 정상화

앞서 지적한 바와 같이 한반도 냉전체제는 여전히 무너지지 않고 한반도 평화를 위협하는 토대를 이루고 있다. 한반도 비핵화를 진전시켜 나가기 위해서는 북한과 미국의 관계 정상화가 필수적이다. 북한이 핵무기 외에 안전보장을 받아들일 방법은 미국과의 관계 정상화뿐이다.

북한과 미국은 1994년 북미 제네바 합의에서 "정치적, 경제적 관계의 완전 정상화를 추구"하며, 구체적으로 "미국과 북한은 상호 관심 사항에 대한 진전이 이루어짐에 따라 양국관계를 대사급으로까지 격상시켜 나간다"는데 합의했다. 이후 진행된 양자, 다자회담에서도 북한은 비핵화의 대가로 북미관계 정상화를 정말 줄기차게 요구해 왔다. 다만 구체적인 북미관계 정상화 조치는 이뤄지지 못했다.

그런데 최근 꽉 막혀 있던 북미관계에 변화의 기류가 흐르고 있다. 트럼프 미국 대통령이 여러 차례 북한 김정은 위원장과의 대화 추진을 언급한 것이다. 트럼프와 김정은은 2018년 6월 싱가포르에서 역사적인 첫 북미정상회담을 성사시킨 바 있다. 이 두 남자가 만들어냈던 독특한 '브로맨스'는 그들이 어떤 방식으로 건 대화할 것이란 기대를 높이고 있다. 트럼프 시대 미국은 여전히 북한을 중국으로부터 떼어내 대중봉쇄의 구성원으로 끌어들이려 할 것이다.

다만 북미관계가 단번에 정상화될 것이란 기대는 '환상'에 지나지 않는다. 만약 북미대화가 다시 시작되더라도 2019년의 실패가 반복되지 않도록, 트럼프의 '벼랑 끝 전술'을 방지할 장치들이 필요하다. 여기서 한국 정부의 역할이 필요하다.

북미관계의 정상화는 정상 간의 합의문서가 아닌 상호신뢰를 쌓아가는 과정에서, 그 결과물로 달성될 것이다. 물론 트럼프와 김정은이란 지도자 간 '케미'가 북미관계 진전에 '긍정적인' 영향을 미칠 수 있으나 2019년 하노이 노딜과 같이 지속적인 관계 복원의 장치가 될 수는 없다.

이런 이유로 북미 간 상호신뢰의 진전이 병행되어야 한다. 북미가 좀 더 깊은 신뢰를 회복하고 지속하기 위한 노력이 필요하다. 예를 들어 1.5트랙 대화가 인도적 문제의 해결, 좀 더 진지한 사회·문화 교류로 진전돼야 한다.

관련하여 미국 내 한인 이산가족 문제를 북미 간 협의하는 방안이 논의될 수 있을 것이다. 마르코 루비오 미 국무장관 또한 2024년 3월 미 국무부가 한인 이산가족의 정보를 담은 국가 등록부를 구축하도록 한 법안을 발의한 바 있다. 미군 유해 송환 문제도 상호신뢰를 회복하기 위한 대화 주제가 될 수 있다. 이를 위해서는 한미 양국의 시민사회가 주도적인 역할을 담당해야 한다.

북미관계의 진전은 남북, 그리고 북일관계의 진전과 함께 진행될 때 더 큰 신뢰로 확대될 수 있다. 북미 대화를 중심으로 시민사회가 주도하는 역내 양자, 다자대화가 진전되고 다양한 형태의 교류가 진전된다면, 북핵 문제와 맞물려 북미관계 정상화를 위한 조치들도 힘을 얻을 것이다.

구체적으로 북미관계의 가시적 성과는 1994년 제네바 합의에서 도출한 "양국관계를 대사급으로까지 격상"하는 방향에서 달성될 것이다. 이 과정에서 상호 연락사무소를 개설하는 과정이 필요하다. 이는 북한과 일본의 관계 정상화와 함께 한반도 냉전체제의 마지막 축을 허무는 작업이다.

### 단계적, 동시적 이행의 작은 성과와 역진 방지

한반도 비핵화 협상은 상호신뢰가 낮은 상황에서 작은 성과를 통해 신뢰를 회복하며 진전시킬 필요가 있다. 지금까지 진행된 수많은 한반도 비핵화 협상과 합의는 모두 나름의 성과를 도출했지만 제대로 이행되지 못했다. 가장 큰 이유는 상호 불신이 해소되지 못했기 때문이다.

관련하여 지금까지 한반도 비핵화 협상에서 견지해 온 단계적, 동시적 이행을 낮은 단계부터 이행하는 노력이 필요하다. 한국 정부를 포함해 북미, 6자회담 속에서 '단계적', '동시적' 이행은 하나의 컨센서스를 구축하고 있다. 다만 큰 성공보다는 작은 성과를 통해 상호신뢰를 회복해 나갈 필요가 있다. 무엇보다도 비핵화 초기 단계에서 인내심을 갖고 상호 이행을 통해 성과를 축적해 나가야 한다.

지금까지 한반도 비핵화는 북한의 비핵화 조치와 북미관계 정상화 조치, 그리고 한반도 평화 체제 등이 주요 의제로 다뤄져 왔다. 관련하여 핵심적인 단계적, 동시적 이행 과제는 북한의 비핵화 조치와 미국의 북미관계 정상화 조치라 할 수 있다.

과거 한반도 비핵화를 위한 전체 프로세스를 모두 합의하려는 노력은 실패로 돌아갔다. 북한이 수용 가능한 조치들과 북미관계 정상화, 그리고 최근 북한이 요구하고 있는 대북 제재의 일부 해제 조치를 낮은 단계에서 단계적으로 이행하는 노력이 필요하다.

현재 상황에서 2019년 하노이 북미정상회담에서 논의한 영변 핵시설의 폐쇄로부터 협상을 시작하되, 이 또한 협상의 조건이 되어서는 안 된다. 다만 영변 핵시설의 폐쇄에 상응하는 미국의 대북 조치, 예를 들어 연락사무소 개설, 혹은 스냅백 방식을 활용한 대북 제재의 일부 완화가 논의될 수 있을 것이다. 대북 제재의 경우 비핵화를 위한 장치로서 실용적인 '활용'이 요구된다. 특히 트럼프 미국 행정부가 이 문제를 해결하는데 전향적으로 접근할 수 있도록 견인할 필요가 있다.

마지막으로, 합의와 이행의 과정에서 역진 방지의 원칙이 지켜져야 한다. 과거와 같이 협상이 중단된 상황에서 이전의 합의가 무력화되는 관행을 막고 한번 합의한 조치들은 '래칫(ratchet)' 조항으로 역진을 방지하는 관행을 만들어 가야 한다. 결국 단계적, 동시적 이행의 작은 성과들을 쌓아가는 노력과 합의사항을 이행하는 과정에서 뒤로 물러서지 않는 정책 의지가 필요하다.

### 동북아 비핵지대의 모색

우크라이나는 소련이 붕괴하면서 핵무기를 보유하게 됐고 러시아, 미국과 비핵화 협상을 진행했다. 러시아는 우크라이나의 비핵화에 대응해 불가침을 약속했다. 하지만 2025년 현재 우크라이나는 러시아와 전쟁을 치르고 있다. 우크라이나의 사례를 보며 북한 김정은 위원장은 어떤 생각을 하고 있을까? 북한이 비핵화를 선택하기 위해서는 그만큼 안전하다는 신뢰를 주어야 한다.

관련하여 한반도 비핵화를 넘어 동북아 비핵지대를 구축하는 방안을 논의할 필요가 있다. 비핵지대(NWFZ: Nuclear Weapon Free Zone)란 특정 지역 내에서 국가 간 조약에 의해 핵무기의 생산, 보유, 배치, 실험 등을 포괄적으로 금지하고, NPT상의 5개 핵보유국들이 비핵지대 조약 당사국에게 핵무기 사용 및 위협금지를 내용으로 하는 소극적 안전보장(NSA: Negative Security Assurance)을 제공하는 핵 군축 방식이다(외교부, 2025).

동북아 비핵지대는 남북과 일본, 그리고 단일 비핵지대를 선언한 몽골을 당사자로 하는 조약을 체결하고 미국과 중국이 포함된 5대 핵보유국들이 의정서를 체결하는 형태로 추진될 수 있다. 이와 같은 논의는 '핵감축을 위한 의원네트워크(PNND, Parliamentary Network for Nuclear Disarmament)' 한국위원회가 일본위원회와 함께 2000년대 후반 추진한 바 있다.

현재 한반도 비핵화 논의는 북미협상을 중심으로 진행되어 왔다. 하지만 동북아 비핵지대에 관한 논의는 한반도 평화 체제에 대한 논의와 함께 중장기적인 시각에서 관련국 시민사회와 의회가 주도적인 역할을 담당할 필요가 있다. 만약 동북아 비핵지대가 관련국 간 공감대를 형성한다면 동남아 비핵지대와 함께 동아시아 비핵지대로 확장시켜 나갈 수 있을 것이다.

## 4. 한반도 비핵화 너머 평화의 제도화로

### 한반도 평화 체제의 컨센서스

한반도 평화를 제도화하기 위한 논의는 비핵화 논의와 함께 정부 간 협상에서 주요 의제로 다뤄져 왔다. 북한과 미국은 1994년 제네바 합의를 거쳐 2000년 10월 "북미 공동 코뮤니케"(US-DPRK Joint Commuique)를 통해 "1953년의 정전협정을 공고한 평화보장체계로 바꾸어 한국전쟁을 공식 종식시키는데 4자회담 등 여러 가지 방도들이 있다는 데" 견해를 같이했다. 2018년 싱가포르에서 열린 첫 북미정상회담에서도 "미국과 북한은 한반도에서 지속적이고 안정적인 평화 체제를 구축하기 위해 공동으로 노력한다"는데 합의하였다.

6자회담에서도 한반도 평화 체제에 관한 합의가 이어졌다. 6자회담은 2005년 9월 "제4차 6자회담 공동성명"(9.19 공동성명) 제4항을 통해 "6자는 동북아시아의 항구적인 평화와 안정을 위해 공동 노력할 것을 공약"하고, "직접 관련 당사국들은 적절한 별도 포럼에서 한반도의 영구적 평화체제에 관한 협상"을 진행하도록 하였다. 2007년 2월 "9.19 합의를 이행하기 위한 초기조치"(2.13 합의)에서는 '한반도의 영구적 평화체제에 관한 협상'을 다시 한번 제안하고 동북아 평화·안보체제를 논의하기 위한 실무그룹(W/G)을 설치해 두 차례 회의를 진행한 바 있다.

안타깝게도 이러한 합의들은 북한의 핵무장으로 상당 기간 수면 아래에 잠들어 있었다. 남북관계의 악화 속에 한반도 갈등 구조가 강화된 것 또한 평화 체제 논의를 막아왔다. 다만 2기 트럼프 미국 행정부의 등장은 위기와 기회의 창을 동시에 열어주고 있다.

북미관계에 대한 트럼프의 '가벼운' 접근, 그리고 전쟁과 군사훈련에 대한 그의 경제적 관점은 한반도 평화를 어떻게 그리느냐에 따라 새로운 기회로 활용될 수 있다.

관련하여 2025년 2월 브래드 셔면 미국 하원의원 등 33인이 공동 발의한 한반도 평화법안은 한반도 평화를 제도화하기 위한 미주 한인 시민사회의 노력이 성과로 이어진 사례라는 점에서 긍정적인 신호이다. 이 법안에는 한반도에서 종전을 선언하고 평화협정을 체결하며 워싱턴과 평양에 연락사무소를 설치하는 등 평화의 제도화를 내용으로 담고 있다.

이상과 같이 한반도 비핵화에 관한 논의 과정에서 한반도 평화를 제도화하기 위한 정부와 시민사회의 노력이 기본적인 컨센서스를 형성하고 있는 것은 매우 고무적인 성과라 할 수 있다. 그렇다면 좀 더 구체적으로 한반도에서 전쟁을 종결하고 평화를 제도화하기 위한 방안에 대해 논의해 보자.

### 한반도 종전과 평화협정의 체결

한반도에서 전쟁을 끝내야 한다. 이 명제에 동의하지 않는 사람은 많지 않을 것이다. 하지만 정전협정을 종료하고 평화협정을 체결하는 것은 생각보다 쉽지 않다. 지금까지 평화협정, 아니 그 이전 단계로 '평화선언'을 하는 것조차도 이뤄지지 못했다. 이는 평화협정이 한미동맹을 훼손하고 북한의 전략에 넘어가는 것이란 논쟁과 결을 같이해 왔다.

'그럼에도 불구하고' 한반도에서 전쟁을 끝내고 평화를 제도화해야 한다는 명제는 여전히 유효하다. 한반도에서 평화를 제도화하는 과정에서 형식에 얽매일 필요는 없다. 우선 전쟁 상태를 종결시키고 평화를 제도화하는 방법도 모색할 수 있을 것이다.

예를 들어, 한반도 정전체제의 직접 당사국인 남북과 미중이 종전을 선언하고 한반도, 혹은 동북아에서 평화 체제를 제도화하는 장치를 마련하는 방법이 논의될 수 있다. 이 과정은 한반도 비핵화 프로세스와 함께 추진되어야 할 것이다.

다음으로, 한반도 평화를 제도화하기 위한 논의들이 무르익고 관련국 간 공감대가 형성되는 국면에서 넓은 의미의 평화협정을 체결할 필요가 있다. 이 평화협정은 전쟁의 종결이라는 과거 문제의 해결을 넘어 미래지향적인 협력관계를 담을 필요가 있다.

예를 들어, 단순히 안보 문제에 국한하기보다는 관련국 간 안보협력과 평화 정착, 그리고 경제협력 방안을 함께 담은 좀 더 넓은 의미의 평화협정을 추진하는 방법도 논의할 수 있다. 이 과정에서 북-미, 북-일 간 국교 정상화도 이행될 수 있을 것이다.

이러한 평화협정은 남북이 주도하고 미국과 중국이 동의하며 UN이 지지하는 형태가 적절하다고 생각한다. 이 과정에서 EU의 역할 또한 고려할 필요가 있다. 추가적으로 평화협정이 정부 당국 간 합의를 넘어 각국 의회와 시민사회가 넓은 범위에서 참여하는 형태로 체결되어야 할 것이다.

### 한반도 평화를 위한 시민사회의 역할

한반도 평화는 정부만으로, 혹은 시민사회만으로 이뤄질 수 없다. 한반도 평화를 위협하는 요소는 다양한 영역과 수위에서 도사리고 있다. 결국 한반도 비핵화와 평화의 제도화가 진전되더라도 이를 하나의 규범으로 역내에 정착시키는 노력이 병행되어야 한다. 이는 단순히 제도적 장치를 마련하는 것을 넘어 역사와 인식의 차원에서 평화를 단단히 구축하는 작업이다.

한반도 평화를 하나의 규범으로 정착시키는 것은 정부 차원을 넘어 역내 국가들의 구성원, 시민사회와 연구단체, 경제주체들이 만들어 가야 할 과제이다. 현재 한반도 주변국의 구성원 간 교류와 협력, 평화를 위한 연대는 상당히 위축되어 있다. 정부가 주도하는 국가 관계의 경직성을 완화하고 시민사회의 역동성이 상호 인식의 차이를 좁히고 평화의 규범을 창조하는 노력을 계속해 나가야 한다.

관련하여 동아시아 시민사회가 함께하는 평화회의를 제안하고 싶다. 동남아시아는 동중국해 분쟁으로 어려움을 겪고 있으며 1995년 Bangkok 조약을 통해 동남아 비핵지대를 구축한 경험이 있다. 양안 관계 또한 한반도 문제와 떨어뜨려 논의할 수 없다. 이런 이유로 동아시아의 관점에서 평화를 제도화하는 노력은 시너지 효과를 발휘할 수 있을 것이다.

동아시아 평화회의는 시민사회가 주도하고 정부와 의회가 매년 함께 개최함으로써 평화와 군축, 비핵지대에 관한 논의를 확대해 나가는 공간이 될 것이다. 또한 동아시아 평화회의를 기반으로 사회문화적 교류와 협력을 통해 평화가 동아시아에서 하나의 사회적 규범으로 정착될 수 있도록 시민사회가 함께 노력해야 한다.

## 5. 위기를 기회로 활용하는 지혜

이 장에서는 한반도 비핵화의 한계와 대안을 모색하고 종국적으로 평화를 제도화하기 위한 방안을 제안해 보았다.

첫 번째로, 지난 33년간 진행된 한반도 비핵화의 여정을 돌아보았다. 1990년대 미소 냉전이 해체되었지만 한반도는 여전히 냉전의 그늘 안에서 헤어 나오지 못하고 있다. 한반도 비핵화 과정에서 노출된 비효율적인 협상전략은 협상 실패의 원인 중 하나였다. 특히 2009년부터 시작된 미국의 '전략적 인내' 전략은 북한의 핵무장 시간을 부여했다. 또한, 북한의 핵 개발에 대응해 이전에 없었던 국제사회의 대북제재는 북한을 굴복시키지 못했다.

두 번째로, 한반도 비핵화를 위한 대안을 모색하였다. 무엇보다도 한반도 비핵화를 진전시켜 나가기 위해서는 북한과 미국의 관계 정상화가 병행되어야 한다. 또한, 한반도 비핵화를 위한 프로세스는 단계적, 동시적 이행의 원칙을 준수하되, 상호신뢰가 형성되지 않은 초기에 인내심을 갖고 작은 성과들을 축적해 나가야 한다. 관련하여 동북아 비핵지대에 관한 논의를 제안하였다.

세 번째로, 한반도 비핵화를 넘어 평화를 제도화해야 한다. 평화는 끊임없는 노력을 통해 유지될 수 있다. 그 역할을 시민사회가 주도해야 한다. 관련하여 동아시아의 시민사회가 역내 평화의 제도화, 평화 규범의 정착을 위해 매년 시민사회가 주도하고 정부와 의회가 함께하는 평화회의 개최를 제안하였다. 동아시아 평화회의를 기반으로 사회문화적 교류와 협력을 통해 평화 규범이 정착할 수 있는 공간과 네트워크를 확대해 나갈 수 있을 것이다.

한반도 평화는 우리 모두가 직면한 생존의 문제이다. 이제 우리 국민 모두가 피스메이커로서 위기를 기회로 전환해 한반도 평화를 지켜내야 한다.

# II

# 지속 가능한 대북·통일정책 리빌딩

철책에 묶인 통일 ⓒ〈연합〉

대북정책
# 대북정책의 단절과 이어달리기

정일영 / 서강대학교 사회과학연구소 연구교수

## 1. 목에 걸린 고구마처럼

2025년 현재의 시점에서 한반도 리빌딩 전략을 논할 때 가장 답답한 분야가 바로 대북정책일 것이다. 마치 목에 걸린 고구마처럼… 숨조차 쉴 수 없다. 우리를 흥분케 했던 2018년의 짧았던 '한반도의 봄'은 허망하게 사라지고 긴 겨울이 계속되고 있다. 그 사이 남북은 남보다 못한 대결을 지속해 왔다. 접경지역에서 들리는 대남, 대북 방송은 신뢰가 무너진 남북관계의 현재를 증언하고 있다.

2025년은 남북이 분단된 지 80년을 맞는 해이다. 한반도에서 분단은 국내외 정치의 불안정을 끊임없이 자극하는 구조적 모순으로 자리 잡았다. 대북정책은 이 갈등과 분열의 구조를 안정적으로 관리하고 통일로 나가야 하는 어려우면서도 꼭 필요한 국가정책이다.

대북정책을 담당하는 통일부의 역할은 그만큼 중요하다. 구체적으로 통일부의 역할이란 무엇인가? 우리 법률에서 통일부 장관은 "통일 및 남북대화·교류·협력에 관한 정책의 수립, 통일교육, 그밖에 통일에 관한 사무를 관장"하도록 규정하고 있다(「정부조직법」 제31조).

안타깝게도 윤석열 정부의 대북정책은 한반도 평화와 남북관계 정상화, 그리고 통일을 지향한다는 우리 「헌법」과 법률의 가치와 동떨어진 대결과 갈등으로 점철됐다.

필자는 한반도 평화와 남북관계의 위기가 오로지 윤석열 정부만의 과오라 생각하지 않는다. 남북관계의 악순환은 정권을 떠나 반복됐고 북한의 무력 도발과 정권교체에 따른 대북정책의 단절 또한 누구 하나의 잘못만은 아니기 때문이다.

이런 이유로 대북정책의 리빌딩은 다른 어떤 분야보다도 힘든 난제이다. 우리는 정부의 대북정책뿐만 아니라 남북관계의 구조적 모순을 해결하고 국회와 시민사회, 지방자치단체가 함께 할 수 있는 절차적 민주성 또한 복원해야 한다. 힘든 일이지만 위기를 기회로 삼아 대안을 마련하고 선순환의 구조를 만들어야 한다.

관련하여 이 장에서는 기존 대북정책의 문제점을 살펴보고 한반도 평화와 남북의 화해와 협력, 그리고 절차적 민주성이 보장된 대북정책은 무엇인지 대안을 제시하려 한다.

먼저 지금까지의 대북정책을 회고하고 대북정책의 단절과 남북관계의 불안정이 지속되는 이유는 무엇인지 분석한 후, 대북정책의 리빌딩을 위한 대안을 모색해 보겠다. 특히 절차적 민주성을 회복하기 위한 방안을 제시하고자 한다.

트럼프 2기 행정부의 등장과 함께 동북아 정세가 요동치고 있다. 대북정책은 한반도 정세를 관리하는 안전장치라는 점에서 적극적인 리빌딩 작업이 필요하다. 이제 한반도에서 대북정책의 과거와 현재를 돌아보고 새로운 대안을 모색해 보겠다.

## 2. 얼어붙은 한반도와 꽉 막힌 남북관계

### 극단으로 치닫는 남북관계

2018년 남북은 두 차례 정상회담을 갖고 판문점 선언과 9월 평양 공동선언에 합의한 바 있다. 그 사이 북미 싱가포르 정상회담이 개최되며 한반도 비핵화와 남북관계의 정상화에 대한 기대가 부풀어 올랐다. 하지만 2019년 2월 북미 하노이 정상회담이 결렬되고 판문점에서의 남북미 정상회동이 결실을 보지 못하면서 한반도 정세를 급격히 냉각됐다.

2019년 북미대화가 중단된 이후 남북관계는 더 이상 진전되지 못하고 뒷걸음질쳤다. 특히 2020년 북한이 개성의 남북공동연락사무소를 폭파하고 코로나-19 팬데믹이 발생하면서 남북관계는 더 이상 회복되지 못했다. 여기에 2022년 출범한 윤석열 정부가 2023년을 기점으로 대북 강경정책을 펼치고 2024년 김정은 위원장이 남북관계를 '적대적 두 국가관계'로 규정하며 남북 간의 갈등은 극에 달하고 있다.

특히 2024년 한국에서 일부 반북단체가 대북 전단을 살포하고 북한이 오물 풍선을 내려보내며 남북 접경지역의 긴장이 지속되고 있다.

또한 남북 당국이 대남, 대북 방송을 재개하며 상호 불신의 골이 깊어지고 있다. 여기에 2024년 12월 윤석열 정권이 북한을 자극해 계엄의 명분을 찾으려 했다는 사실이 계엄 주모자들에 의해 밝혀지며 충격을 더하고 있다.

남북관계는 신뢰가 가장 우선한다. 상호 신뢰가 없는 상태에서 추진하는 대북정책은 듣는 이 없는 외침에 불과하다. 이런 의미에서 현재의 남북관계는 그야말로 전에 없던 위기 상황이라 하겠다.

## 윤석열 정부의 대북정책

먼저 윤석열 정부의 대북정책을 돌아보자. 윤석열 정부는 출범과 함께 '담대한 구상'을 대북정책의 핵심으로 제시한 바 있다. 담대한 구상은 "북한의 비핵화 조치와 우리의 경제·정치·군사적 조치의 동시적·단계적 이행을 통해 비핵·평화·번영의 한반도를 함께 만들어 나가자는 제안"이다.

관련하여 윤 정부는 '비핵·평화·번영의 한반도'를 구현하기 위해 '상호 호혜성을 바탕으로 지속 가능한 남북관계를 정립'하고 '북한의 실질적 비핵화 조치'에 상응하는 '단계별 대북 경제협력과 안전보장 방안'을 마련하겠다고 강조한 바 있다.

보수의 대북정책을 표방한 '담대한 구상'은 보수와 진보 정부를 넘어 이어달리기를 표방했다는 점에서 온전히 평가받을 만하다. 하지만 윤석열 정부는 2023년 7월을 기점으로 강경 대북정책으로 돌아서게 된다. 극우 인사로 알려진 김영호 통일부 장관과 대북 강경론자인 신원식 국방부 장관이 임명되고 '힘에 의한 평화', '즉·강·끝'(즉각·강력히·끝까지) 등을 주창하며 대북 강경정책을 밀어붙였다.

특히 대북정책 주무 부처인 통일부는 남북대화와 교류·협력을 추진하기보다는 성과 없는 북한인권 주장과 흡수통일론에 가까운 '통일 독트린'을 내세워 남북관계 악화를 더욱 부채질했다. 행정부에서 극단적인 남북대결을 막고 위기를 관리해야 할 통일부가 앞장서서 갈등을 부추겼던 것이다.

### 12.3 계엄 사태와 북한

2024년 12월 3일의 밤, 윤석열 대통령은 불가능할 것만 같았던 비상계엄을 선포했다. 윤 대통령은 "북한 공산 세력의 위협으로부터 자유대한민국을 수호하고 우리 국민의 자유와 행복을 약탈하고 있는 파렴치한 종북 반국가 세력들을 일거에 척결하고 자유 헌정질서를 지키기 위해" 비상계엄을 실시한다고 선포했다.

윤석열 대통령이 비상계엄의 이유로 '북한'의 위협과 '종북 반국가 세력'을 제시한 것은 왜일까? 당시 남북관계는 단절되어 있었지만 어떠한 군사적 침략징후가 있었던 것은 아니다. 반대로 계엄이 실패한 후 내란 세력에 대한 수사가 진행되는 과정에서 그들이 북한을 도발해 계엄의 명분을 만들려 했음이 드러났다.

이 위험천만한 사건은 과거 북한의 도발을 유도해 국내 정치에서 민주주의를 훼손하고 자신들의 정치적 경쟁자들을 제거하려 했던 '북풍' 공작과 다를 바 없었다. 12.3 계엄의 전말이 하나, 둘 드러나면서 우리는 한국의 민주주의가 한반도 평화와 한 몸이라는 사실을 직접 경험했다.

한반도 정세가 불안정한 상황에서 민주주의 또한 위험에 처할 수밖에 없다. 결국 대북정책의 실패는 단순히 남북관계의 경색뿐만 아니라 국내 정치의 혼란과 위기로 이어질 수 있다. 그렇다면 우리의 대북정책은 왜 실패했을까?

## 3. 왜 대북정책은 실패했나?

### 정부의 정책 독점

"대한민국은 민주 공화국이다." 우리 「헌법」 제1조의 언명이다. 하지만 입법과 사법, 행정의 균형이 무너진 분야가 있으니 그것이 바로 대북정책이다. 대북정책은 그 '특수성'으로 인해 행정부가 배타적 권한을 행사해 왔다. 지금까지 정부는 북한의 정보를 통제하고 남북회담의 대표와 남북합의서 체결의 결정권을 독점해 왔다. 우리 국회조차도 독자적인 대북 접촉이 불가능하다.

대북정책의 수립과 집행에 있어서도 정부는 배타적 권한을 행사해 왔다. 통일부가 수립하는 각종 계획은 국회 '보고' 사항일 뿐 적절히 정부를 견제할 정치는 마련되어 있지 않다. 윤석열 정부 출범 이후 대북정책의 근간이 되는 남북관계발전 기본계획과 연차별 시행계획은 여름이 지나 보고되기 일쑤였고 법률을 어기고 연말에 보고되는 일도 있었다.

이런 관행은 보수와 진보 정부 모두에서 나타났다. 정부는 자신의 독점적인 권한을 '정보의 민감성', '안보의 위중함' 등으로 정당화해 왔다. 하지만 정부의 과도한 독점은 남북관계가 단절된 상황에서 해법을 찾지 못하는 부작용을 발생시켰다. 남북 당국의 대결이 지속되는 상황에서 국회와 시민사회 등 다른 행위자들이 새로운 출구를 찾을 수 없었다.

대북정책에 대한 정부의 배타적 권한은 절차적 민주성 또한 훼손할 가능성이 크다. 그 극단적인 결과가 12.3 계엄과 내란 사태라 할 수 있다. 대북정책에서 정부의 배타적 권한을 해체하고 절차적 민주성을 회복해야 하는 이유가 여기에 있다.

### 정권교체와 대북정책의 단절

대북정책의 실패는 정부의 정책 독점과 정권교체에 따른 정책 단절의 결과이다. 정권교체에 따른 대북정책의 단절과 갈지자 행보는 정책 실패로 이어져 왔다.

민주주의 체제에서 정권의 교체는 당연하며 자연스러운 과정이자 발전이다. 문제는 한국의 진보와 보수 정부가 서로 다른 대북정책을 추진하면서 정책의 이어달리기가 제대로 이뤄지지 못했다는 점이다. 과거 진보 정부는 남북대화와 교류·협력을 통해 문제 해결을 선호한 반면, 보수 정부는 북한인권 문제를 전면에 내세우며 대북 압박을 통해 북한의 변화를 강제하는 정책을 펼쳐 왔다.

정권교체는 정부의 다른 어떤 분야보다도 대북정책 분야에서 더 큰 정책 단절과 변화를 가져왔다. 결국 대북정책의 지속성이 훼손됐을

뿐 아니라 대북정책의 상대인 북한과 관계를 새롭게 정립해야 하는 문제가 반복되었다. 이 과정에서 주로 진보 정부가 북한과 체결한 남북 합의가 정권교체로 무력화되기 일쑤였으며 북한인권에 대한 우리 정부의 입장도 일관성을 잃으며 국제사회와의 논의도 혼란이 가중되어 왔다.

윤석열 정부 초대 통일부 장관이었던 권영세 장관이 북한과 대화하는 보수 정부를 표방하며 기존에 진보 정부에서 체결한 남북 합의를 존중하는 '이어달리기'를 강조한 바 있다. 이는 이전에 없었던 전향적인 대북정책이란 점에서 제대로 평가받을 만하다. 다만 그가 주장한 '이어달리기'는 그의 임기와 함께 종결되고 말았다.

## 남북 합의의 제도적 한계

대북정책의 실패는 남북관계의 불안정으로 이어진다. 다만 앞서 논의한 정부의 정책 독점과 정권교체에 따른 대북정책의 단절 외에도 남북관계의 구조적 한계 또한 면밀히 살펴봐야 한다.

남북은 1991년 '남북기본합의서'에서 "쌍방 사이의 관계가 나라와 나라 사이의 관계가 아닌 통일을 지향하는 과정에서 잠정적으로 형성되는 특수 관계"라고 선언했다. 이와 같은 관계 규정은 우리 법 「남북관계 발전에 관한 법률」에 그대로 적시되어 있다.

남북관계는 '나라와 나라 사이'의 관계가 아닌 '특수한 관계'라는 규정은 남북관계를 남과 북이 주도적으로 해결하고 그 과정에서 효율성을 높이자는 의도였을 것이다. 예를 들어, 남북 교역을 민족내부거래로 규정하고 관세를 부여하지 않은 것은 이러한 논리에 따라 가능했다.

하지만 남북이 서로 '나라와 나라 사이'가 아닌 상황에서 남북의 약속, 즉 남북 합의가 그 효력을 제대로 부여받지 못하고 조약이 아닌 신사협정으로 취급받는 문제가 발생했다. 아무리 좋은 남북 합의가 체결되더라도 남과 북 모두에서 제대로 된 법적 효력을 부여받지 못했던 것이다.

남북관계가 발전하려면 어떻게 해야 할까? 당연히 서로 간의 약속이 잘 지켜져야 한다. 하지만 남북합의서 자체가 제대로 이행되지 못하는 태생적 한계를 가지고 있으니 남북관계는 불안정할 수밖에 없다. 이런 이유로 유사한 남북 합의가 덧씌워져 다시 체결되는 일이 반복되어 왔던 것이다.

## 두 국가 논쟁을 넘어

최근 남북관계를 어떻게 규정할 것인지에 관한 논의가 진행되고 있다. 특히 2024년 김정은 위원장이 '적대적 두 국가관계'를 선언하면서 남북관계를 어떻게 규정할 것인지 다양한 의견이 제시되고 있다.

앞서 언급한 바와 같이, 남북은 1991년 '남북기본합의서'에서 남과 북을 "나라와 나라 사이의 관계"가 아닌 통일을 지향하는 과정에서 잠정적으로 형성되는 "특수 관계"로 규정한 바 있다. 그렇다면 이제 우리는 이전과 다른 남북관계를 구상해야 하는 것일까?

필자는 남북관계의 특수성에 기반해 남북 간 신뢰를 우선 회복하고 남북관계가 제도화되는 과정에서 서로의 국가성을 수용하는 문제를 논의하는 것이 현명한 판단이라 생각한다. 김정은 위원장이 '적대적 두 국가관계'를 주장하고 있지만 선대 지도자들이 쌓아온 통일의 유훈들을 한순간에 단절할 수는 없을 것이다.

현재 상황에서 남북관계의 특수성을 남북관계 발전과 한반도 평화 정착에서 적절히 활용하는 지혜가 필요하다. 다만 이 과정에서 남북이 통일을 지향한다는 명제는 포기하지 말아야 할 것이다.

## 4. 지속 가능한 대북정책 구상

### 절차적 민주성 회복

대한민국의 대북정책은 행정부의 배타적 권한으로 절차적 민주성이 훼손되어 왔다. 대북정책의 리빌딩을 위해서는 정부의 독점적 권한을 여타 행위자들과 분담하고 민주적 정치과정을 복원해야 한다.

먼저, 정부의 대북정책 수립과 집행에서 국회가 적절히 견제할 수 있어야 한다. 우리 법률에 따라 정부가 수립하고 국회에 보고하는 분야별 계획 수립과 집행 과정에서 국회의 통제가 강화되어야 한다. 관련하여 대북정책의 준거 계획으로 5년마다 수립되는 '남북관계발전 기본계획'과 연차 계획을 단순히 국회에 보고하는 것을 넘어 국회 외교통일위원회가 이에 대한 '동의' 권한을 행사할 필요가 있다. 이 과정에서 대통령실의 과도한 정책 개입을 지양하는 관행도 정착해 나가야 할 것이다.

또한, 남북대화와 합의서 체결 과정에서 정부의 독점을 완화하는 방안이 마련될 필요가 있다. 이와 관련하여 국회의 권한을 강화하고 입법, 사법, 행정부가 추천한 인사들로 구성된 위원회에서 대북 접촉과 남북회담 대표의 임명 등을 관리하는 방안도 추진될 수 있을 것이다. 또한, 남북 당국 간 체결되는 남북 합의 이외에 지자체와 기업이 북측 파트너와 적절한 법적 효력을 갖는 합의문을 체결할 수 있도록 제도화하는 방안도 필요하다.

마지막으로, 시민사회가 대북정책에 참여할 수 있는 제도적 공간을 마련해야 한다. 관련하여 통일부 장관 산하에 시민사회 특별보좌관을 설립하고 관련 부처의 각종 자문위원회가 형식적인 보조기관이 아닌 시민사회의 목소리가 제대로 전달될 수 있는 절차 규정을 마련해야 할 것이다.

### 정권교체와 이어달리기

민주국가에서 다양한 정치세력, 정당이 경쟁하고 그 결과로 정권교체가 이뤄진다면 이는 자연스러울 뿐만 아니라 정치발전을 위해서도 필요한 과정이라 하겠다. 다만 정권교체로 인해 국가, 특히 행정부의 정책이 단절되는 문제를 슬기롭게 해결해야 한다.

앞서 논의한 바와 같이 우리 정부의 대북정책은 정권교체로 인해 '가다 서다'를 반복해 왔다. 아니 서로 반대의 길을 가는 경우가 허다했다. 아무리 절차적 민주주의를 구현한다 해도 정권 간 이어달리기가 안된다면 중장기적 관점에서 대북정책은 실패할 수밖에 없다.

먼저 정권교체에 따른 정책 단절을 막고, 이어 달릴 수 있는 제도적 장치가 마련되어야 한다. 특히 기존의 남북 합의가 정권교체와 상관없이 이행될 필요가 있다. 또한, 대북정책에 대한 정치적 대화와 타협의 관행을 만드는 노력이 선행되어야 한다.

지금까지 보수와 진보 정부 모두 대북정책을 생산하고 추진하는 과정에서 야당과 시민사회의 목소리를 제대로 반영하지 못했다. 이제 야당과의 정책 대화와 타협의 관행을 만들어가야 한다. 이 과정에서 정부·여당은 자신의 정책 목표를 일부 후퇴시키더라도 야당과 최소한의 공감대를 형성하기 위해 노력해야 한다. 이런 관행이 만들어진다면 정권교체가 이뤄지더라도 대북정책이 안정적으로 이어질 수 있을 것이다.

관련하여 통일부가 남북대화와 교류협력, 그리고 통일 미래를 준비하는 데 전념할 수 있도록 북한인권의 주무 부처를 법무부(북한인권자료)와 국가인권위원회(국제연대)로 이관하고 대북 인도 지원을 통일부가 수행할 필요가 있다. 이는 북한인권 문제를 해결하기 위해서도 더 효율적인 방법이다.

### 남북관계의 제도화

남북관계의 안정은 대북정책의 실효성을 높이는 기반이다. 하지만 남북관계의 특수성으로 인해 남북의 약속은 제대로 이행되지 못했다. 남북의 약속이 남과 북에서 힘을 발휘하지 못한다면 상호 불신만이 깊어질 뿐이다.

결국 남북의 약속이 제대로 이행될 수 있도록 남과 북 모두 '남북합의서'의 국내법적 효력을 명확히 부여해야 한다. 먼저 남북관계 발전을 위한 핵심적인 합의를 담아 '남북기본조약'을 체결할 수 있을 것이다. 이는 남북합의서가 조약성을 인정받지 못하는 상황에서 조약을 통해 제도적 근거를 마련하는 방법이다.

다음으로, 주요 남북 합의를 남과 북의 국내 법률로 제정하는 방법이다. 남북은 이미 「개성공업지구법」(북)과 「개성공업지구 지원에 관한 법률」(남)을 통해 개성공단 운영과 지원을 각각의 법률로 제도화한 바 있다. 겨레말 큰사전 편찬사업이 정권교체와 상관없이 지속될 수 있었던 것은 동 사업이 국내법률로 제정되어 남북협력 사업을 제도화했기 때문이다. 또한 우리 「남북관계 발전에 관한 법률」에서 남북합의서의 법적 효력을 명확히 규정하는 방안도 논의할 필요가 있다.

마지막으로, 남북합의서가 이행되는 과정에서 상호 발생할 수 있는 충돌을 관리하고 남북 합의의 정지와 재협상, 그리고 합의이행의 재개를 관리할 수 있는 기구가 필요하다. 이 기구에는 남북뿐 아니라 남북이 신뢰하는 제3자, 예를 들어 EU와 같은 행위자가 함께 참여해 안정적인 관리를 지원하는 방안도 모색해야 한다.

### 신뢰 회복을 위한 교류와 협력의 모색

지금까지 남북관계 불안정의 원인과 이를 해소하기 위한 대안을 모색해 보았다. 이제 남북이 서로에 대한 불신을 해소하고 신뢰에 기반한 남북관계를 만들어 가기 위한 만남과 성과를 만들어 나가야 한다.

최근 동북아 정세는 변화무쌍하다. 트럼프 2기 미국 정부의 등장과 미중 경쟁의 격화, 북한과 러시아의 밀착과 북한의 출구전략 모색, 그리고 한국에서 발생한 계엄과 탄핵 정국까지, 그야말로 정신이 없다.

하지만 면밀히 살펴보면 위기와 변화 속에 기회의 창이 열리고 있다.

트럼프 대통령은 김정은 위원장과의 대화를 강조하고 있으며 중국은 한반도에서 긴장 완화를 추구하고 있다. 그리고 북한은 새로운 출구를 찾고 있다. 이 과정에서 북미대화가 한국을 배제한 채 진행되는 최악의 상황이 발생할 수도 있다.

결국 그 어느 때보다 한국의 역할이 중요한 상황이다. 무엇보다도 남북관계를 회복해야 한다. 역사적으로 한국 정부는 남북관계를 지렛대로 한반도 정세를 주도해 왔다. 관련하여 미국의 대북 접근을 이용해 남북관계를 회복하는 용미통북(用美通北)의 지혜가 필요하다. 한국 정부뿐만 아니라 시민사회와 의회가 이 변화를 기회로 활용할 수 있어야 한다.

## 5. 다시 이어달리기 위하여

이 장에서는 우리 정부의 대북정책에서 나타난 문제점을 지적하고 대북정책의 리빌딩 방안을 제시해 보았다.

첫 번째로, 대북정책에서 절차적 민주성을 회복해야 한다. 관련하여 국회와 시민사회의 역할을 강화하는 제도적 장치가 필요하다. 특히 정부의 대북정책 추진 과정에서 국회의 견제 장치를 마련하고 시민사회의 참여를 제도화할 필요가 있다.

두 번째로, 정권교체로 인한 대북정책의 단절을 막기 위해 정부·여당과 야당, 그리고 시민사회가 함께 대화하고 타협하는 관행을 만들어야 한다. 정부는 자신의 정책 목표를 일부 양보하더라도 야당과 대화하고 타협함으로써 정권교체로 인한 정책 단절을 최소화하는 노력을 지속해 나가야 한다.

세 번째로, 남북관계를 안정적으로 관리, 발전시키기 위해 남북합의서의 법적 효력을 명확히 부여할 필요가 있다. 이는 우리 법률에서 남북합의서의 법적 효력을 명확히 규정하는 방안, 주요 남북 합의를 국내 법률로 제정하는 방법, 그리고 '남북기본조약'을 체결하는 방법 등을 중장기적 관점에서 추진될 필요가 있다.

위기는 기회라는 말이 있다. 이제 구조적, 관행적으로 이어진 문제들을 해결하고 대북정책과 남북관계, 한반도 평화가 선순환을 이룰 수 있도록 과감한 리빌딩을 추진해야 할 것이다.

통일교육 |
# 지속 가능한 통일교육 제도 구축

김병연 / 공주교육대학교 교수

## 1. 남북관계 변화에 흔들리는 통일교육

우리가 일상에서 접하는 산과 강은 언제나 같다고 할 수 있는가? 한 사람은 언제나 변하지 않는 존재라고 할 수 있을까? 헤라클레이토스는 '같은 강물에 두 번 발을 담글 수 없다'고 했다. 같은 강물인 듯 보이지만, 실은 늘 상황과 조건이 달라진 강물이다. 남북관계 또한 끊임없이 변화한다.

남북관계는 복잡하다. 남북관계와 북한 인식에서 서로 다른 관점을 담은 규범이 동시에 존재한다. 「헌법」은 휴전선 이북지역을 대한민국 영토로 규정하고 있다. 북한은 정치체제로 인정되지 않는다. 한편 「남북교류협력에 관한 법률」은 '군사분계선 이남지역과 그 이북지역 간의 상호 교류와 협력을 촉진'하고자 한다. 남북기본합의서, 여러 차례의 남북정상회담 선언문을 비롯한 당국 간 합의 문서들은 서로의 존재를 인정한다.

남북관계는 역동적이다. 2016년 연이은 북한의 미사일 시험발사, 핵실험 등으로 남북관계는 전쟁 위기를 겪었다. 2017년 이후 북한의 평창동계올림픽 참가, 남북정상회담, 북미정상회담 등 불과 1년 전 상상하지 못했던 관계 개선이 이루어지기도 했다. 최근에는 물리적으로 관계가 단절되었을 뿐 아니라 서로의 마음에서도 저만치 멀어졌다.

김정은 국무위원장은 2023년 말 '적대적 두 국가관계'를 선언하였지만, 남한의 통일 지향적인 규범과 교육제도는 그대로 유지되고 있다. 남북관계 단절을 바라보는 시각 또한 서로 다르다. 근본적인 변화로 이해하고 대안 마련을 고민하는 사람이 있는가 하면, 정세 변화에 따라 새로운 활로 모색이 가능하다고 보는 이도 있다.

남북관계의 역동적인 변화 과정에서 통일교육은 독립변수가 되지 못했다. 단단한 분단 체제에서 한 치도 벗어날 수 없었다. 반공교육, 승공통일교육, 안보통일교육, 평화통일교육 등 지향하는 남북관계의 미래를 다룬 다양한 교육 명칭은 이를 상징적으로 보여준다. 새로운 정부가 들어설 때마다 통일정책과 대북정책은 서로 다른 지향점을 드러내고 남북관계에 영향을 미쳤다. 통일부는 새 정부의 통일정책과 통일교육 정책을 반영한 교육 지침을 제시했다. 예를 들어 평화에 우선 가치를 두었던 문재인 정부의 '평화·통일교육: 방향과 관점'과 안보에 우선 가치를 둔 윤석열 정부의 '2023 통일교육 기본 방향'은 정권 교체에 따른 서로 다른 통일교육 정책을 보여준다.

분단 이후 80여 년의 시간이 흐르면서 통일교육은 교육 주제로서 정당성을 인정받지 못하고 있다. 가장 큰 이유는 보편성과 타당성의 상실 때문이다. 정권 교체 시기마다 통일교육의 지향점은 극과 극을 오간다. 또한 통일부의 통일교육 지침과 교육부의 교과 교육과정이 엇박자를 내는 일이 수시로 발생한다. 정권 교체와 함께 제시되는 통일교육 지침과 달리 국가 수준의 교육과정은 개정 주기와 적용 시기가 다르기 때문이다.

종속변수로서 통일교육은 남북관계 변화에 능동적으로 대응하지 못했다. 남북관계가 단절된 지 오래지만 여전히 통일 필요성을 강조하고 통일 의지 함양을 주요한 목표로 설정한 통일교육이 진행되고 있다. 북한이 남북공동연락사무소와 남북 간 도로와 철로를 폭파했다는 뉴스를 듣고 온 학생들에게 통일의 필요성을 막연하게 이야기해야 하는 어색한 상황이 계속되고 있다.

이 글에서는 역동적이면서도 복잡하게 변화하고 있는 남북관계 상황에서도 지속 가능한 통일교육의 방향과 이를 제도화할 방안을 제시하겠다. 2절에서는 제도적 측면에서 통일교육의 현황을 살펴보고, 3절에서는 통일교육 제도의 문제를 제시할 것이다. 이어 4절에서는 남북관계 변화에도 지속 가능한 통일교육을 위한 제도 개선 방안을 제시할 것이다.

## 2. 통일교육 제도의 복잡성과 모순성

### 통일교육 관련 규범에서 상반된 관점의 공존

통일교육은 어떤 법률과 제도의 영향을 받을까? 일반적으로 학교교육은 국가 수준의 교육과정에 제시된 방향, 목표, 내용에 따라 진행된다. 그러나 학교 통일교육 관련 교육목표와 내용은 교육과정 이외에도 다양한 규범의 영향을 동시에 받는다.

**학교 통일교육의 규범 체계**

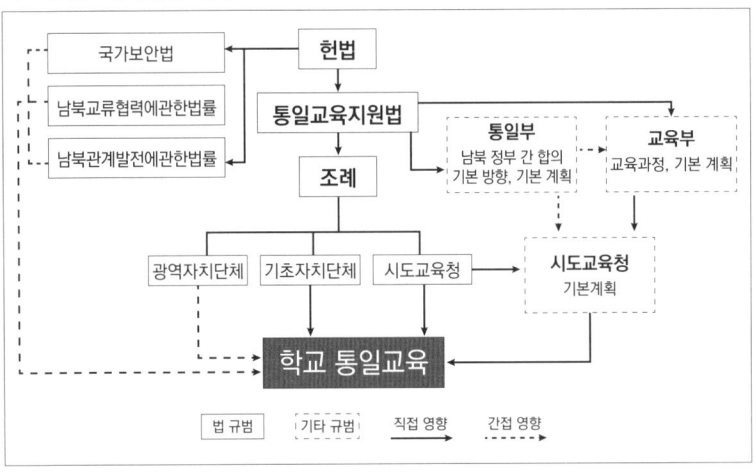

한반도와 그 부속 도서를 대한민국 영토로 규정하고 있는 「헌법」 제3조, 북한을 반국가단체로 해석하는 「국가보안법」, '자유민주주의'와 '건전한 안보관 확립'을 강조하는 「통일교육지원법」 등은 광복 이후 서

로 다른 정부 수립, 6.25 전쟁과 정전협정, 지속된 남북 간 긴장과 갈등의 경험과 조화를 이루며 적대적 남북관계 인식의 원천이 되고 있다. 이러한 규범은 북한에 대한 경계와 적대에 기초한 남북관계를 정당화한다.

한편, 7·4 남북 공동성명, 남북기본합의서, 여러 차례의 정상회담을 통해 도출된 정상 선언문, 다양한 분야에서 교류 협력의 경험 등은 '평화적 통일'을 강조하는 「헌법」, 「남북교류협력에 관한 법률」, 「남북관계 발전에 관한 법률」 등의 규범과 조화를 이루며 남북관계에서 상호 존중과 공존의 정신을 담고 있다. 이러한 규범은 대화상대로서 북한을 인정하고 협력적 관계를 형성하고자 하는 힘의 원천이 되고 있다.

이처럼 통일교육을 규율하는 규범에서 서로 다른 지향점이 혼재하는 상황이 수십 년 이상 지속되면서 통일교육은 상반된 관점을 시기에 따라 강조점을 달리해 오는 가운데 학교 교육에 혼돈을 초래하고 있다.

### 존재론적 접근의 통일교육

사람들은 같은 의미의 '통일'을 말하고 있을까? 그들이 바라보는 '북한'은 같은 모습일까? 통일교육에서 '통일'의 의미와 '북한' 인식은 매우 중요하다. 다양한 통일관, 북한관이 경쟁하고 대립하고 있기 때문이다. 그런데 통일교육은 어느 하나만을 옳은 것으로 설정하고 가르치려는 경향이 강했다. 교육 주체들이 남북관계의 복잡성만큼이나 다양한 통일 인식, 북한 인식을 보이는 상황에서 하나의 정답만을 제시할 때 교육은 어려워진다.

서로 다른 통일관이 경쟁하고 대립한다. 어떤 통일인가에 대해 흡수통일, 평화통일, 무력통일 등 다양한 통일 개념이 등장한다. 관련 규범의 일부 조항들이 서로 다른 통일 개념을 정당화한다.「헌법」전문에 제시된 '평화적 통일'은 평화통일을 뒷받침하고,「통일교육지원법」의 '자유민주주의에 대한 신념'과 '건전한 안보관' 강조는 흡수통일로 자연스럽게 이어진다. 통일의 상이 다를 수 있지만 어느 하나를 '올바른' 것으로 설정하고 당위성과 필요성을 강조하는 일이 반복될 때 교육은 어렵다.

북한에 대해서도 서로 다른 관점이 경쟁하고 대립한다. 관련 규범에서 북한은 적대대상, 경계대상이 되기도 하고 협력대상, 대화상대가 되기도 한다. 북한 인식의 다양성은 자연스러운 것이지만 규범 체계에서 다양한 북한에 대한 관점이 공유되고 토론되기 어려운 현실이다.

상호인정과 존중, 대화와 협력에 방점을 찍을 때 평화통일을 정당화하는 것으로 이해되고, 북한을 경계하고 경쟁에서 이기는 것을 강조할 때 흡수통일을 정당화하게 된다. 학교 안에서 학생들에게 전달되는 북한 관련 정보가 매우 제한적이고 추상적인 가운데 학교 밖에는 사실 여부를 확인하기 어려운 정보가 넘쳐나고 있다. 이러한 상황에서 북한에 대해 가르칠수록 반북(反北)적이고 혐북(嫌北)적인 인식을 보이기도 한다.

### 통일교육 관련 교육과정의 하향식 편성

통일교육의 목표, 내용, 방법을 누가 정해야 할까? 국가 교육과정 편성이 하향식으로 이뤄지는 것은 일면 타당해 보인다. 교육과정 개정이 사회 변화와 국가 사회적 요구를 반영한 결과이기 때문이다. 그러나 교육과정 개정 과정에 교사, 학생, 학부모의 목소리를 함께 반영해야 한다. 통일교육은 다른 목소리를 반영하려는 노력을 게을리했다.

통일교육의 개념은 「통일교육지원법」 제2조에 다음과 같이 명시되어 있다.

> '통일교육'이란 자유민주주의에 대한 신념과 민족공동체의식 및 건전한 안보관을 바탕으로 통일을 이룩하는 데 필요한 가치관과 태도를 기르도록 하기 위한 교육을 말한다.

정권 교체 시기마다 통일부는 관련 법규범을 새 정부의 지향에 맞게 재해석하여 이전과 다른 지침을 제시한다. '자유민주주의에 대한 신념'과 '건전한 안보관'에 방점을 두기도 하고 '민족공동체의식'에 방점을 두기도 한다. 이 과정에서 교육과정 연구자, 통일교육 전문가, 학생과 교사, 학부모 등 교육 주체의 요구를 반영하기란 매우 어렵다.

학생들은 백지상태로 학교에 오지 않는다. 학생들은 학교 안과 밖에서 통일, 북한, 남북관계 관련 다양한 정보를 실시간으로 접한다. 어려서부터 대북정책, 통일정책에 대한 부모의 반응을 일상적으로 접한다. 그 과정에서 학생들은 자신만의 북한관, 통일관을 형성해 간다. 우리는 지금까지 학생들의 마음속에 이미 형성된 지식의 구조에 관심을 갖지 못했다.

우리 사회에서 북한과 통일에 대해 서로 다른 관점이 대립하고 갈등하는 상황에서 통일교육 관련 교육과정은 경직되어 있고 규범과 제도가 일치하지 않거나 충돌하는 경우가 많아 어려움이 가중되고 있다.

교육 주체들의 인식과 무관하게 특정 관점에 바탕을 두고 위에서 아래로 내리는 방식의 통일교육 방향, 목표, 내용은 학생은 물론 교사들로부터 동의를 얻지 못한다. 이러한 상황에서 교육 주체들의 적극적인 참여를 기대하기 어렵다. 소모적인 논쟁 가능성을 함축한 통일, 북한 관련 논의를 다루는 데 소극적인 자세를 보이게 된다.

## 3. 통일의식 함양과 거리가 먼 통일교육

### 보편성을 상실한 통일교육

같은 주제에 대해 어제와 오늘 수업한 내용이 다르다면 어떤 일이 벌어질까? 교육목표와 내용은 일관성 있고 보편타당해야 한다. 어제는 친구로서 북한을 강조하고 오늘은 적으로서 북한을 소개한다면 이는 보편적이지 않다. 그러나 통일교육의 핵심 목표와 내용은 시기마다 달랐다.

남북분단의 역사에서 통일교육은 반공교육, 승공통일교육, 멸공교육, 안보교육, 통일안보교육, 통일교육, 민족공동체교육, 북한이해교육, 평화통일교육, 탈분단교육, 평화·통일교육 등과 같이 다양한 이름을 가졌다. 이러한 이름에는 북한을 어떤 대상으로 인식하고 어떤 통일을 어떻게 할 것인가를 반영하고 있다.

보수 정부 집권 시에는 북한을 경계 혹은 적대 대상으로 여기는 관점을 강조하고 남한 중심의 흡수통일을 정당화했다. 진보 정부 집권 시에는 북한을 대화상대로 인정하고 평화적인 통일을 정당화했다. 시민들은 저마다 보수적이거나 진보적인 견해를 갖고 있다. 통일교육은 이러한 관점 중 어느 하나만을 강조하는 일을 반복하면서 일관성을 상실했다.

한편 통일교육은 다문화교육, 세계시민교육 등 범교과 주제와 조화를 이루지 못한다. 예를 들어 민주시민교육은 문화 이해에서 다양성 존중을 중요하게 강조하지만, 통일교육에서 다양성의 가치를 찾기 어렵다. 북한의 사회·문화에 대한 소개는 매우 소극적으로 다루며, 추상적이고 관행적으로 박제된 일부 모습만을 비판적 관점에서 소개하는 경우가 많다.

## 북한을 다루는 데 소극적인 통일교육

북한을 잘 알지 못하면서 통일을 이야기할 수 있을까? 통일 논의의 주요 당사자는 남한과 북한이다. 북한에 대한 이해 없이 이루어지는 통일교육은 사상누각(沙上樓閣)이 될 수밖에 없다. 상대에 대한 이해 없이 남한 사회 내에서만의 통일 논의는 실효성을 갖기 어렵기 때문이다.

「통일교육지원법」은 통일교육의 정의와 기본 원칙을 제시하고 통일교육 활성화를 위한 제도적 차원의 책무를 제시하고 있지만 북한을 어떻게 이해하고 어떻게 가르쳐야 하는가에 대해 다루지 않는다. 2022 개정 교육과정에서도 도덕, 사회 등에서 통일 필요성, 바람직한 통일 방법, 통일을 위한 노력 등을 다루지만 북한 사회 이해를 위한 내용은 없다. 사회과의 지리 영역에서 북한의 자연환경과 인문환경을 일부 다루지만, 북한 사회에 대한 이해라 하기 어렵다.

교육과정에서 북한 이해를 위한 내용 요소를 제시하지 않는 상황에서 교사들이 자발적으로 북한에 관한 다양한 자료를 수집해서 수업 중에 가르치는 것은 매우 어렵다. 통일교육에서 다뤄지는 수업자료가 「국가보안법」, 「통일교육지원법」 등에 근거하여 편향성 논쟁에 휘말리는 경우가 잦은 상황에서 교사들은 이를 꺼린다.

설령 학생들에게 다양한 북한의 모습을 보여주고 싶은 의지를 가진 교사가 있더라도 북한에 대한 정보가 엄격하게 제한되어 유통되고 있는 현실에서 과거의 북한 현실을 현재의 모습인 것처럼 다루거나 일부의 사실을 확대하여 보편적인 북한 모습으로 전달하는 등의 오류를 저지르기도 한다.

### 교육 주체들로부터 외면받는 통일교육

통일교육은 구태의연(舊態依然)하다. 관련 주제와 소재가 한국 사회에서 뜨거운 논쟁이 될 때가 많은 상황에서 통일교육 정책 개선을 위한 노력은 미뤄져 왔다. 존재적론 접근을 통한 북한 이해, 통일 이해는 이념논쟁을 불러일으킬 가능성이 크고 교육 효과를 거두지 못했다.

이러한 상황 속에서 학생들은 통일교육을 불편해하고 부담스러워한다. 통일이 추상적인 개념이기도 하지만, 저마다 경험을 통해 북한에 대한 혐오 또는 반북의식을 가진 학생들은 평화통일의 당위성과 필요성을 강조하는 통일교육 방향에 쉽게 동의하지 못한다. 정부의 교육 방향과 교육과정이 학생 눈높이에 맞지 않고 다양한 관점을 포용하지 못하고 있다.

학부모들은 저마다의 기준으로 통일교육의 객관성을 평가하고 편향성을 우려한다. 평화적 통일을 기대하는 학부모는 안보에 우선 가치를 둔 교육에 반대할 가능성이 크다. 반북의식이 높은 학부모는 평화적인 통일의 필요성을 강조하고 사람 사는 세상의 하나로 북한을 이해시키고자 하는 교육활동에 문제를 제기하기도 한다.

중요한 것은 통일교육이 교사들로부터 외면받은 지 오래라는 점이다. 지향점에서 갈지자 행보를 해온 통일교육은 교사들에게도 정체성을 인정받지 못하고 있다. 교사를 국가 요구에 충실하게 복무하는 존재로 여기면서 정부 정책이나 교육과정에 제시된 통일 방향에 동의하지 않을 수 있음을 고려하지 못했다. 다양한 북한 인식, 통일 인식을 지닌 교사들은 특정 정부의 관점에 동의하지 않는 경우가 많다. 특히 "자유민주적 기본질서를 침해"할 경우 고발을 명시한 「통일교육지원법」제11조는 교사들이 통일교육에 소극적으로 응해야 할 이유를 더해주고 있다.

## 4. 관계론적 접근을 통한 지속 가능한 교육

### 지속 가능한 남북관계를 탐구하는 교육

존재론은 존재의 본질에 관해 연구하지만, 관계론은 사물이나 현상이 어떻게 서로 연결되는지에 관심을 둔다. 존재론적인 생각과 구조로서 통일, 북한을 이야기하기에 앞서 남북관계의 과거, 현재를 해석하고 어떤 미래를, 어떻게 만들어갈 것인가를 중심으로 한 관계론적 사고와 구조로 통일교육의 새로운 틀을 만들어야 한다.

통일교육의 궁극적인 목표와 원칙은 한반도와 연결되어 영향을 주고받는 모든 이들, 즉 한반도인 모두의 행복, 평화, 공존, 번영이 되어야 한다. 이러한 원칙에 따라 더 나은 학생의 삶을 위해 지속 가능한 남북관계를 탐구하는 교육으로 통일교육의 지향점을 새롭게 설정할 필요가 있다.

남북 간 긴장과 딜레마를 기본값으로 받아들이면서도 이를 지혜롭게 해결하여 상호 발전을 이룰 방안을 탐구해야 한다. 전쟁과 같은 폭력이 갖는 파괴성을 공유하고 북한과 어떤 관계를 만들어야 개인과 공동체를 더 풍요롭게 만들 수 있는가 탐구해야 한다.

남북관계를 탐구하는 교육은 과거와 현재를 비판적으로 이해하고 시민의 더 나은 삶을 위해 어떤 남북관계를 만들 것인가를 탐구한다. 통일, 북한, 남북관계를 바라보는 서로 다른 관점이 있음을 인정한다. 안보를 우선하는 태도와 평화를 우선하는 태도, 통일에 찬성하는 태도와 반대하는 태도, 모두를 존중하므로 다양한 견해를 가진 이들이 수업에 적극적으로 참여할 수 있다.

### 남북관계교육을 위한 제도 보완 방안

통일은 헌법적 가치이다. 아주 오랫동안 같은 공동체를 이루어 살아오는 가운데 형성된 남과 북의 공유된 정서 또한 매우 뿌리가 깊다. 현상적으로 통일을 반대하고 두 국가관계를 인정하는 사람들이 증가하고 있다는 이유로 등한시해서도 안 된다. 그렇다고 통일교육이 통일을 위한 교육, 즉 통일의지 함양을 우선 가치로 내세우고 학교 교육에 적용하는 현실을 정당화할 수 없다. 교육목표와 내용이 보편성을 확보한 가운데 목표 도달에 효과적인 방법을 제도화해야 한다.

이러한 관점에서 존재론적 접근에서 관계론적 접근으로 규범을 개정해야 한다. 통일을 지향하되 현실의 교육 주체들이 공감하며 참여할 수 있는 통일교육의 기본 원칙을 수립하고 관련 규범에 반영해야 한다. 구체적인 교육 전략으로서 남북관계를 탐구하는 교육으로 통일교육 정의를 재개념화하여 「통일교육지원법」과 정부의 계획에 반영해야 한다.

「국가보안법」제7조 '찬양·고무 등', 「통일교육지원법」제11조 '고발 등'에 관한 조항은 폐지되어야 한다. 이러한 규범은 실존하는 북한의 실체를 인정하지 않거나 북한과의 대화를 근본적으로 봉쇄할 것을 정당화할 수 있다. 부정적인 북한 모습을 소개하는 것은 정당화하지만, 학생들의 공감을 얻을 만한 북한의 일부 사회문화를 소개하는 것을 어렵게 하여 균형 있는 북한 이해 교육에 걸림돌이 된다.

국가교육위원회가 학교 통일교육을 주관해야 한다. 통일교육은 사회적 합의를 통해 교육 비전과 중장기 정책 방향, 교육제도 개선을 지향하는 국가교육위원회의 설립 취지에 맞다. 국가교육위원회가 통일교육 방향을 설정하고 교육부, 시도교육청, 일선 학교는 이를 실행해야 한다. 이를 통해 정권 교체기 교육 방향의 급격한 변화를 막고 통일교육의 독립성과 중립성을 확보할 수 있다.

국립통일교육원은 국가교육위원회가 새롭게 설정할 통일교육의 비전을 수용하여 사회 통일교육 전담 기관으로 전환되어야 한다. 사회

통일교육을 기본 업무로 설정하고 통일교육 강사 양성, 지자체와 협력을 통한 통일교육 활성화, 지역 통일관의 효율적 운영 지원, 시민단체의 교육활동 지원 등에 주력할 필요가 있다.

## 북한이해를 위한 접근법 변화와 방법의 다양화

통일교육 제도 중 학교 교육과 가장 밀접한 것은 국가 수준의 교과 교육과정이다. 앞서 언급하였듯이 교육과정에서 북한의 사회생활과 북한 사람들을 이해할 수 있는 북한이해교육이 소극적으로 반영되고 있는 상황에서 통일교육은 매우 추상적일 수밖에 없다.

관계론적 관점에서 북한은 남한 사람들의 일생에서 떼놓고 생각할 수 없는 상호 의존적인 관계의 한 축이라는 점을 인식하도록 할 필요가 있다. 북한과의 관계는 개인과 공동체의 삶에 밀접한 영향을 미치므로 관계를 개선하지 않으면 문제는 지속될 수밖에 없음을 다뤄야 한다.

북한에 관한 정보를 점진적으로 개방해야 한다. 북한의 TV 프로그램이나 언론 기사를 교사들이 직접 관찰하고 해석하여 수업에 활용할 수 있도록 제도화하고 일반 시민에게도 점진적으로 개방할 필요가 있다. 이러한 조치는 북한 당국이 남한 시민들을 의식하게 만들어 언론 보도 관행에서 긍정적인 변화를 이끌 수도 있다.

학생 눈높이에서 관심 가는 북한의 모습을 다양하게 다루어야 한다. 정형화된 북한의 모습을 하나로 설정하고 가르쳐서는 안 된다. 어느 사회나 긍정적인 모습과 부정적인 모습이 동시에 있듯이 북한 또한 그러할 수 있음을 관찰하고 이해할 수 있도록 도와야 한다. 이를 위해 학생 눈높이에서 관심 있는 다양한 북한 사회의 모습과 변화를 다룰 필요가 있다.

교과 교육과정의 다양한 영역에서 북한 사회를 접촉할 기회를 확대해야 한다. 북한 체제 이해 중심에서 북한 사람들의 일상생활 이해 중심으로 교육 내용을 바꿀 필요가 있다. 아울러, 남북 간 교류 협력을 실질적으로 진행하여 직접적이고 간접적인 북한 사회 체험 기회를 확대해야 한다.

## 5. 지속 가능한 통일교육을 위하여

이 장에서는 통일교육 관련 제도를 중심으로 현실과 문제점을 분석하고 리빌딩 방안을 제시해 보았다.

첫째, 지속 가능한 남북관계를 탐구하는 교육으로 교육의 방향을 전환해야 한다. 추상적이고 막연하며 합의하기 어려운 통일을 상정하고 통일 필요성과 통일의지 함양에 초점을 둔 통일교육에서 벗어나야 한다. 통일을 포함하여 남북관계의 미래를 어떻게 만들어가야 학생들과 한반도인들의 삶이 더 나아질 수 있는가를 탐구하도록 하여 보편성을 확보해야 한다.

둘째, 교육 방향의 전환을 이뤄내기 위해 남한 중심적이고 보편성을 상실한 규범을 개선해야 한다. 「통일교육지원법」에 통일교육의 새로운 지향을 담고 「국가보안법」에서 북한을 실질적으로 인정하는 방향으로 규정을 개정해야 한다. 일관성 있는 통일교육을 위해 담당 기관을 국가교육위원회로 일원화하여 독립성과 중립성을 확보해야 한다.

셋째, 북한이해교육의 접근법과 방법을 바꾸어야 한다. 북한이 남한과 상호 의존적인 관계임을 인정하고 더 나은 관계를 만들기 위해 어떻게 해야 하는가를 중심으로 논의를 전환해야 한다. 이를 위해 북한에 관한 정보를 더 많은 사람들에게 개방하고 학생 눈높이를 고려하여 북한이해교육의 목표와 내용을 재설정하며 북한 사회 이해를 위한 직·간접적인 체험 기회를 확대해야 한다.

정권이 바뀔 때마다 지향점이 흔들리는 통일교육이 더 이상 반복되어서는 안 된다. 시민교육의 하나로서 통일교육은 우리 사회의 다양한 관점을 포용하는 가운데 모두의 행복과 평화로운 삶을 만들 방안을 탐구하도록 바뀌어야 한다.

통일교육 II
# 갈등과 분단 극복을 위한 통일교육이 되려면

변준희 / 평화바람 대표, 국립통일교육원 통일교육강사

## 1. 반공교육 받은 세대와 통일교육 받지 못한 세대

대한민국 「헌법」 전문(前文)은 '대한국민'에게 '조국의 민주개혁과 평화적 통일의 사명'이 있다는 선언으로 시작한다. 해방 이후 분단과 전쟁, 독재의 역사는 현대사의 가장 큰 비극이었기 때문이다. 「헌법」 제1장 제1, 2, 3조에서 국가의 3요소인 주권, 국민, 영토에 관해 언급하고, 그다음으로 '통일(제4조)'과 '평화(제5, 6조)'에 대해 규정할 정도로 통일과 평화는 「헌법」의 핵심 가치로 자리잡고 있다.

그러나 과연 그러한가? 실제로 대한민국 정부가 '평화'나 '통일'을 시대적 사명으로 여기고 있느냐 하는 말이다. 정말 그러하다면 왜 우리는 12년 간의 공교육 과정에서 민주시민교육이나 평화교육, 통일교육을 제대로 접할 기회를 갖지 못했던 것일까? 왜 이 나라에 평화학이나 통일학 과목이 개설된 학교가 이토록 적은 것일까? 왜 평화·통일 교육 강사들이 생계 문제로 다른 진로를 찾아 떠나거나 N잡러로 살아가야만 하는가?

대한민국 역사에서 멸공통일교육, 승공통일교육, 통일안보교육을 지나 '통일교육'이라는 용어가 정식으로 사용된 것은 1992년부터이다. 탈냉전이라는 국제 환경과 남북 간 체제경쟁 종결을 반영하여 대한민국 정부도 반공교육을 끝내고 통일교육을 시작한 것이다. 벌써 30여 년 전의 일이다. 문제는 반공교육을 받은 세대와 그 이후 세대가 '통일교육'을 제대로 받아볼 수 있는 기회를 충분히 갖지 못했다는 점이다.

'통일 정책'에 비해 '통일교육'은 항상 정치권의 관심 대상에서 소외되었고, 사회적 관심도도 낮았다. 예산 부족으로 통일교육전문강사의 강의는 한정된 소수에게만 제공되었다. 국민의 통일의식과 지지가 뒷받침되지 않는 통일정책은 추진 동력에 한계가 있다는 사실을 정치지도자들은 충분히 인식하지 못했다. 정부와 국회는 통일교육이 '통합을 위한 교육'이 아니라 '갈등 유발 교육'이 되도록 이용하거나 방치했다.

나는 스물세 살, 대학교 졸업을 한 달여 앞두고 동아리에서 받은 통일교육을 통해 분단 무감각증에서 비로소 깨어날 수 있었다. 서른 무렵 통일학을 공부하며 북한과 통일문제에 대한 편협하고 왜곡된 지식을 깨뜨리느라 혼란스러웠다. 마흔이 되어서야 평화학을 공부하며 평화가 우리 일상의 삶과 얼마나 맞닿아 있는지를 실감했다. 그때마다 내 안에 의문이 생겼다. 왜 이렇게 중요한 것들을 학교에서 배우지 못했을까?

평화학자 이동기 교수는 '냉전과 분단의 근본 원인은 쌍방 간의 인지 오류와 그것을 낳은 공포와 불안, 그것으로 인한 불신과 소통 실패'

라고 진단했다. 공포와 불안은 전염이 빠르고 오래가며, 과거 경험에 기초해 집단적으로 학습되고 전승되는 것이다. 그것은 실제의 위협 또는 가상의 위험과도 관련 있고, '정보 부족'이나 '왜곡'도 공포와 불안을 강화한다. 남남갈등과 남북 갈등이 유발되는 마음속에 이 공포와 불안이 자리하고 있다.

대한민국 정부는 오랜 기간 반공교육을 통해 국민의 마음속에 공산주의자들에 대한 혐오와 악마적 이미지를 전달했다. 시대가 변했지만 우리의 교육 환경은 얼마나 바뀌었는가? 입시전쟁과 경쟁교육 속에서 평화·통일교육이 들어설 자리가 있기는 한 걸까? 국가는 과거 멸공·승공·안보교육을 받은 국민과, 미래 세대에게 통일교육을 충분히 제공해야 할 책임이 있다.

평화통일교육의 중요성을 외면하는 정부에게 묻고 싶다. 평화와 통일에 대한 배움 없이 갈등과 분단을 극복할 수 있는가? 체계적인 강사 양성 과정 없이 통일교육의 전문성을 담보할 수 있는가? 통일교육 강사는 왜 근로자로 인정받지 못하는가? 이러한 문제의식 하에 통일교육의 현황과 문제점을 살펴보고, 개선 방안을 제안하고자 한다.

## 2. 갈등과 분단 극복을 위한 평화통일교육의 부재

### 대한민국은 갈등공화국

한국 사회의 갈등 문제가 심각하다는 진단은 오래전부터 지속적으로 제기되어 왔다. 'OECD 가입국 갈등지수(2016)'에서 한국의 갈등 지수는 30개국 중 멕시코와 이스라엘 다음으로 3위였다. 갈등 지수가 최상위권이었던 것에 비해 갈등관리 지수는 27위로 최하위권에 자리했다. 한국은 갈등의 정도가 높은데 갈등관리는 잘되지 않는 상황이니, 사전에 갈등을 제어하고 정부의 갈등관리 능력을 높여야 한다는 진단도 함께 발표되었다.

영국킹스컬리지가 발간한 보고서 'Cultural wars around the world: how countries perceive divisions, 2021'에도 한국은 세계 최악의 갈등 국가로 선정된 바 있다. '2021 한국인의 공공갈등 의식조사'에서 응답자들은 우리 사회의 집단 간 갈등이 심각한 수준이라고 답하며 바통을 이어받는 차기 정부가 반드시 해결해야 할 국가적 과제로 '통합'을 주문했다.

그런데 2022년 제20대 대통령 선거를 앞두고 뜬금없이 '멸공' 구호가 등장했다. 윤석열 후보가 SNS에 멸공 챌린지를 이어가며 자신의 대북관을 드러낸 것이다. 이승만(1948년~1960년)은 '멸공'을 내세워 학살과 전쟁, 독재를 했고, 결국 불의와 폭력에 저항한 민주주의 시민혁명으로 탄핵당했다. 그런데 윤석열(2022~2025)이 60~70년 전 멸공 구호를 내세워 대통령에 당선되고 비상계엄을 선포해 남남 갈등이 격화된 것이다.

우리는 목도했다. 자유를 말하며 자유를 억압하고, 민주주의를 말하며 민주주의를 파괴하며, 평화를 말하며 폭력을 정당화하는 이들을 말이다. 그들은 헌법 수호를 말하며 불법을 자행하며, 통일을 말하면서 북한을 존중할 줄 모른다. 치열한 경쟁과 빠른 성장을 추구하며 달려오는 가운데 우리의 교육은 중요한 것을 놓치고 말았다. 삶에서 정말 중요한 가치들, '자유, 민주주의, 평화, 통일' 등 그 이름 속에 내재된

뭉클한 역사와 풍성한 의미를 알아갈 시간과 기회를 갖지 못한 것이다.

오염된 말은 삭제한다고 해서 사라지는 것이 아니다. 그 말의 진정한 의미를 일깨워주어야 하는 것이다. '평화'에는 '모든 종류의 폭력이 없거나 폭력이 감소하는 것', '갈등 상황에서 폭력을 사용하지 않고 공감과 창조성을 통해 전환하는 것'이라는 의미가 있다. 그러나 우리 정치와 사회가 갈등을 해결하는 방식은 어떠한가? 상대를 '적'으로 인식하며 협상과 조정 같은 이성적이고 합리적인 해결보다는 힘으로 제압하려는 폭력적 갈등해결 방식을 보이고 있지 않은가?

갈등 문제가 초래하는 사회적 비용은 엄청나다. 갈등공화국인 대한민국에도 판단 능력과 평화·통일 역량을 강화할 수 있는 교육이 절실하다. 더 이상 지체할 시간이 없다.

### 분단 상황에 무감각해지는 사람들

서울대학교 통일평화연구원은 2007년부터 매년 성인남녀 1,200명을 대상으로 통일의식조사를 실시하고 있다. 2018년 남북정상회담 영향으로 통일 인식이 눈에 띄게 높아졌지만, 이후 꾸준히 하락세를 보였다. 2024년에는 통일이 '필요하다'고 응답한 비율은 36.9%로 2007년 조사 시작 이래 최저치를 기록했다. 반면 통일이 '필요하지 않다'고 응답한 비율은 35%로 조사 이래 가장 높았다.

'시기별' 조사와 함께 주목해서 살펴볼 것은 '연령별' 통일의 필요성 공감 비율이다. 유독 2024년에는 세대를 막론하고 통일의 필요성 공감 비율이 모두 하락한 것을 확인할 수 있다. 나이가 많을수록 통일의 필요성에 공감하는 비율이 높고, 젊은 세대일수록 공감 비율이 낮다. 19~29세의 통일 공감대는 2018년 54.2%에서 2024년 22.4%로 무려 31.8%나 하락했다.

**통일의 필요성 공감 비율**

|  | 2018년 | 2019년 | 2020년 | 2021년 | 2022년 | 2023년 | 2024년 |
|---|---|---|---|---|---|---|---|
| 19~29세 | 54.2% | 41.1% | 33.9% | 28.0% | 27.8% | 27.8% | 22.4% |
| 30대 | 52.9% | 38.3% | 43.0% | 41.2% | 33.9% | 34.0% | 23.9% |
| 40대 | 58.7% | 54.1% | 57.3% | 45.5% | 50.3% | 43.1% | 36.9% |
| 50대 | 69.4% | 62% | 62.5% | 46.5% | 50.4% | 52.5% | 43.6% |
| 60대 이상 | 62.1% | 66.8% | 61.4% | 57.0% | 61.2% | 54.8% | 49.0% |

*출처: 서울대학교 통일평화연구원 「2024년 통일의식조사」 참고로 재정리

2030 세대에서 통일이 필요하다고 응답한 비율은 22~24%에 불과하다. 통일의식은 대북 인식과 남북 관계에 따른 영향을 많이 받는 것이 사실이다. 하지만 그것만이 통일 인식이 낮아지는 원인의 전부는 아니다. 분단의 시간이 길어짐에 따라 점점 분단 폭력에 무감각해지는 것도 큰 원인이다. 민주주의 국가에서 국민이 동의하지 않는 통일이 가능할 수 있는가? 통일 인식 변화가 없다면 통일이 불가능하다는 진실을 정직하게 마주해야 한다.

### 기성세대와 미래세대의 통일 인식 차이

통일부와 교육부가 실시한 「2023년 학교 통일교육 실태조사」에 따르면 초·중·고학생들 중 분단 상황이 자신의 삶에 '영향을 준다(33.0%)'

는 응답보다 '영향을 주지 않는다(36.8%)'고 응답한 비율이 더 높았다. 분단 체제는 사회 갈등과 폭력 등 많은 문제의 근본 원인이고 우리 삶과 연결된 문제임에도 이에 대한 공감대 형성이 충분히 이루어지지 않고 있는 것이다.

기성세대와 미래세대의 통일 인식 중 가장 큰 차이를 보이는 것은 '통일'의 이미지와 의미에 대한 부분이다. 성인이 '통일'이라는 용어를 사용할 때 '남북이 하나의 국가로 합쳐지는 것(60.0%)'을 떠올린다. 그러나 초·중·고 학생들은 '하나의 나라가 된 상태가 아니더라도(77.7%)' 남북의 사람들이 자유롭게 오갈 수 있고, 남북 간 군사적 대립이 없으며, 경제·사회·문화적으로 활발히 협력하는 상태를 통일로 인식하는 경향이 있다. 소통 시 오해를 줄이기 위해서라도 '과정을 포함하는 통일 개념' 확산이 필요하다.

**성인과 초·중·고 학생이 생각하는 통일 이미지 차이**

| 성인이 생각하는 통일 | | 초·중·고 학생이 생각하는 통일 | |
|---|---|---|---|
| 남북이 하나의 국가로 합쳐지는 것 | 60.3% | 남북이 하나의 나라가 된 상태 | 19.3% |
| 남북 간 경제협력이 심화되는 것 | 12.7% | 남북이 경제, 사회, 문화적으로 활발하게 협력하는 상태 | 17.4% |
| 사람과 물자가 자유롭게 왕래하는 것 | 21.3% | 남북의 사람들이 자유롭게 오갈 수 있는 상태 | 30.6% |
| 가치, 문화, 교육이 서로 가까워지는 것 | 5.8% | 남북 사이에 군사적 대립이 없는 상태 | 29.7% |

*출처: 서울대학교 통일평화연구원 「2023년 통일의식조사」, 통일부·교육부 「2023년 학교 통일교육 실태조사」 참고로 재정리

통일의 필요성을 모르거나 통일에 관심 없는 이유에 대해서는 '통일이 필요한지, 필요하지 않은지 잘 판단하기 어려워서(42.5%)'라고 응답한 학생들이 가장 많았다. 판단 능력을 길러주는 통일교육이 절실한 이유다.

## 3. 통일교육 강사 양성·지원 체계 문제

### 실적과 양 중심의 통일교육 강사 양성 체계

통일교육은 매우 전문적인 영역이다. 평화와 통일이라는 방대한 분야에 대한 전문 지식을 갖고 있어야 하고, 말과 행동에서 드러나는 평화 통일 역량을 겸비해야 한다. 통일교육 지침을 숙지하고 있어야 하며, 현장에서 물어보는 다양한 질문들에 대해 적절하게 대답할 수 있도록 준비되어야 한다. 그러한 능력과 자질은 하루아침에 이루어지는 것이 아니다. 이를 위해 강사 선발 및 양성 과정이 체계적이어야 하고 강사가 지속적으로 성장할 수 있는 근로환경이 필수적이다. 그러나 현실은 전혀 그렇지 못하다.

지금까지 진행되어 온 통일교육 사업의 가장 큰 문제점을 꼽자면 '사람 중심이 아닌 실적 중심'으로 진행되었다는 점이다. 통일부는 매년 〈통일교육 기본계획〉을 발표한다. 자료에는 올해 운영계획뿐만 아니라 매년 전년도 '성과 및 현황'을 발표하게 되어있다. 통일부 예산은 많지 않은 데다가 공무원들은 계획을 설립하고 성과를 내야 하는 책임을 지므로 '질적, 교육적 목표'보다는 '양적, 성과적 목표'에 더 치중하게 된다.

이 때문에 도무지 이해할 수 없는 방식으로 운영되는 부분이 많다. 첫째, 이미 배출된 통일교육강사의 전문성 강화와 지원 예산이 부족한 상황에서 강사를 매년 새롭게 양성해 인원만 늘리는 것이다. 국립통일교육원 학교 통일교육강사의 경우 1차 선발을 통해 강사를 양성하고 통일교육 전문강사 자격을 부여하지만, 그중 대략 10% 내외의 강사만 2차 선발해 실질적 강의를 배정해 준다. 어렵게 10% 이내에 들었다 해도 소규모의 강의만 배정받기 때문에 전업으로 활동할 수 없다.

특히 정권이 바뀔 때마다 새로운 이름으로 전문강사 과정을 추가 개설하는 일이 반복되었다. 그러나 예산이 부족한 상황에서 강사만 늘리다 보니 배정되는 강의가 부족해졌고, 결국 강사들은 다른 일을 찾아 나서는 악순환이 이어졌다. 그럼에도 실적 중심의 강사 양성은 계속되는 문제가 있었다.

둘째, 중차대한 통일 문제를 교육하는 인재를 양성한다고 보기에는 믿을 수 없을 만큼의 허술한 양성 체계다. 우리나라에 북한학과나 통일학과가 많지 않기 때문에 선발된 강사 중에는 관련 분야 전공자가 아닌 사람도 많다. 북한이탈주민 강사의 경우 더욱 그렇다. 그런데 통일부 국립통일교육원 '통일교육전문강사 양성 과정' 기간이 고작 1개월 내외이고, 그 후 실제적으로 현장에 투입되는 강사에 대한 별도의 체계적인 교육과정이 없다. 약 3개월 내외로 진행되는 신입 강사 참관 교육과 이후 2년에 한 번 3일에 걸쳐 진행되는 필수교육 이수가 전부이다.

### 열악한 통일교육강사 지원 체계

「통일교육지원법」 제9조의 2(통일교육 전문강사의 양성)는 다음과 같은 세 개의 항으로 구성되어 있다. ① 통일부장관은 통일교육 전문과정을 개설하여 수료자에게 통일교육 전문강사 자격을 부여 ② 제1항에 따라 자격을 부여한 전문강사를 대상으로 재교육 등 지속적인 관리 ③ 제2항에 따른 재교육 등에 관한 구체적인 사항은 통일부장관이 정한다는 내용이다. 가만히 살펴보라. 이상하지 않은가? 통일교육 전문강사 양성과 관리에 대한 부분은 있는데 지원에 대한 내용이 전무하다.

그나마 2010년 출범 이래 통일부 재원으로 지속적으로 강의 배정과 교육이 진행되고 있는 국립통일교육원 통일교육강사도 프리랜서로 활동한다. 학교통일교육 강사들의 경우 1년 중 4~5개월은 강의가 배정되지 않는다. 학교 교사들은 방학 중에도 월급이나 수당이 지급되지만 학교 통일교육을 담당하는 강사들에게는 아무런 지원이 없다. 프리랜서라 4대 보험도 가입되지 않으니 복지의 사각지대에 놓여있고 실력이나 경력에 따른 혜택이 없다. 이 때문에 오래 숙련된 통일교육 전문강사들도 현실적 문제로 강사 활동을 중단한 이들이 많다. 활동 중인 강사 대다수가 N잡러로 살아갈 수밖에 없는 열악한 통일교육강사 지원체계를 개선해야 한다.

통일교육위원의 경우 「통일교육지원법」 제10조의2 ②-1에 근거하여 '통일교육 활동에 적극 참여'만 해도 자격이 부여된다. 2년에 한 번씩 위촉하고 서류 심사만으로 700명~1,000명 내외의 인원을 선발하니 면밀한 검증이 어렵다. 통일교육 전문강사처럼 필수 양성과정을 수료해야 하거나 재교육 관리 대상도 아니다. 그런데 ③-1에 '통일교육의 실시'라는 자격을 부여했다. 충분한 검증 및 관리 없이 통일교육 실시 권한을 부여하는 문제와 위촉 후에도 직함을 가질 뿐 실질적 지원을 받지 못하는 문제가 있다.

국립통일교육원 통일교육강사(학교 담당) 양성과정 및 지원 상황

| 과정 | 1차 선발 | 전문강사 양성 | 2차 선발 | 강의 참관, 대기 | 강의 실행 | 필수 재교육 |
|---|---|---|---|---|---|---|
| 연간 인원 | 20~50명 내외 | 20~50명 내외 | 5~10명 내외 | 5~10명 내외 | 55명 (2024년 2학기 기준 북한 이해 26명, 통일 문제 29명) | |
| 기간 | | 약 1개월 | | 약 3개월 내외 | 연간 7개월 내외 | 3일 내외 (2년 1회) |
| 급여 및 수당 | | 없음 | | 없음 여비, 교통비 지급 | 기본 급여 없음 강사 인건비, 여비, 교통비, 숙박비지급 | 없음 |

## 평화통일교육의 중요성에 대한 인식 부족

대한민국 「헌법」이 '평화적 통일'을 명시하고 있음에도 정부 차원에서 진행하는 통일교육 이름 앞에는 오랜 기간 '평화'가 자리하지 못했다. 정치적인 이유였다. 2018년 통일교육지침서의 제목에 처음으로 '평화'가 자리하는 감격적인 사건이 있었지만 이번에는 '통일'이란 이름들이 위협받았다. 정권이 교체되자 다시 통일교육지침서 제목에서 '평화'는 삭제되고 말았다.

「통일교육지원법」 제2조는 통일교육을 "자유민주주의에 대한 신념과 민족공동체 의식 및 건전한 안보관을 바탕으로 통일을 이룩하는 데 필요한 가치관과 태도를 기르도록 하기 위한 교육"으로 정의하고 있다. 그러나 '자유민주주의'를 내세우며 독재를 행사하고, '안보'를 내세우며 폭력을 정당화하며, '통일'이란 이름으로 북한체제 붕괴를 시도해 온 대한민국의 오랜 역사 속에서 얼마나 많은 국민이 이 말의 참뜻을 이해하고 있을까?

'통일'이라는 동일한 용어를 사용해도 통일 방향과 방법에 대한 올바른 이해가 없다면 국민은 분별력을 가질 수 없어 정치적으로 이용당하기 쉽다. 그럴 경우 통일은 오히려 폭력적인 의미로 소비될 수 있는 것이다.

북아일랜드는 상호이해교육과 통합교육으로 종파간 갈등을 극복해 평화협정을 맺을 수 있었다. 서독은 정치교육(민주시민교육)과 평화교육을 통해 내부적으로 국민통합을 이루고 동서독 간 적대와 대결을 극복해 통일했다. 유럽은 유럽공동체 시민의식을 함양하는 평생교육으로 통합역량을 키워나갈 수 있었다. 우리는 교육을 통해 무엇을 가르치고 있는가? 현장에서 활동하고 있는 강사로서 항상 느끼는 아쉬움은 평화통일교육 예산과 시간과 기회의 절대적 부족이다. 대통령이 네 번 바뀌어도 개선되지 않는 강사 양성·지원 체계다. 한마디로 대한민국 정부는 평화통일교육에 관심이 없다.

## 4. 평화통일교육 지원 체계 개선 방안

### 전문적이고 체계적인 평화통일교육 강사 양성과정

해방 이후 '멸공·반공·승공교육'으로 불리는 이념교육은 국가적 차원에서 이루어졌다. 1972년 7·4 남북 공동성명이 발표되면서 정부 차원에서 공식적으로 '평화'라는 말을 사용하게 된다. 하지만 여전히 독재정치와 반공교육을 지속하는 상황에서 비판적 평화교육은 정부 정책에 반하는 일로 여겨질 수 있었기 때문에 활발한 논의와 실행이 어려웠다. 한국의 평화·인권·민주주의 교육이 모색되고 싹틀 수 있었던 것은 연구자들과 학교 교사들의 의식적 노력, 시민사회의 평화운동 덕분이었다.

반공교육이 사라지고 '통일교육'이 공식적인 명칭으로 자리 잡게 된 것은 노태우 정부 시기 〈남북기본합의서〉가 채택(1992)되고 제6차 교육과정이 개정되면서부터이다. 이후 헌정 역사상 최초의 여야 정권 교체로 김대중 정부가 출범(1998)하고 통일교육이 전환점을 맞게 된다. 「통일교육지원법 시행령」, 통일교육협의회 창립, 평화교육과 통일교육 간 공동 연구와 교육 참여가 활발히 이루어진 것도 이 시기부터이다. 통일부 국립통일교육원 통일교육전문과정은 이명박 정부가 2010년에 시작한 이래 지속되고 있다.

이와 같은 역사를 고려했을 때도 국가적 차원에서 실시한 통일교육과 민간 차원에서 오랜 경험을 갖고 있는 평화교육·민주시민교육의 장점이 통합적으로 함께 이루어져야 보다 전문성 있는 평화통일교육이 가능하다. '자주, 평화, 민주'라는 대한민국 통일 원칙에서 드러나듯이 이것들 중 어느 하나라도 소홀히 할 수 없다. 따라서 정부 차원에서 진행하는 강사 양성 및 교육 과정에 적극적으로 민간전문가가 참여 및 주도하게 하고, 그 이론적 토대를 연구자들이 지원하며 협력하는 구조가 되어야 한다.

**평화통일교육강사 양성 및 교육과정 제안**

| 담당 | 국립통일교육원 | 민주평화통일교육원(가칭) | | |
|---|---|---|---|---|
| 과정 | 통일교육 전문과정 | 신입 강사 기본교육 | 활동 강사 역량 강화교육 | 활동 강사 파견 교육 |
| 기간 | 처음 1개월 | 초기 3개월 | 지속적 | 지속적 |
| 방법 | 정부 주도 | 민간 주도 | | |

현재 국립통일교육원이 진행하고 있는 기존의 '통일교육전문과정' 외에 '신입 강사 기본교육', '활동강사 역량 강화교육', '파견 교육'과 같이 체계적인 양성 과정이 필요하다. 물론 이것이 가능하려면 먼저 '신입 강사 기본교육 과정'과 '역량 강화 교육', '국내외 파견 교육' 프로그램을 담당하는 별도의 담당 기구를 만들고, 예산의 독립적 집행·운용 구조를 만들어 중립적이고 초당적으로 업무 수행 및 교육이 가능하도록 해야 한다.

이와 함께 반드시 실적과 양 중심 강사 양성을 중단해야 한다. 교육받는 강사들에게 단기적으로는 기본소득을 지급하고, 장기적으로는 기본급여 지급으로 교육에 전념할 수 있는 환경을 조성해야 한다.

## 평화통일교육 강사 처우 개선과 법·제도 개정

가장 시급한 것은 평화통일교육 강사들의 공신력을 높이고 처우를 개선하기 위해 법.제도를 개정하는 일이다. 첫째, 통일교육강사들에게 통일부장관 또는 국립통일교육원장 명의의 위촉장을 발급해야 한다. 현재 국립통일교육원 활동강사들은 「통일교육지원법」 제9조2에 따라 전문강사 자격을 부여받았지만, 15년째 수료증 외에 위촉장(임명장) 발급을 하지 않고 있다. 2년 한정으로 위촉되는 통일교육위원도 통일부장관 명의의 위촉장을 받는데, 지속적으로 활동하는 '통일교육전문강사'에게 위촉장을 주지 않는 것은 납득이 어렵다. '법교육 전문강사'의 경우 법무부장관으로부터 위촉장을 부여받는다.

둘째, 강사 인건비 지급 기준을 체계화하고, 현실 상황에 맞게 개선해야 한다. 통일부나 행정안전부, 지방자치인재개발원 등에서 급수별 '강사 인건비 지급 기준'이 있지만 각 기관에서 실제 지급되는 강사비는 그에 훨씬 미치지 못하는 경우가 많다. 물가는 매년 오르는데 강사비는 그대로다. 특히 학교 자체 강사비 지급 기준은 충격적일 만큼 비현실적이다. 여비, 숙박비 등의 지원 항목이 없어 지방 학교의 경우 통일교육전문강사를 초청하기 어려운 상황이다.

셋째, 교육 시간과 기회를 확대해야 한다. 학교에서 진행되는 2교시용 통일교육의 경우, 학교가 협조하면 하루에 최대 3회차를 진행할 수 있다. 서울에서 전라도, 경상도, 제주도까지 가서 한 학급만 교육하고 오는 것보다 최소 2~3회차로 여러 학급을 연이어 진행해야 더 효율적으로 많은 학생들에게 교육의 기회를 제공할 수 있다. 시민들을 대상으로 하는 교육 또한 기본 교육 시간과 다회차 교육이 늘어야 효과적인 교육이 가능하다.

넷째, 현실적으로는 다수의 통일교육 강사가 프리랜서로 활동할 수밖에 없는 현실에서 법제도 개정을 통한 근로환경 개선이 필요하다. 근본적인 변화를 위해서는 프리랜서 강사들도 「근로기준법」상 노동자로 인정받아 정당한 대우를 받도록 「근로기준법」을 개정해야 한다. 프리랜서 강사들은 모두 복지의 사각지대에 놓여있다. 단기적으로는 강사 인건비 체계를 현실적으로 조정하고, 장기적으로는 기본급여 지급과 4대 보험 가입 등 안정적인 환경에서 교육에 전념할 수 있도록 해야 한다.

마지막으로 현장에서 활동 중인 통일교육 강사들의 의견을 정기적으로 수렴하고 정책에 반영해야 한다. 누구보다 현장의 상황을 잘 알고 실제적인 문제점을 아는 것도 강사들이다. 그럼에도 이토록 열악한 통일교육 강사의 현실이 공론화되지 않은 이유는, 이들이 보호받을 수 있는 법·제도적 장치가 마련되어 있지 않아 목소리를 내기가 어렵기 때문이다. 하지만 이들의 목소리에 귀를 기울여야 평화통일교육 현장의 상황을 파악하고 대안을 마련할 수 있다.

### 평화통일교육 예산 마련과 실질적 운영 지원

평화통일교육은 특정인이 아닌 전 국민을 대상으로 한 평생교육이 되어야 한다. 교육을 받아야 학생들과 시민들이 평화와 통일문제에 관한 분별력을 갖고 역량을 키워 실질적으로 평화와 통일을 준비할 수 있다.

이를 위해 첫째, 평화통일교육 예산을 늘려야 한다. 현재 통일교육의 효과가 미미한 이유는 한정된 예산에서 소규모의 교육만 진행되고 있기 때문이다. 통일교육전문강사가 진행하는 교육의 수혜자는 극소수 일부에게 한정된다. 2025년 통일부 예산·기금안 주요 내용을 살펴보면 통일부 예산 1조 554억 중 통일교육 예산은 9.3%로 156억 원에 불과하다. 북한이탈주민 정착지원 예산 808억 원(48.2%), 이산가족 및 북한인권 등 인도적 문제해결 212억(12.6%), 정세분석 192억 원(11.5%)보다 낮다.

둘째, 학교 통일교육에 있어서 통일교육 학습 주제와 요구 시수를 법령 차원에서 구체적으로 밝혀야 한다. '2025학년도 범교과 학습 주제 편성·운영 안내'에 따르면 다른 주제에 비해 통일교육은 '의무'라고만 되어 있고 기준 시수가 명시되지 않은 채 '5시간 이상 운영 권장'으로 안내되었다. 이럴 경우 실제 통일교육 시간은 매우 미흡하거나 부재할 수 있다. 양성평등교육(15), 보건교육(17), 학교폭력예방교육(11), 생명존중 및 자살예방교육(6)과 비교해도 통일교육이 얼마나 경시되고 있는지 알 수 있다.

셋째, 초·중·고교 교사들 대상 평화통일교육을 의무화하고 대학수학능력시험에서 통일 관련 문제를 필수적으로 출제해야 한다. 학생들은 기본적으로 교사로부터 통일교육을 받아야 한다. 그렇다면 학교 교사들이 필수적으로 평화통일교육을 받도록 제도화하여 최소한 국립통일교육원에서 발간한 통일교육지침서 내용과 통일 원칙, 통일 방안 등 핵심 내용 정도는 숙지하도록 해야 한다. 수학능력시험에서도 통일 관련 문제를 두 문제라도 출제해야 학생들이 관련 내용을 학습할 기회가 많아진다.

넷째, 중고등학생과 대학생, 마을 시민들이 주도적으로 참여할 수 있는 평화·통일동아리 사업을 확대하고, '지도강사 및 교육 꾸러미'를 지원해야 한다. 평화와 통일 관련 다양한 주제들은 일회성의 교육에 다 담아낼 수 없다. 다회차의 평화·통일 동아리를 운영하면 지식 전달 중심이 아닌 역량을 강화하는 통일교육이 가능해 효과가 크다. 평화·통일동아리를 지원할 예산과, 이를 지도할 수 있는 평화·통일 지도강사, 관련 교구 및 도서로 이루어진 교육 꾸러미가 제공되면 곳곳에서 통일 리더가 양성될 수 있다.

다섯째, 평화·통일 관련 도서 확산이 매우 중요하다. 독서는 자기 주도적 학습이 가능한 가장 대표적인 도구이다. 한 사람의 세계관을 형성하는데 독서만큼 큰 영향을 주는 것도 드물다. 적은 비용으로 큰 교육효과를 얻을 수 있는 방법이기도 하다. 문제는 평화·통일 도서의 경우 학술서가 많아 어린이나 청소년, 일반 대중이 접할 수 있는 책이 많지 않다는 점이다. 좀 더 쉽고 다양한 종류의 평화·통일 도서가 출판될 수 있도록 장르별 공모전이나 작가 지원, 우수도서 선정 및 보급 등의 지원책이 필요하다.

## 5. 세상을 바꾸는 평화통일교육이 되려면

'대한국민'에게는 '평화적 통일의 사명'이 있다는 「헌법」 전문의 내용이 무색하게도 이제 다수의 사람들에게 있어서 분단은 불편하지 않고 통일은 간절하지 않다. 평화와 통일에 대한 배움 없이 전쟁과 분단을 극복할 수 있는가? 체계적인 강사 양성 과정 없이 통일교육의 전문성을 담보할 수 있는가? 통일교육 강사는 왜 근로자로 인정받지 못하는가? 앞서 이 같은 질문을 통해 평화통일교육의 실태와 문제점들을 진단했다. 그리고 우선적으로 개선되어야 할 몇 가지 방안을 제시하였다.

첫째, 민·관이 협력하는 체계적인 평화통일교육 강사 양성이 이루어져야 한다. 이를 위해 '통일교육 전문과정' 이외에도 '신입 강사 기본교육', '역량 강화교육', '파견 교육' 프로그램 개발과 지원을 제안했다. 둘째, 강사 처우 개선과 전문성 강화를 위한 법·제도 개정이 시급하다. 이를 위해 '위촉장 발급', '강사 인건비 체계 개선', '교육 시간과 기회 확대', 「근로기준법」과 「통일교육지원법」 개정', '강사 의견 수렴 및 정책 반영'이 필요하다. 셋째, 평화통일교육 예산 확보가 선행되어야 하고 실질적 운영 지원을 위해 '학교통일교육 시수 구체화', '교사 평화통일교육 의무화', '대학수학능력시험에서 통일 관련 문항 출제', '평화통일동아리 지원사업', '평화통일 관련 도서 확산'을 제안했다.

이 중 몇 가지는 어렵지 않게 개선이 가능한 것들인데도 정부의 무관심 속에 방치되었다. 특히 강사 지원 체계는 개선이 시급하다. 중요한 것은 대한민국 정부가 전 국민에게 전문적이고 체계적인 평화·통일교육을 제공하도록 책임을 다해야 한다는 점이다. 그렇지 않으면 시간이 갈수록 갈등과 분단을 극복하는 일은 더 요원한 일이 될지 모른다. 넬슨 만델라가 말했다. "교육은 세상을 바꿀 수 있는 가장 강력한 무기이다."

북한인권

# 북한인권 문제, 어떻게 풀 것인가?

백인주 / 아주대학교 다산학부대학 겸임교수

## 1. 양자역학과 북한인권 문제

필자는 대학에서 물리학을 전공했다. 필자의 경우에는 물리학에서 가장 난해했던 개념 중 하나가 바로, 양자역학이었다. 고전역학이 직관적으로 이해할 수 있는 법칙들로 이루진 반면, 양자역학은 전혀 다른 방식으로 물리 세계를 설명했다. 양자역학은 이해가 어려웠고, 학점도 좋지 않았다.

필자에게는 북한인권 문제가 마치 양자역학과 같이 느껴졌다. 국제사회와 남한 정부는 수십 년간 북한인권 문제 해결을 위해 다양한 방법을 시도해 왔다. 그러나 북한 내부의 폐쇄성, 정권의 강경한 태도, 복잡한 외교적 이해관계 등이 얽혀 이 문제는 여전히 풀지 못한 난제로 남아있다.

최근까지도 국제사회는 북한인권 문제에 대해 지속적으로 개선을 요구하고 있다. 유엔은 2003년부터 2024년까지 22년 연속으로 북한인권결의안을 채택하며, 북한 내 인권 침해를 규탄하고 강제노동과 같은 인권 유린이 북한의 핵무기 개발과 연관되어 있다고 지적해 왔다. 그러나 북한은 이에 강하게 반발하며, 불쾌감을 드러내고 있다. 이러한 북한의 강경한 태도로 북한인권 문제 해결을 위한 돌파구를 마련하는 데 어려움이 지속되고 있는 상황이다.

그렇다면 북한인권 문제는 해결이 안되는 난제로 계속 남겨두어야 할까? 아니면, 새로운 해결책을 마련할 수 있을까? 해결을 위한 현실적인 대안은 무엇이 있을까?

이 장에서는 북한인권 문제에 대한 국제사회의 시각과 남한 정부의 정책 방향을 분석하고, 실질적인 해결 방안을 모색해 보고자 한다. 비록 이 짧은 글이 북한인권이라는 풀기 어려운 난제를 단숨에 해결하기는 어렵겠지만, 해결의 실마리를 찾는데 작은 단초가 되기를 기대해 본다.

## 2. 뜨거운 감자, 북한인권 문제

### 외면할 수 없는 현실, 북한인권

북한인권 문제는 1990년대 이후 국제사회에서 지속적으로 제기되어 왔다. 북한인권 상황의 악화는 당시 극심한 식량난과 그에 따른 체제 위기가 큰 원인으로 작용했다. 1990년대 국가 존립의 위기 속에서 북한 정권은 광범위하게 인권을 침해하면서 체제를 유지했고, 그 결과 주민들의 기본적인 권리가 심각하게 제한되었다. 이때부터 북한은 인권 탄압이 체제 유지의 수단이 되는 악순환의 구조가 형성되었고, 이는 현재까지 지속되고 있는 상황이다.

오늘날에도 북한은 세계에서 가장 폐쇄적인 국가 중 하나로, 주민들의 기본권이 광범위하게 제한되고 있는데, 특히 정치적 사안에 대한 엄격한 통제가 이루어지고 있다. 국제사회는 이러한 북한의 인권 문제를 중대한 사안으로 인식하고, 유엔을 비롯한 국제사회가 지속적으로 개선을 촉구하고 있는 상황이다.

유엔은 1990년대부터 북한인권 문제를 공식적으로 다루기 시작했는데, 2004년부터 북한인권특별보고관을 임명해서 매년 북한인권실태를 보고하고 있다. 유엔 북한인권조사위원회는 2014년 보고서에서 북한인권 침해를 "반인도적 범죄"로 규정하고 정치범수용소 운영, 강제노동, 표현 및 이동의 자유 제한 등을 주요 문제로 지적하기도 했다.

북한인권조사위원회의 보고서는 북한의 대표적인 인권 침해 사례로 △사상·표현 및 종교의 자유 침해, △차별, △이동 및 거주의 자유 침해, △식량권 및 생명권 침해, △자의적 구금, 고문, 처형 및 정치범수용소 운영, △외국인 납치 및 강제 실종 등을 지적했다.

2025년 2월 5일 유엔 인권이사회에서 발표된 엘리자베스 살몬(Elizabeth Salmón) 특별보고관의 보고서(A/HRC/58/65)에 따르면, 북한인권 상황은 이동 및 표현의 자유, 식량권, 보건권, 교육권, 깨끗한 물과 위생 접근 등 다양한 분야에서 심각한 침해가 지속되고 있는 상황이다. 또한, 강제노동과 정치범수용소 운영, 공개처형과 같은 반인도적 범죄도 여전히 발생하고 있는 것으로 드러났다. 이 같은 보고서의 내용에 비추어 볼 때, 북한인권은 여전히 구조적이고 전방위적인 침해가 지속되는 심각한 상황에 놓여 있는 것으로 판단된다.

그러나, 북한은 국제사회에서 제기하는 인권 문제에 대해 강하게 반발하며, 서방 국가들이 북한을 압박하기 위해 날조된 정보를 바탕으로 결의안을 채택하고 있다고 주장한다. 유엔과 국제 인권 단체들이 지속적으로 문제를 제기하고 있음에도 불구하고, 북한은 인권 침해 사실을 인정하지 않고, 이를 외부의 정치적 공세로 간주하는 입장을 고수하고 있다.

2024년 유엔 인권이사회에서 북한인권 결의안이 채택된 것에 대해, 방광혁 주제네바 북한대표부 차석대사는 "우리는 결의안을 거짓으로 가득 찬 정치화된 문서로 규정하며, 이를 단호히 규탄하고 거부한다"고 밝히며 강한 거부 의사를 노골적으로 드러냈다. 북한은 인권 침해가 존재하지 않으며, 유엔 결의안이 서방 국가들의 정치적 도구로 활용되고 있다고 주장한다.

북한은 오랜 기간 인권 문제를 국가 내정 간섭의 수단으로 간주하며, 국제사회의 비판을 강하게 반박해 왔다. 북한이 주장하는 '우리식 인권'은 집단주의와 사회주의적 가치에 기반한 것으로, 서구식 인권 개념과는 다르다는 논리를 펼치고 있다. 그러나 국제사회는 북한의 주장에 동의하지 않으며, 인권 개선을 지속적으로 촉구하고 있음에도 불구하고 근본적인 해결책은 여전히 마련되지 못하고 있다.

## 국제사회의 행동 조치

국제사회는 북한인권 문제에 대해 단순한 비판을 넘어서, 실질적인 정책과 북한의 행동을 요구하는 방향으로 나아가고 있다. 2024년 12월, 유엔 총회 본회의에서 '북한인권결의'가 회원국들의 반대 없는 합의로 채택되었다. 이 결의에서 국제사회는 북한 정권이 조직적으로 자행하는 인권 침해를 강력히 규탄했다.

특히, 김정은 위원장이 강조한 '적대적 두 국가론'이 결의에 처음으로 포함되었다. 유엔 회원국들은 결의안에서 "북한이 더 이상 한국과의 통일을 추구하지 않겠다고 선언한 것이 이산가족 문제를 포함한 인권 상황에 부정적인 영향을 줄 것"이라며 우려를 표명했다.

또한, 북한이 「반동사상문화배격법」, 「청년교양보장법」, 「평양문화어보호법」을 통해 주민들의 사상과 표현의 자유를 심각하게 제한하고 있다는 점을 지적하며, 이른바 '3대 악법'의 폐지와 개정을 촉구했다. 아울러 북한이 제네바 협약에 따른 국군 포로 송환 의무를 이행하지 않고 있으며, 그로 인해 납북자와 이산가족이 가족과 강제로 헤어지는 상황이 지속되고 있다는 점도 지적했다.

2024년 4월 유엔 인권이사회에서는 북한인권결의가 재채택되었는데, 여기에는 유럽연합과 남한을 포함한 여러 국가들이 공동제안국으로 참여했다. 이 결의에서는 유엔 인권최고대표에게 북한인권 상황에 대한 포괄적 업데이트를 요청하는 한편으로, 북한인권 개선을 위한 국제사회의 협력을 촉구했다. 또한, 유엔 인권최고대표는 인권보고서를 제출하고 이를 바탕으로 확대된 대화 개최를 제안하면서, 북한인권 문제 해결을 위한 다자적 접근의 필요성을 강조하기도 했다.

유엔인권이사회가 채택한 결의안에 따르면, 북한은 유엔 인권이사회 보편적 정례검토 과정에서 권고 사항을 성실히 이행해야 하고, 불법적인 강제노동과 인권 침해를 통해 핵무기 및 탄도미사일 개발을 지속하는 행위를 즉각 중단해야만 한다. 또한, 모든 북한이탈주민의 안전한 보호를 위해, 유엔 회원국들이 강제송환 금지 원칙을 명확히 인식하고 이를 철저히 준수할 것을 촉구했다.

이처럼 국제사회는 북한인권 문제를 단순히 규탄하는 데 그치지 않고, 구체적인 조치와 정책적 개입을 병행하고 있다. 특히, 북한 주민들의 기본권 보호를 위해, 강제노동, 표현의 자유 제한, 정치범수용소 운영 등 구조적인 인권 침해 문제에 집중하며 대응하고 있다.

### 남한 내 북한인권 문제의 공론화

1990년대 이후 북한이탈주민 증가로 인한 북한 내부 정보 유출과 남북관계의 변화, 국제사회의 협력 요구 등이 맞물리면서, 남한 정부도 북한인권 문제에 본격적인 관심을 기울이기 시작했다.

과거 남한 정부는 남북 화해와 협력을 우선시하면서 북한인권 문제를 공개적으로 제기하는 데 신중한 태도를 보였다. 그러나 국제사회의 지속적인 문제 제기와 북한 내부 실태가 외부로 알려지면서 남한 정부 역할에 대한 요구가 증가하게 되었다.

1990년대 북한이탈주민의 증가는 남한 정부의 북한인권 문제 인식 변화에 중요한 영향을 미쳤다. 1990년대 중반 북한의 고난의 행군 이후 북한이탈주민의 수가 급증하면서 북한 내부 실태가 보다 구체적으로 알려지기 시작했는데, 2000년대에는 정치적 탄압, 강제노동, 여성 인권 침해 등 다양한 형태의 인권 침해가 증언을 통해 외부에 공개되었다.

이러한 상황으로 인해 남한 정부는 북한인권 문제에 보다 적극적으로 참여하게 되었다. 이후 2016년에 「북한인권법」이 제정되었고 북한인권기록센터가 설립되어 북한 내 인권 실태를 조사하고 기록하는 작업이 시작되었다.

남북관계의 흐름에 따라 남한 정부의 북한인권 정책 기조 역시 변화해왔다. 남북관계가 긴밀해지는 시기에는 인권 문제 제기가 자칫 대화의 걸림돌이 될 수 있다는 우려 속에, 정부는 보다 신중한 태도를 취하는 경향을 보였다. 반대로 남북관계가 경색되거나 단절된 시기에는 국제사회와의 연대를 강화하며 인권 문제에 보다 적극적으로 대응하는 모습을 보였다. 이처럼 남북관계에 따른 인권 접근 방식은 정권별 대북정책의 기조에 따라 유동적으로 변화해왔다.

국제사회의 북한인권 문제에 대한 관심과 대응은 남한 정부의 관련 정책 형성에 적지 않은 영향을 미쳤다. 1990년대 후반부터 국제사회는 북한인권 상황을 본격적으로 공론화하기 시작했으며, 특히 유엔을 중심으로 북한인권 결의안이 지속적으로 채택되면서 국제적 압력이 강화되었다. 이러한 국제사회의 움직임은 남한 정부가 북한인권 문제에 보다 적극적으로 대응하도록 유도하는 외적 요인으로 작용했다.

1997년 유엔 인권소위원회에서 최초로 북한인권결의가 채택되었고 유엔 인권위원회와 총회에서도 매년 북한인권 문제를 다루는 결의안이 채택되면서 국제적인 관심도 커졌다. 또한, 2014년에는 유엔 북한인권조사위원회 보고서에서 북한 정권의 인권 침해를 반인도적 범죄로 규정하고 국제형사재판소 회부를 권고하는 등 강경한 입장을 보이기도 했다.

이러한 흐름 속에서 남한 정부는 진보와 보수를 막론하고 북한인권 문제가 외면할 수 없는 과제라는 것을 인식하게 되었다. 그러나 접근 방식에는 뚜렷한 차이를 보였다. 진보정부는 남북관계 개선과의 균형을 고려해 신중하게 접근한 반면, 보수정부는 북한인권 문제를 주요 정책 의제로 삼아 보다 적극적인 대응에 나섰다. 특히 북한이탈주민의 증언과 국제사회의 지속적인 압박이 이어지면서, 보수정부를 중심으로 북한인권 문제가 정책에서 비중 있게 다루어지기 시작했다.

1990년대 이후 북한 내부 실태가 구체적으로 드러나고, 국제사회가 북한인권을 보편적 인권 문제로 규정하며 개입을 강화하자, 남한 정부도 이에 발맞춰 정책적 대응을 확대할 필요성을 인식하게 된 것이다.

## 3. 두 마리 토끼를 다 잡을 수 있을까?

### 갈팡질팡? 북한인권 정책

남한 정부의 북한인권 정책은 각 정권의 대북 기조에 따라 상이한 양상으로 전개되었다. 보수 정권은 국제사회의 인권 규범을 강조하며 북한인권 문제를 공개적으로 제기하는 전략을, 진보 정권은 남북협력을 우선하며 신중한 접근을 택했다. 이러한 차이는 북한인권을 바라보는 근본적 시각 차이에서 비롯되었다.

김대중과 노무현 정부는 햇볕정책을 통해 북한과의 신뢰 구축을 우선하며, 북한인권 개선을 위한 직접적 압박보다 경제·인도적 지원을 강조했다. 김대중 정부는 남북 정상회담을 계기로 협력 사업을 추진하며 북한을 자극하는 인권 문제 제기를 자제했다. 노무현 정부 역시 "북한인권 개선은 대결이 아닌 협력을 통해 가능하다"는 원칙을 유지했다. 그러나 경제 지원이 북한 정권 강화로 이어졌다는 비판이 제기되었고, 유엔 인권기구에서도 남한 정부의 소극적 대응을 문제 삼았다.

반대로 이명박과 박근혜 정부에서는 국제사회와 협력하여 북한인권 문제를 강하게 제기하는 정책을 추진했다. 특히 박근혜 정부는 「북한인권법」을 제정하고, 북한인권기록센터와 북한인권재단 설립을 추진하며 체계적인 대응을 표방했다. 또한, 유엔 북한인권결의안 공동 제안국으로 참여하면서 북한인권 침해를 국제적으로 부각시키고자 했다. 그러나 북한은 이를 '체제 전복 시도'로 규정하며 강하게 반발했고, 남북 대화가 전면 중단되면서 인권 개선 시도 또한 사실상 무산되었다.

문재인 정부는 한반도평화프로세스를 강조하며 북한인권 문제를 국제사회에서 적극적으로 제기하기보다는 남북대화와 비핵화 협상을 우선시했다. 남북 정상회담을 통해 관계 개선을 도모했는데, 유엔 북한인권결의안 공동 제안국 참여를 유보하는 등 신중한 태도를 보였다. 그러나 북한인권 문제가 부차적인 사안으로 밀려났다는 국제사회의 비판이 제기되었다.

윤석열 정부는 북한인권 문제를 외교·안보 정책의 핵심 의제로 설정하고 국제사회와 공조를 강화하는 방향으로 전환했다. '북한인권보고서'를 최초로 공개하며 북한의 정치범수용소 운영, 강제노동, 표현의 자유 제한 등을 기록했다. 그러나 지나치게 대결적인 접근은 북한의 반발만을 초래했을 뿐, 남북 간 대화와 실질적인 인권 개선에는 아무런 진전을 가져오지 못했다.

남한 정부의 북한인권 정책은 정권에 따라 남북 협력을 중시하는 방식과 국제사회의 인권 규범에 동조하는 방식으로 갈려왔다. 남북 협력 중심의 접근은 관계 개선에는 도움이 되었지만, 북한인권 문제를 적극적으로 제기하지 못하는 한계를 드러냈다.

반면, 국제사회와의 공조를 강조하는 접근은 인권 외교를 강화하는 데는 효과적이었지만, 남북관계가 경색되며 실질적 변화를 유도하기 어려웠다는 지적도 존재한다.

남한의 북한인권 정책은 정권이 바뀔 때마다 갈팡질팡하며 국제사회에서는 신뢰를 잃고, 남한 내부에서도 보수와 진보 간 끝없는 논란이 발생하고 있는 상황이다. 이런 일관성 없는 접근은 북한인권 문제 해결에 실질적인 도움이 되지 않을 뿐만 아니라, 대북정책 전반에도 혼란과 불확실성을 초래한다. 나아가 북한은 남한의 정권 변화에 따라 달라지는 인권 정책을 역이용하며 외교적·전략적으로 이를 활용하고 있다. 갈팡질팡하는 북한인권 정책을 일관성 있게 추진할 수 있는 제도적 방안을 마련해야 할 때이다.

## 통일부의 딜레마: 남북대화 + 북한인권

북한인권 문제는 현재 통일부가 주관하는 주요 정책 영역 중 하나로 다뤄지고 있다. 「북한인권법」에 따라 통일부는 △북한인권재단 설립, △북한인권기록센터 운영, △국제사회와의 협력 등을 통해 북한인권 정책을 총괄하는 역할을 담당하고 있다.

그러나 통일부가 북한인권 문제를 주도적으로 다루는 데에는 구조적 한계와 근본적인 문제가 있다는 점이 꾸준히 제기되고 있다.

우선, 통일부는 본래 남북 교류협력과 관계 개선을 주된 임무로 수행하는 부처다. 남북 간 신뢰 구축과 대화 촉진이 통일부의 핵심 과제인 만큼, 북한인권 문제를 적극적으로 제기하는 것은 남북관계 안정과 충돌할 가능성이 있다. 북한은 인권 문제를 내정 간섭으로 간주하며 강하게 반발하고 있는데, 통일부가 이를 전면에 내세울 경우 남북대화 자체를 거부하거나 협력을 중단하려는 태도를 보이기도 한다.

이러한 구조적 한계 속에서, 문재인 정부 시기 통일부는 남북 협력과 관계 개선을 최우선 과제로 설정하면서 북한인권 문제에 대한 공개적 언급은 신중히 접근하는 태도를 보였다. 유엔 북한인권결의안 공동 제안국 참여를 유보하고, 북한인권재단 역시 정상적으로 운영되지 못하는 등 일부 정책 추진은 일정 부분 지연되거나 유보될 수밖에 없었다.

반면, 윤석열 정부는 통일부의 북한인권 관련 기능을 강조하며 △북한인권 실태 보고서 공개, △국제사회 공조 강화, △북한인권재단 정상화 추진 등의 정책을 추진했다. 그러나 이러한 접근은 북한의 강한 반발을 초래했고, 남북대화 경색이라는 극단의 결과로 이어졌다.

통일부가 북한인권 문제를 직접 담당하는 구조는 정권이 바뀔 때마다 정책의 일관성을 해치고, 통일부 본연의 역할인 남북 대화와 협력 추진을 어렵게 만드는 요인이 되고 있다. 이러한 구조적 충돌이 해소되지 않는 한, 통일부의 대북정책은 근본적인 한계를 지닐 수밖에 없다. 통일부는 현재 남북협력과 북한인권이라는 두 상충하는 과제 사이에서 균형을 잡아야 하는 딜레마에 직면해 있으며, 이를 제도적으로 해결해야 할 과제를 갖고 있다.

## 4. 난제를 푸는 세 가지의 실마리

### 해결의 실마리, 국제사회와 협력을 통해 찾자!

북한인권 문제는 국제사회가 공동으로 대응해야 할 보편적 인권 사안이다. 북한 정권의 극단적인 폐쇄성과 국제 감시를 거부하는 태도 속에서, 다자적이고 협력적인 접근은 필수적이다. 북한인권 개선을 위해서는 유엔을 비롯한 국제기구, 인권 단체, 그리고 개별 국가들이 긴밀히 협력하여 북한에 인권 개선을 유도하고, 긍정적인 변화를 이끌어 낼 수 있는 실질적인 역할을 수행해야 한다.

유엔은 북한인권 문제를 공론화하고, 북한 정권의 인권 침해에 대한 책임을 지도록 압박하는 역할을 한다. 유엔 북한인권조사위원회는 북한의 인권 실태를 조사하고, 2014년 보고서에서 북한인권 탄압을 반인도적 범죄로 규정했다. 이를 토대로 유엔 인권이사회는 매년 북한 인권결의안을 채택하고, 유엔 안전보장이사회는 북한인권 문제를 공식 의제로 다루어 국제사회의 지속적인 경고 메시지를 전달하고 있다. 또한, 유엔 인권최고대표사무소와 북한인권특별보고관은 정기적인 감시와 보고를 수행하며, 국제기구를 통한 북한 주민 지원 확대에도 힘쓰고 있다.

국제 인권 단체들도 북한인권 문제를 공론화하고 압박을 강화하는 역할을 수행하고 있다. 국제앰네스티와 휴먼라이츠워치는 북한의 정치범수용소, 강제노동, 표현의 자유 제한 등을 지속적으로 폭로하고 있고, 관련 보고서를 통해 각국 정부의 대북 인권정책 수립에 기여하고 있다. 또한, 국제 인권 포럼과 세미나를 통해 글로벌 여론을 형성하고, 북한인권 피해자의 증언을 수집·공개함으로써 북한 정권의 책임을 규명하려는 노력을 지속하고 있다.

국제사회는 북한인권 문제를 해결하기 위해 경제 제재와 연계된 전략적 접근을 강화하고 있다. 미국과 유럽연합은 북한인권 침해 책임자들에게 금융 제재 및 여행 금지를 부과하고 있고, 미국은 「북한인권법」을 개정하여 직접적인 제재를 가할 수 있도록 했다. 또한 대북 인도적 지원이 북한 정권 유지에 악용되지 않도록 투명한 감시 체계를 구축하는 한편, 북한과 외교 관계를 맺고 있는 국가들을 대상으로 인권 문제를 공식적으로 제기하고 개선을 촉구하는 외교적 노력도 병행하고 있는 상황이다.

북한인권 문제는 개별 국가나 특정 단체의 노력만으로 해결될 수 없는 과제이다. 유엔과 국제기구, 인권 단체, 개별 국가들이 협력하여 다자적 압박을 강화하고, 인권 개선을 위한 현실적인 전략을 지속적으로 추진할 필요가 있다. 북한인권 문제를 국제안보 이슈와 연계하여 다루고, 제재와 인도적 지원을 적절히 조율하고, 북한 주민들에게 실질적인 도움이 될 수 있는 정책적 접근이 필요하다. 즉, 북한인권 개선은 국내외 가용 자원을 총동원하여, 압박과 협력을 병행하는 복합적이고 다층적인 전략으로 추진되어야 한다.

### 인도적 지원, 조건이 필요 없다

북한인권 문제 해결을 위해서는 단순한 외교적 압박을 넘어 북한 주민들의 생존권 보호와 실질적인 삶의 질 개선을 위한 인도적 지원은 필수적인 일이다. 북한 주민들은 식량난, 의료 부족, 생활환경 악화 등 심각한 생존 위기에 처해 있는데, 국제사회는 이에 대한 실질적인 대응 방안을 마련해야 한다.

국제사회는 유엔 세계식량계획과 세계보건기구 등 국제기구를 활용하여 식량 및 의료 지원을 확대해야 한다. 북한 내 지원이 군부나 상류층에 집중되는 것을 방지하기 위해 지원 물자가 직접 주민들에게 전달될 수 있도록 감시 체계를 강화하는 것도 필요하다. 특히, 북한 내 장마당 활성화 흐름을 활용하여 인도적 지원이 주민들에게 실질적으로 도달하고 활용될 수 있도록 하는 전략도 고려할 필요가 있다.

북한 당국의 개입을 최소화하기 위해, 제3국을 활용한 지원 경로도 전략적으로 검토해볼 수 있다. 중국과 러시아 국경 지역에서 북한 주민들이 비공식적으로 물자와 정보를 접할 수 있도록 지원하는 방식이 효과적일 수도 있다. 또한, 탈북민 보호 및 정착 지원도 강화하고, 중국과 러시아 정부에 탈북민 강제 송환 금지를 촉구하는 외교적 노력도 병행되어야 한다.

북한이탈주민이 남한 사회에 안정적으로 정착할 수 있도록 정착 교육, 취업 지원, 의료 및 주거 지원 등 제도적 지원을 지속적으로 확대할 필요가 있다. 또한, 북한이탈주민이 남한 사회에서 존중받는 시민으로 자리 잡을 수 있도록 돕는 것은, 향후 남북 간 상호 이해와 사회 통합의 기반을 마련하는 데에도 중요한 의미를 지닌다.

북한인권의 실질적 개선을 위해서는 정치적 압박과 인도적 지원을 조화롭게 활용하는 전략은 필수적이다. 국제사회는 유엔 및 국제기구를 통한 지원을 확대하고, 북한 정권의 통제를 우회하는 실질적인 분배 전략을 마련할 필요가 있다. 또한 북한이탈주민의 보호 및 정착 지원을 강화하는 다층적 접근 방식을 통해, 북한 사회 내부의 점진적 변화를 간접적으로 유도할 수 있을 것이다.

### 통일부, 딜레마에서 탈출하자

현재 북한인권 문제는 통일부가 담당하고 있지만, 통일부의 역할과 북한인권 개선 목표 사이에는 근본적으로 충돌이 발생한다. 통일부의 주요 목적은 남북관계를 잘 관리하고 협력을 촉진하는 기관으로, 북한과의 대화 지속을 주요 임무로 볼 수 있다. 반면, 북한인권 문제는 보편적 인권 가치에 기반하여 접근해야 하며, 정치적·외교적 이해관계와 무관하게 지속적으로 다뤄져야 할 사안이다.

실제로 통일부가 북한인권 문제를 담당하면서, 인권 의제가 남북협력의 우선순위에서 밀려나는 경향을 보인다. 통일부는 북한과의 협상을 고려해야 하는 부처의 특성상, 북한인권 문제를 적극적으로 제기하기 어렵고, 정권 변화에 따라 정책 기조가 달라지면서 일관성 있는 대응이 이루어지지 못하고 있다. 이러한 구조적 한계를 극복하기 위해서는 북한인권 기능을 통일부에서 국가인권위원회로 이관하는 방안을 검토할 필요가 있다.

국가인권위원회는 본질적으로 정치적 이해관계에서 독립된 기관으로 국내외 인권 문제를 객관적이고 지속적인 기준에 따라 다루는 역할을 수행한다. 따라서 북한인권 문제를 통일부에서 분리하여 국가인권위원회로 이관하면, 남북관계의 변동과 무관하게 북한인권 문제를 체계적으로 관리할 수 있고, 정책의 일관성도 확보할 수 있을 것이다.

북한인권 문제는 단순히 남북관계의 일부로 다룰 사안이 아니라, 보편적 인권 가치에 기반해 접근해야 한다. 통일부가 북한인권 문제를 계속 전담할 경우, 인권 문제와 남북협력 간의 충돌은 구조적으로 반복될 수밖에 없다. 통일부는 과감히 북한인권 문제를 내려놓고 가장 잘하는 남북대화에 더 집중하자. 통일부가 본연의 일에 집중한다면, 날개 달린 듯 활약하게 될 것이다.

## 5. 결국, 난제도 풀린다

앞서 살펴본 것처럼, 북한인권 문제는 풀기 어려운 난제로 남아 있다. 하지만 해결이 어렵다고 해서 손 놓고 있을 수는 없는 일이다.

복잡한 문제일수록 차근차근 실마리를 찾아가면 길이 보이기 마련이다.

우선, 국제사회와 협력하자. 북한인권 문제는 남한 혼자 풀 수 있는 문제가 아니다. 유엔과 국제 인권 단체, 각국 정부가 힘을 합쳐 북한의 인권 침해를 감시하고 지속적으로 개선을 요구해야 한다.

둘째, 북한 주민을 위한 인도적 지원은 정치적·외교적 조건과 무관하게 추진하자. 북한 주민들은 극심한 식량난과 의료 부족으로 고통받고 있다. 북한 정권이 지원을 악용하지 못하도록 철저한 감시가 필요하지만, 그렇다고 주민들에게 갈 도움까지 차단해서는 안 된다.

셋째, 북한인권 정책을 타부처로 이관하자. 북한인권 문제를 남북관계와 분리해서 전문적으로 다룰 수 있도록, 통일부가 아닌 보편적 인권 문제를 다루는 국가인권위원회로 이관하는 것을 검토해 보자. 통일부는 더 잘하는 일에 집중하자. 통일을 위한 남북대화는 통일부 본연의 임무다. 본질에 충실할 때 반드시 성과가 나타나게 될 것이다.

북한인권 문제는 단순한 외교적 사안이 아니다. 이는 우리의 미래와 직결된 문제다. 지속적으로 국제사회와 협력하고, 북한 주민들에게 도움을 제공하며, 일관된 정책을 유지하는 것이 중요하다.

결국, 난제도 풀리기 마련이다. 북한인권 문제라는 난제가 해결된다는 것은 곧 통일을 향해 한 걸음 더 나아가고 있음을 의미한다. 한민족 공동체의 인권을 증진하는 것은 남과 북이 함께 공존할 수 있는 기반을 마련하는 과정이며, 그 길은 결국 통일로 이어지게 될 것이다.

사회통합
# 북향민과의 사회통합을 위해

조경일 / 작가, 통일공론장 '피스아고라' 대표

## 1. 북향민들의 삶 들여다보기

2025년 2월, 현재 대한민국에 필자를 포함하여 입국자 기준으로 3만 5천여 명의 북향민들이 정착해 살아가고 있다. 북한에서의 삶과는 전혀 다른 사회에서 각자 새로운 삶을 개척해 나가는 사람들이다. 북한을 탈출하여 한국 사회에 정착한 이들을 지칭하는 법적 용어는 '북한이탈주민', 줄여서 탈북민이다.

하지만 필자는 '탈북'이라는 정체성으로 호명되는 이 존재들을 다른 호칭으로 부르고자 한다. 북향민(北鄕民)이라는 호칭이다. 고향이 북쪽인 사람들이다. 정체성으로 호명하지 않는 것이 최선이지만, 정책 편의상 호칭이 필요하다면 차라리 북향민으로 부르자. 호칭이 주는 존재론적 의미에 대해서는 뒤에서 다시 설명하겠다.

한국 사회에서 북향민들은 종종 남과 북을 잇는 통일 브릿지, 가교 역할을 할 수 있다는 기대가 있다. 하지만 정작 한국 사회에서 그들이 살아가는 현실은 녹록지만은 않다. 고도로 양극화된 한국 사회에서 그것도 치열한 경쟁에서 살아남는 것은 남한에서 나고 자란 사람들에게조차 어렵다. '연줄 사회' 대한민국에서 북향민들은 혈연, 지연, 학연 어느 하나도 갖고 있지 못하다. 따라서 이들에겐 먹고사는 문제가 해결되지 않으면 '통일의 가교역할'이라는 사회적 의미는 부담이 될 뿐이다.

북향민들은 부모나 형제자매 어느 한쪽이 여전히 북쪽에 남아있으니 생이별을 한 사람들이다. 그래서 이들에게 통일은 국가의 일이 아니라 개인의 일이다. 이들에게 통일은 지극히 사적인 주제라는 말이다. 그런데 이들이 한국 사회에서 어떻게 살아가고 있는가. 이들의 삶을 먼저 들여다보지 않고서 통일을 논하는 것은 어쩌면 순서를 놓치는 일이 아닐까.

이 글은 북향민과 사회통합에 관한 이야기이다. 사회통합은 북향민들이 한국 사회에서 출신의 장벽이 없이 잘 어우러져 살아가는 모습일 것이다. 새로운 땅에서 새로운 삶을 시작했으니 특별히 섬세한 정책이 필요할 것이다. 그동안 북향민들의 안정적인 정착을 위한 정책이 꾸준히 보완돼 왔다. 그럼에도 북향민들과의 사회통합이 어려운 것은 비단 정책 때문만은 아니리라. 이 글에서는 북향민 정책에 대한 평가나 진단보다는 북향민들이 사회통합에 어려움을 겪는 사회적, 문화적 요소에 초점을 맞추었다.

## 2. 북향민과의 사회통합

### 통일과 북향민 존재들

윤석열 정부의 북향민 정책기조는 북향민들을 한국 사회의 건설적 기여자로 설 수 있도록 성장을 촉진하고, 자유평화통일을 위한 선도적 역할을 제고한다는 것이다. 따라서 실질적인 포용과 융합을 위한 사회적 기반을 마련한다는 목표 아래 정책이 추진됐다. 북향민들을 포용하고 통일의 동반자로 인식을 전환하며 귀순의사가 있을 시 전원 수용한다는 원칙아래 초기 정착지원을 강화한다는 목표를 수립했다.

1990년대 후반 북향민들이 본격적으로 한국 사회에 정착하기 시작한 지도 벌써 30년 세월이다. 그동안 북향민들에 대한 한국 사회의 의미 부여 또한 달라져 왔다. 초기 소수에 불과했을 때는 귀순용사로 특별히 대우했다. 하지만 1990년대 후반 탈북이 본격화 되면서 한국 정부는 1997년에 「북한이탈주민의 보호 및 정착지원에관한 법률」을 제정하여 북향민들을 한국 사회의 한 구성원으로 새출발할 수 있는 제도적 기반을 만들었다.

현재 2025년 2월 기준 한국 사회에 정착한 북향민은 입국자 기준 누적 3만 5천여 명이 된다. 사망자나 (탈남 등)이민자를 제외하면 정확한 숫자는 더 적지만 한국에서 출산한 자녀세대까지 합하면 입국자 수를 훨씬 넘어선다. 이는 북향민지원정책이 세대를 넘어 포괄적인 적용의 필요성을 의미한다. 북향민들은 한국 사회에서 통일문제를 논의할 때 중요한 자산이다. 과거의 이념에 따른 방법론적 통일구상을 보다 구체적이고 경험적으로 설계할 수 있는 기회를 제공하는 존재들이다. 하지만 현재 이들은 한국 사회의 치열한 현실에 적응하기도 바쁘다. 무엇보다 사회통합에 어려움이 크다.

### 정체성을 지워야 하는 사람들

북향민들은 한국 사회의 한 구성원으로 새로운 삶을 시작한다. 대한민국 국민이라는 신분을 갖고 말이다. 하지만 북향민들의 한국 사회에서의 삶은 '대한민국 국민'이라는 신분증 하나로 동등해지거나 평범해지지는 않는다. '탈북자'라는 호칭에 내재된 한국 사회의 무시와 혐오, 관심으로 포장된 동정의 시선이 때로는 이들의 정착에 큰 장벽이 되어버린다. 이것은 감정이나 시선의 문제가 아니라 생존의 문제다.

북향민들은 학업을 위해, 취업을 위해, 친구를 사귀기 위해 끊임없이 '북한'이라는 흔적을 지워내야만 한다. 자신이 살아온 과거를, 역사를 지워내야만 '한국 사람'처럼 보일 수 있기 때문이다. 표정과 말투, 옷차림에서 완전히 한국 사람처럼 보여야만 한다. 그제야 한국 사회는 북향민들에게 "한국 사람 같아요."라고 말한다. 그래서 북향민 청년들은 입에 연필을 가로 물고 서울 말투를 연습한다.

북향민들은 한국 사회에서 치열하게 살아간다. 경제자본, 인적자본, 사회자본, 문화자본 모든 면에서 전무하다. 그러니 치열하게 몇 배로 더 열심히 살아내는 수밖에 없다. 다들 그렇게 살아간다. 한국 사람들조차도 어려운 게 평범하게 살아내는 것이 아니던가. 북향민들도 평범하기 위해 애쓴다. 평범하다는 것은 '탈북'의 흔적을 발견할 수 없을 만큼 한국 사람처럼 인정받는 것이다. 북향민들의 정착 과정에 어려움이 많다는 것을 굳이 하나하나 열거할 필요가 없다.

현재 북향민들의 자살률은 일반 국민의 세 배, 실업률은 두 배, 직장근속기간은 절반이 채 되지 않는다. 80% 가까이 일용직과 3D업종에 종사한다. 통일에 앞서 북향민과의 사회통합이 더 중요한 이유다.

## 성공과 실패: 평균에 스며들기

통일에 앞서 한국 사회의 과제는 무엇보다 북향민들과의 사회통합이다. 이들과 사회통합이 어렵다면 우리가 기대하는 통일은 과연 가능할까. 북향민들이 한국 사회에 정착하기 시작한 이래 이들을 위한 한국 정부의 정책은 가능한 사각지대를 해소하는 방향으로 보완돼 왔다. 하지만 늘 그렇듯 정책으로 담아낼 수 없는 빈틈은 언제나 존재하는 법이다. 북향민들이 한국 사회에 잘 통합될 수 있도록 진보, 보수를 막론하고 한국 정부는 구체적인 정책 또는 캠페인 등 다양한 시도를 해왔다. 북향민들이 전혀 다른 사회인 한국에서 잘 정착해서 성공하는 모델을 만들어낸다면 이는 분명 통일 준비에 긍정신호다.

한국 사회에서 북향민들이 잘 정착한다면 이는 쉽게 '성공'이라는 단어로 표현할 수 있을 것이다. 성공이라는 기준이 저마다 각자 다르겠지만, 이 글에서 성공은 북향민들이 한국 사회에 잘 통합되어 사회에서, 직장에서, 커뮤니티에서, 친교관계에서 자신의 '출신' 때문에 어려움을 겪지 않는 상태를 의미한다. 즉 이들에게 성공이란 그저 평범하게 살아가는 모습의 다른 말이기도 하다. 남한 사람들이 결코 경험할 수 없는 출신에 대한 배타적 시선이 없는 평범한 삶이야말로 가장 필요한 것이다. 이는 생존의 문제이기 때문이다.

취업의 문턱에서 실력과 무관하게 북한 출신이라는 이유 하나 때문에 낙방하는 이들이 너무나 많다. 취업이 워낙 어려운 요즘이라 하더라도 북향민들에겐 투명하게 덧씌워진 출신에 대한 차별은 높고도 다양하다. 그래서 이력서에서 '탈북자' 흔적을 어떻게든 지워낸다. 하지만 이것으로도 부족하다. '북한 말투'는 종잇장 이력서와는 달리 도저히 흔적을 지울 방법이 없다. 그래서 어떻게든 서울 사람처럼 보이기 위해 말투를 고친다. 북향민들에게 평범해진다는 것은 바로 이런 것이다. 외모와 말투에서, 이력서에서 '북한' 출신이 결코 발견되지 않는 상태를 말한다. 이는 다른 말로 평범한 직장인으로 살아가는 게 북향민들에는 쉬운 일이 아니라는 얘기다.

북향민들의 평범한 삶, 즉 성공사례가 많아지는 것이야말로 가장 중요한 사회통합의 시작이 될 것이다. 북향민들의 평범한 삶은 남북한 주민들 간의 사회통합에 필수조건이다. 어느 한쪽이 우위에 있지 않은 동등한 조건의 사회통합을 기대할 수 있기 때문이다. 북한에서 왔다는 이유로 동정이나 시혜로 어울려주고 통합의 모습을 인위적으로 만들 필요가 없다.

북향민들의 한국 사회 정착에서 가장 중요한 것은 당사자의 노력이다. 새로운 곳에 잘 정착하려면 강한 의지가 필요하다. 북향민들은 개인의 노력으로 할 수 있는 만큼 최선을 다해야 한다. 그럼에도 안 되는 것이 있다면 그것이 바로 한국 사회가 극복해야 할 과제일 것이다.

언론에 성공사례로 나왔던 북향민이 어느 날 백골이 되어 1년이 지난 뒤에야 발견된 것은 분명 우리 사회가 풀어야 할 숙제다. 북향민 한성옥 모자 아사 사건은 너무도 치명적이다. 굶어 죽지 않기 위해 목숨 걸고 탈북했는데, 자유의 땅 한국에서 굶어 죽었다는 건 결코 개인의 문제로 치부할 수는 없다.

정보의 홍수 속에서 정보를 얻지 못해서, 실시간 소통채널이 넘쳐나는 곳에서 소통할 사람이 없어서, 아무 도움도 받지 못해 외롭고 쓸쓸하게 목숨 걸고 얻은 자유를 누리지 못하는 북향민들이 우리 주변에 많다. 하지만 제도는 이걸 쉽게 감지해 내지 못한다. 자유의 땅에서 외로워서 다시 고향으로 월북하는 걸 그저 개인의 문제로 치부할 수 있을까. 통일은 서로 달리 살아온 사람들이 함께 살아보자고 하는 것이 아니던가.

## 3. 환대와 냉대 그리고 신뢰투쟁

### 정체성으로 호명되는 사람들

북향민들의 주류사회로 진입하기 위한 노력은 치열하다. 여기서 '주류사회'란 통상적 의미의 메인스트림을 포함한 일반적인 한국 사회의 한 구성원을 의미한다. 북향민들이 평범한 대한민국 국민으로 살아가는 데 장애가 없는 상황을 만들기 위해 애쓴다는 말이다. 더러는 방송활동과 유튜브 콘텐츠로 '탈북' 정체성을 적극 활용한다. 소위 장애요소가 될 법한 '출신' 정체성을 활용해서 남한사회와 소통하는 역할을 한다. 탈북이라는 고유한 경험이 전달해 주는 정보는 남한 사람들에게 강렬하게 와 닿는다. 이렇다 보니 북한의 실상을 알리는 긍정적인 효과를 넘어 '~카더라' 식의 왜곡된 정보와 가짜뉴스도 넘친다.

또 더러는 정치활동에 적극적이다. 정치권에서도 북향민들을 필요에 따라 적극 호명(호출)한다. 정치권에서 북향민들을 호명하는 방식은 주로 두 가지다. 하나는 '보수적 호명'이며, 다른 하나는 '피해자적 호명'이다. 둘 다 보수 진영에서 호명하는 방식이다. 보수정당에서 북향민은 반공의 상징이나 자유민주주의의 수호자로 자리 잡는다. 이들은 자유를 찾아 남한으로 온 존재로서, 북한 체제의 폭압성과 비민주성을 증언하고 비판하는 역할을 요구받는다.

따라서 북향민 정치인이 정치권에 입문하는 경우, 보수정당에서 활동하게 되고, 북한인권 문제나 강경한 대북정책을 적극 대변한다. 지금까지 북향민 출신 국회의원이 네 명(19대 국회 조명철, 21대 국회 태영호·지성호, 22대 국회 박충권)이 나왔다. 모두 보수당에서 배출됐다.

또 북향민들은 북한 정권의 억압과 폭정으로부터 피해를 입은 '피해자'라는 존재로 호명된다. 따라서 북향민들은 인권 운동이나 사회적 약자 담론 내에서 포섭되지만, 이 과정에서 주체적인 정치 행위자로 인정받기보다는 보호와 지원의 대상으로만 규정된다. 또한 이들의 증언은 반북(反北) 정치 기제로 활용된다. 보수진영의 대북정책 우선순위가 북한인권인 이유다.

하지만 이러한 두 가지 호출 방식은 북향민들이 독자적인 정치적 주체성을 형성할 수 없게 한다. 오히려 보수 진영이 부여한 정체성 내에서만 활동할 수 있도록 제한하는 역할을 한다. 이처럼 한국 사회는 북향민들을 두 개의 주요 담론 속에서 호출한다. 따라서 북향민들이 정치적 행위를 할 때 이 호출된 위치에서 벗어나기가 쉽지 않다. 북향민이 보수적인 입장을 취하면 "자연스럽다"고 간주되지만, 진보적인 입장을 취하면 즉각적으로 "빨갱이냐", "다시 돌아가라"는 등의 사상 검증과 공격 앞에 쉽게 놓이게 되기 때문이다. 대개 보수 기독교, 보수 정당 지지자들이 이런 공격을 한다.

반면, 진보진영은 북향민들을 적극적으로 호명하지 않는다. 이는 북향민 사회가 보수로 기울어진 상황에서 진보적 가치와 연대할 기회를 구조적으로 갖기 어렵게 만든다. 또한 북향민이 한국 사회에서 다양한 정치적 스펙트럼을 형성하는 것을 더욱 어렵게 만들기도 한다. 이는 북향민들의 정치적 선택의 폭을 좁히는 결과를 낳는다.

다행스러운 것은 북향민들 사이에서도 다양한 정치적 성향이 존재한다는 것이다. 지난 2022년 대통령 선거 당시 민주당 이재명 대선후보 선거캠프에 북향민들이 조직되어 참여했다. 특히 후보직속 한반도평화번영위원회 산하에 남북한청년들로 구성된 미래한반도청년특별위원회(상임 공동위원장 조경일)는 대통령 후보의 북향민 정책공약을 직접 개발하여 후보가 대선 공약으로 발표하기도 했다.

### 환대와 냉대의 조건

북향민들은 보수적 견해를 가지면 '남한사회에 잘 동화된 탈북자'로 환대받지만, 진보적 견해를 가지면 즉각적으로 '북한을 옹호하는 자'라는 냉대를 받는 경우가 많다. 이러한 이중적 기준은 북향민들이 자유롭게 정치적 신념을 형성하고 표출하는 것을 어렵게 만든다. 북향민들이 보수정치에 참여하는 과정은 크게 세 가지로 설명될 수 있다.

첫째, 자기검열을 하는 사회적 분위기 때문이다. 북향민들은 한국 사회에 정착하면서 사회적 관계를 맺고 안정적인 삶을 꾸려야 한다. 그러나 북향민이 진보적인 정치인이나 진보정당을 공개적으로 지지할 경우, "탈북했는데 어떻게 종북정당을 지지하냐?"는 식의 혐오 반응에 마주하게 된다. 이는 북향민들에 대한 사상검증이다. 그래서 대부분의 북향민들은 차라리 정치와 담을 쌓은 정치무관심층으로 자신을 위치시킨다.

둘째, 북향민 네트워크의 보수적 정치 성향의 강화이다. 한국 사회에는 북향민 출신 정치인, 언론인, 활동가들이 존재하며, 이들은 대체로 보수적 정치 노선을 따른다. 이들은 북한 체제에 대한 강한 비판을 기반으로 정체성을 형성하며, 보수 정당과 협력하고 있다. 이들은 다른 북향민들에게 한국 사회의 '정치적 생존법'을 암묵적으로 전달하는 역할을 한다. 즉, 북향민 사회 내부에서도 "우리는 보수 진영과 함께해야 이익"이라는 인식이 자리 잡게 된다. 이러한 분위기 속에서 정치에 무관심한 북향민들도 자연스럽게 보수 성향을 갖게 된다.

셋째, 정치적 보수 진영과의 연계 및 이용이다. 보수진영은 북향민들을 선거에 전략적으로 활용한다. 북향민들은 북한 체제의 '피해자'라는 상징성이 있기 때문에 이들을 반북 담론을 강화하는 데에 이용하는 것이다.

## 존재를 인정받기 위한 신뢰투쟁

북향민들은 한국 사회에 잘 정착하기 위해 인정투쟁(struggle for recognition)을 넘어 신뢰투쟁(struggle for trust)을 해야만 한다. 신뢰투쟁이란, 북향민들이 단순히 능력을 인정받는 것을 넘어, 사회적 불신과 의심의 구조 속에서 적극적으로 존재론적 신뢰를 쟁취하는 것이다. 이는 사회적 인정의 단계로 공고히 해나가기 위한 선행단계이다.

인정투쟁을 존재의 가치와 사회적 인정의 범주로 본다면, 신뢰투쟁은 존재의 정체성 증명을 통한 신뢰확보 그 자체로 해석할 수 있다. 북향민들이 한국 사회에서 잘 정착하기 위해 구조적 불신과 의심의 시선을 극복해야 하는 현실을 반영한 개념이다. 쉽게 말해 신뢰투쟁은 북향민들이 '빨갱이나 간첩'이 아니라는 사상검증과 정체성 검열을 극복하고 다양한 정치적 견해를 자유롭게 표현할 수 있도록 하는 과정이다.

자신의 역량을 인정받기 위한 투쟁은 출신불문 누구나 한다. 하지만 한국 사회에는 북향민들, 즉 '탈북' 정체성들을 일종의 비(非)시민으로 바라보는 비뚤어진 시선이 존재한다. 이는 분단체제가 우리 내면에 체화되어 무의식적이고 반복적인 재구조화를 통해 끊임없는 타자를 만들어내기 때문이다. 이는 제2의 본성이라고 할 수 있는 아비투스(habitus) 개념으로 설명될 수 있다.

이 때문에 북향민들은 여전히 한국 사회에서 '간첩이 아님'을 끊임없이 증명해야 하는 존재들이기도 하다. 이는 결국 정치적 의견을 표명하는 것을 더욱 어렵게 만든다. 북향민들은 사회적 인정 이전에 존재에 대한 신뢰 문제에 직면해 있기 때문이다.

이는 한국 사회의 뿌리 깊은 혐오담론과 밀접한 관련이 있다. 혐오담론은 사회적으로 특정 집단을 배제하고 낙인찍는 기능을 한다. 특히 혐오담론 속에서 '빨갱이' 혐오 분단 체제하에서 형성된 강력한 정치적 공격 프레임으로 작동해 왔다. 이 혐오는 특정한 정치적 견해를 가진 이들을 배제할 뿐만 아니라, 북향민들이 정치적 의견을 표명할 때마다 '색깔론'의 틀 안에서 해석되도록 만든다.

생각이 다른 타자를 쉽게 공격하는 빨갱이 혐오가 한국에서 사회적 분위기를 지배하고 있다. 더 나아가 자기검열을 강요받는 심리적 부담이 사회 기저에 배태되어 있다. 북향민들은 이러한 혐오 속에서 끊임없이 자신이 '정상적' 시민, 즉 적대국인 북한에서 탈출했지만 대한민국을 전복하거나 남한 국민들에게 결코 해를 입히지 않을 '안전'하게 '재사회화'된 시민임을 끊임없이 증명해야 한다. 또 더 나아가 '자유민주주의를 찬양'하는 국민임을 입증해야 하는 구조적 문제를 안고 있다.

과거 탈북 귀순용사들이 기자회견 장소에서, 또 국민의힘 태영호 의원이 최고위원 후보 유세 공개연설 장소에서 "대한민국 만세"를 외친 것도 바로 언어로 표출하는 방식의 존재론적 증명이었다. 이렇듯 탈북 정체성들은 한국 사회에서 존재에 대한 신뢰를 얻기 위해 언어로 표출해야 한다. 더 적극적 행위인 자발적 반북활동을 통해 존재를 증명해야 하는 심리적 압박도 있음을 부정할 수가 없다.

한국 사회에서 북향민들은 여전히 "간첩이 아닐까?"라는 의심을 받는다. 특히 진보적 입장을 표명하면 "빨갱이", "간첩", "다시 북으로 돌아가라" 등의 공격도 받게 된다.

이렇다 보니 북향민들은 보수정당과 같은 입장을 취하거나, 보수정당과 진보정당 모두를 비판하는 양비론을 취한다. 아예 자신의 정치적 의사 표현을 제거하고 정치무관심층이 되는 방식으로 사상 검증을 회피하기도 한다.

## 4. '동화'의 대상에서 '통합'의 대상으로

### 진보와 보수를 넘어

북향민들이 당연히 보수적인 성향을 가질 수 있다. 하지만 이 선택은 사회 구조적 압력 또는 문화적 특정 담론 속에서 강요된 원인이 크다. 이는 결과적으로 북향민들의 자유로운 정치적 의사표현을 제약하고 있다.

첫째, 이는 북향민들의 정치적 자율성을 훼손한다. 민주주의 사회에서는 자신의 경험과 신념에 따른 다양한 정치적 견해를 비난 또는 공격받아서는 안 된다.

둘째, 북향민 사회 내부의 분열을 초래한다. 민주당 또는 진보정당을 지지하는 북향민들은 같은 북향민들에게서조차 "빨갱이, 간첩" 같은 거침없는 공격을 받게 된다. 이는 북향민들 사이에서 다양한 정치적 논의를 어렵게 만든다.

셋째, 북향민들이 정치적으로 도구화되는 문제를 낳는다. 보수 진영에서는 북향민들을 이용해 반북 담론을 강화하고, 진보 진영에서는 북향민들이 북한 체제의 피해자임에도 불구하고 그들의 목소리를 충분히 반영하지 못한다. 이러한 정치적 환경 속에서 북향민들은 스스로의 정치적 주체성을 적극적으로 형성하기 어려울 수밖에 없다.

북향민들의 정치적 주체성 확보는 이들의 주체적 시민권을 보장하는 것이며, 더 나아가 한국 민주주의의 포용성을 강화하는 것이기도 하다. 이를 위해서는 진보와 보수진영 모두의 역할과 노력이 필요하다. 북향민들이 보수 진영뿐만 아니라 진보 진영과의 협력이 가능하도록 해야 한다.

결과적으로, 북향민들이 단순히 '보수정치 세력의 상징'이 되는 것이 아니라, 독립적인 정치적 주체로 자리 잡을 수 있도록 하는 것이 한국 사회가 나아가야 할 방향이다.

### 혐오를 넘어 포용으로

북향민들의 신뢰투쟁은 혐오담론을 깨는 방향으로 나아가야 한다. 이를 위해서는 북향민이 정치적 주체로서 다양한 정치적 스펙트럼을 가질 수 있다는 점을 인정하는 사회적 분위기가 조성되어야 한다. 또한, 진보 정당을 포함한 기존 정치 세력이 북향민들을 적극적으로 포용해야 한다. 북향민들이 보수·진보를 넘어 다양한 정치적 논의에 참여할 수 있는 기회를 확대해야 한다. 한국 사회는 북향민을 '증명해야 하는 존재'가 아니라, 동등한 정치적 행위자로 인정하는 방향으로 변화해야 한다.

북향민정책의 기조와 방향도 마찬가지다. 북향민들이 자유로운 정치적 시민의 자격을 확보할 수 있는 문화를 조성하는 것을 목표로 해야 한다. 취업과 창업 등 경제활동을 지원하는 것이 당면한 과제처럼 보이지만, 사실 이러한 경제활동을 제약하는 것이 바로 북향민들에 대한 선입견과 왜곡의 시선이다. 북향민들을 향한 사회적·문화적 시선을 교정하는 것이야말로 이들을 동등한 시민으로, 동등한 정치적 주체로 인정하는 것이기 때문이다. 북향민들을 더 이상 '동화'의 대상으로 바라보지 말고 '통합'의 대상으로 바라보아야 할 것이다.

북향민들을 호명하는 정치지형이 보수진영으로 기울어진 상황에서는 북향민들이 보수집단으로 기울어질 수밖에 없다. 보수진영에 줄을 서는 것이 더 안전하고 이익이 된다면 이것을 비판할 수는 없다. 북향민들이 보수진영에서만 목소리를 내는 것은 그들이 보수화됐거나 민주시민 교육이 부족해서도 아니다. 보수진영에서 정치활동을 해야 안전함을 느끼기 때문이다. 그러나 진보진영에서도 북향민들이 정치활동에서 안전함을 느낄 수 있도록 적극 호명해야 한다.

진보진영 일부에서는 보수진영에 있는 북향민들에 대해 민주주의 시민의식이 부족하거나 또는 민주주의에 대한 이해가 부족하기 때문이라는 관점을 공유하고 있다. 하지만 이는 어떤 부분 또는 사례에서는 맞지만, 결국 이 현상의 책임을 앞서 설명한 북향민들이 처한 사회구조적 한계로 보지않고 오로지 북향민 개인들의 비민주성 또는 비시민성으로만 치부하는 것일 뿐이다. 이는 부당한 시선이다. 이제 진보진영에서도 북향민들을 연대할 수 있는 주체적인 정치집단으로 긍정적으로 바라볼 필요가 있다.

## 새로운 통일의 기준

　독재체제에서 탈출한 고유의 경험은 대한민국에서 '자유'의 상징처럼 표상화되지만 정작 이들의 한국 사회 정착은 만만치 않다. 3만 5천여 명 중 대략 3~4천 명가량은 다시 탈남(脫南)하여 유럽을 비롯한 서구의 나라로 떠났다. 한국 사회보다 더 나은 곳을 찾기 위해 떠난 이도 있지만 대부분은 한국 사회의 높은 마음의 경계와 장벽 때문이다.

　동포의 나라에서 '탈북자'라는 꼬리표를 갖고 편견과 차별, 동정의 시선을 받으며 사느니 차라리 다른 민족의 나라에서 '아시아인'으로 차별을 받는 게 덜 서운하다는 얘기다. 말이 통하지 않는 타국도 살아가기 힘들긴 매한가지다. 또 더러는 비록 소수지만, 다시 월북했다. 자신이 떠나 온 고향으로 돌아간 것이다. 살고자 경계를 넘었지만 다시 살고자 경계를 넘는다. 무엇이 북향민들의 한국 사회 정착에 어려움을 주는 것일까.

　그럼에도 우리는 통일을 말한다. 통일, 어떻게 가능할까. 어디서부터 통일이며 어디서부터 어떻게 시작해야 할까. 필자는 올해로 한국 생활 21년 차다. 북에서 산 시간보다 남에서 산 시간이 훨씬 길다. 지금까지 북향민 사회를 지켜본바, 통일에 대해 수많은 고민을 하며 또 통일에 대한 비현실적 담론과 허상들을 보며 수없이 고민을 한다. 통일, 어떻게 준비해야 할까.

　북향민들이 한국 사회 제도권 안에서 잘 정착하여 산다면 통일은 가까워질 것이고, 반대로 북향민들이 정착에 어려움을 겪는다면 통일 또한 멀어질 수밖에 없지 않을까. 북향민들이 배제된 통일은 있을 수 없기 때문이다. 결국 북향민들의 한국 사회 정착은 통일준비 과정이다. 그래서 더욱 북향민들의 삶을, 그들의 서사를 들여다보아야만 한다. 새로운 땅에 정착한 북향민들, 이들과 마주한 한국 사회, 과연 통합을 잘 해나갈 수 있을까.

## 5. 통일 준비에 앞서

북향민들이 한국 사회 정착하기 시작한 것도 어느덧 30년 세월이다. 코로나 팬데믹 이후 한국에 입국하는 북향민이 연인원 200명 정도에 불과하다. 북한의 강력한 단속문제도 있지만 탈북 과정에서 안전과 비용의 문제도 만만치 않기 때문이다. 탈북의 동기가 줄어든 것은 이뿐만이 아니다. 한국 사회에 먼저 정착한 가족들의 이야기는 곧장 북한에 남아있는 가족들에게 전달된다. 한국 사회도 살아내기가 벅차다고. 한국에 무사히 도착했지만, 높디높은 회색 빌딩 숲속에 덩그러니 혼자 남겨진 듯, 무엇을 먼저 시작해야 하는지도 모르는 경우가 많다. 그래서 북향민들의 초기 정착 지원이 필요한 이유다.

북향민들의 한국 사회 정착은 만만치가 않다. 우선 북향민들의 자살률은 일반 국민의 3배가 넘는다. 한국이 OECD국가 중에 자살률 1위인 점을 감안하면 북향민들의 자살률은 결코 무시할 수준이 아니다. 자살보다 더 심각한 문제는 백골이 된 지 1년이 지나서야 발견되는 경우다. 한국 사회에서 북향민들의 고립감이 어느 정도인지, 정부는 정책수립에서 감수성과 공감력을 더 개입해야 한다.

북향민들의 근속 근무 기간도 일반 국민의 절반밖에 안 된다. 직장에 제대로 적응하기도 전에 자의 반 타의 반 일을 그만둔다. 개인의 문제를 차치하고서라도, 직장 적응에서 여러 문제가 있기 때문이다. 대부분은 소통의 문제이며 출신에 따른 '다른 점을 부각'하는 시선들이 큰 작용을 한다. 게다가 거의 대부분은 단순노동 또는 3D업종에 종사한다. 이는 북향민들의 계층이동 사다리가 사실상 거의 작동되기 어렵다는 얘기다. 사업에 성공하는 소수를 제외하면 한국 사람들보다 몇 배의 피나는 노력을 해야 평범한 삶을 유지할 수가 있다.

평범하게 산다는 건 일반 국민들도 어렵기는 마찬가지다. 그러니 북향민들만 어렵다고 마냥 불평해서도 안 된다. 북향민들이 한국 사회에 잘 정착하기 위해서는 첫째도 둘째도 개인의 노력이 우선되어야 한다. 전혀 다른 새로운 사회에 정착하는 것이니 어려운 것은 어쩌면 당연하다. 하지만 사회통합의 관점에서 볼 때 북향민들의 현재 한국 사회 정착을 재평가하고 '통일'을 향해 나아가고자 한다면 분명 새로운 접근이 필요하다.

북향민 개인의 노력을 넘어서는 장애요소에 초점을 맞춰야 한다. 이 장애요소를 제거하는 데에 사회적, 정책적 고민이 필요하다. 북향민들이 한국 사회에 '동화'되는 것에 초점을 맞춘 정책이 아니라 '사회통합'을 향해 나아가야 한다. 왜 북향민들은 자신의 과거와 역사를 모조리 지워야만 한국 사회에 잘 적응하는 걸로 평가받아야 하는가? 한국 사회는 왜 북향민들에게 적응하려 하지 않는가? '로마에 가면 로마법을 따르라'는 논리를 북향민들과의 사회통합에서도 적용해야만 하는가?

북향민들이 한국 사회에서 정착에 어려움을 겪는 것은 정책의 부재가 아니라 한국 사회의 극도로 낮은 포용성 때문이다. 다문화 사회들 중에 '다름'에 대해 이토록 배타적인 사회는 아마 드물 것이다. 북향민들이 한국 사회에서 정착에 어려움을 겪는 큰 이유 중 하나는 바로 '탈북'이라는 정체성에 대한 배타적 시선들 때문이다.

북향민들이 한국 사회에 잘 정착한다면 통일은 가까워질 것이고, 어려움을 겪는다면 통일 또한 멀어질 수밖에 없다. 통일을 논하기 전에 북향민들과의 사회통합이 먼저 필요한 이유다. 조금 더딜지라도, 우리는 이 방향으로 나아가야 한다. 통일은 멀리에 있지 않다. 가까이에 있다. 서로가 서로에게 적응하자. 그래야 함께 살 수 있다. 통일, 여기서부터 시작이다.

언론보도
# 남한 언론의 북한 '가짜뉴스' 보도

이재호 / 프레시안 국제팀장

## 1. 분단 이후부터 계속된 남한 언론의 북한 잘못 알리기

'오보'란 표준국어대사전을 기준으로 "어떠한 사건이나 소식을 그릇되게 전하여 알려"주는 것을 의미한다. 남한 언론이 그동안 보도했던 북한 오보는 어제 오늘 일이 아니다. 사실상 분단 이후부터 계속됐다고 해도 과언이 아닐 정도다.

이는 서로 적대하고 있는 남북이 연락조차 원활히 하지 못하고 있는 남북관계의 구조적 한계에 따른 결과라고도 볼 수 있다. 남북 양측이 적대적 의식이 높은 상황에서 북한이 남한에 대한 긍정적 정보를 북한 사회 내에 유통시킬 가능성은 높지 않다. 양측은 상대가 얼마나 부정적인 존재인지에 대해 각자 사회에 선전하기에 바쁘다. 남한의 오보 역시 이러한 맥락에서 발생하는 경우가 많다.

이에 북한에 대한 남한 언론의 오보는 단순히 언론의 신뢰성이 하락하는 문제가 아니다. 이 오보가 남한 사회 전체에 주는 부정적 영향이 언론뿐만 아니라 다양한 분야에서 나타나고 있기 때문이다.

이 장에서는 이러한 문제의식을 바탕으로 남한 언론의 북한 오보 실태를 우선 점검하려 한다. 이후 오보 원인을 남한과 북한 및 기사를 생산하는 언론사 등 세 가지 측면에서 살펴보겠다. 그리고 오보가 낳게 되는 부정적 효과와 관련 남한 사회 내의 북한에 대한 인식, 남한 정부의 대북 정책 추진 영향, 교육적 측면에서 미래 세대에게 주는 영향 등을 고찰하겠다.

구조적인 한계로 인해 오보 문제를 해결하기는 쉽지 않지만, 그럼에도 이를 최소화하기 위한 방안으로 보도·제작 준칙 준수, 남북관계를 추진하는 정부의 법적 책임성 강화 및 정책 참여자 확대, 남북 간 교류 활성화를 통한 정보 유통 경로 확대 등을 제시하고 이에 대한 타당성을 검토해 보겠다.

## 2. 북한 오보의 실태와 원인

### 남한 언론이 죽인 북한 인사들, 몇 명이나 될까?

1986년 11월 16일 『조선일보』는 도쿄 특파원 발로 김일성이 암살됐다는 "소문이 나돌아 도쿄 외교가를 긴장시켰다"며 '김일성 피살설'이라는 제목의 기사를 발행했다. 『조선일보』는 인터넷 없이 종이신문만 발행되던 당시 1면에 이 기사를 배치할 정도로 이를 비중 있게 다뤘다. 그러다 이틀 후인 18일 『조선일보』는 '김일성 피격 사망'이라는 제목의 기사를 1면에 배치하면서 김일성이 북한의 내부 권력 투쟁으로 인해 사망했다고 밝혔다.

하지만 이는 하루 만에 오보로 판명됐다. 다음날인 19일 『조선일보』는 1면에 '김일성은 살아있었다'는 제목의 기사를 내보냈다. 북한 『조선중앙통신』이 김일성 주석이 몽골 국가주석인 잠빙 바트뭉흐를 영접하기 위해 평양공항에 나왔다고 보도했기 때문이다.

『조선일보』의 오보는 27년이 지난 2013년에도 재연됐다. 2013년 8월 29일 '김정은 옛 애인 등 10여 명, 음란물 찍어 총살돼'라는 제목의 기사에서 김정은 북한 국무위원장의 '옛 애인'이었던 "가수 현송월"이 "음란물을 제작·판매한 혐의로 공개 총살" 당했다고 보도했다.

하지만 현송월은 2014년 북한 전국예술인대회에 모습을 드러냈고 2015년 12월 10일 모란봉악단 단장으로 중국 베이징에 방문했다. 2018년에는 삼지연관현악단 단장으로 남한을 방문하기도 했다.

이처럼 남한의 언론은 북한의 지도자와 그 주변 인사들의 사망설을 명확한 사실 확인 없이 보도해 왔다. 김일성뿐만 아니라 김정일, 김정은 등 지도자급 인사는 물론 김경희 등 소위 '김씨 일가'의 구성원, 김영철 당 부위원장 등 주요 직위자 등도 자주 오보의 대상이 돼 왔다.

남한의 언론들은 대체 왜 이렇게 북한에 대해 거짓 사실을 보도하고 있는 것일까? 북한이라는 취재 대상이 가지고 있는 한계, 그리고 이를 각자의 목적에 활용하려는 남한 정부와 언론이 끊임없이 대형 오보를 만들어내고 있다.

## 북한 오보 원인 1. 만날 수 없는 북한과 남한의 탈북민

일반적으로 기자는 확정할 수 없는 사실의 경우 책임 있는 위치에 있는 최소 2명 이상의 확인을 받아야 기사를 작성하는 것을 기본으로 한다. 특히 대립되는 사안의 경우 양측의 입장을 모두 확인한 후에 기사를 쓰는 것이 기사의 신뢰성을 담보하기 위한 가장 기초적인 작업이다.

문제는 북한에 대해 어떤 제보를 받았을 때 이를 확인할 수 있는 방법이 사실상 전무하다는 점이다. 위에 제시된 1986년 『조선일보』의 김일성 사망 보도의 경우를 보면, 당시 도쿄 특파원이 "이날밤 편집국 야근 담당자들은 김(金, 김일성을 의미)의 피살 보도에 대해 집중 취재하려고 했으나 폐쇄된 사회에서 일어난 만큼 더 이상의 확인은 되지 않았다"고 밝혔다.

일본 정부 소식통에 의해 김일성 사망설을 접했다면 이에 대해 가장 명확하게 확인할 수 있는 책임 있는 당국은 북한일 것이다. 따라서 일반적인 취재 과정이라면 북한에 해당 사실을 확인하는 것이 순서이나, 북한과 직접 연락이 어렵다는 현실적 한계 때문에 이를 확인하지는 못한 것으로 보인다.

북한 당국으로부터 사실을 확인할 수 없다는 구조적 조건으로 인해 남한 내 탈북민이 오보를 생산하는 주체가 되기도 한다. 북한에서 거주했었다는 고유의 경험 때문에 북한 문제에 있어서만큼은 다른 남한 사람들에 비해 탈북민의 진술이 더 믿을만하다는 인식 때문이다.

2020년 4월 27일 태영호 당시 미래통합당 국회의원 당선인은 미국 CNN과 인터뷰에서 "한 가지 분명한 것은 김정은 위원장이 스스로 일어서거나 제대로 걷지 못하는 상태라는 것"이라며 김정은 위원장의 건강이상설을 제기했다. 급기야 같은 당의 지성호 당선인은 5월 1일 『연합뉴스』에 "김 위원장의 사망을 99% 확신한다"고 주장했다.

하지만 이 주장은 하루 만에 가짜뉴스로 판명됐다. 2일 『조선중앙방송』과 『조선중앙통신』 등 북한 매체들은 전날인 1일 김 위원장이 순천인비료공장 준공식에 참석했다고 보도했다. 결국 4일 지성호 당선인은 "국민 여러분께 깊은 사과의 말씀을 드린다"고 사과했고 태영호 당선인 역시 "이유 여하를 막론하고 국민 여러분께 사과 말씀을 드린다"며 고개를 숙였다.

## 북한 오보 원인 2. 책임질 필요 없는 언론사

언론 보도가 사실과 달라 피해를 입을 경우 피해자는 「언론중재 및 피해구제 등에 관한 법률」(언론중재법)에 따라 정정보도청구, 반론보도청구, 추후보도청구 등을 할 수 있다. 이러한 청구와 관련해 언론사와 분쟁이 있을 경우 피해자 또는 언론사는 언론중재위원회에 조정을 신청할 수 있다. 이 조정으로도 해결이 되지 않을 경우 피해자는 법원에 정정보도청구 등의 소를 제기할 수도 있다.

그런데 언론사의 오보 대상이 위 오보 사례에서 살펴본 것과 같은 김일성, 현송월 등 북한 인사라면 「언론중재법」을 근거로 정정, 반론 등의 보도를 청구하기는 사실상 불가능하다. 이들이 언론사에 정정보도를 청구할 가능성도 낮을뿐더러, 설사 청구하더라도 언론사가 이를 받아들이지 않는다고 해서 다른 수단을 사용할 방법이 없기 때문이다.

즉 북한의 오보 당사자가 언론중재위원회의 중재 또는 법원의 소를 제기할 수 없기 때문에 이들이 언론사를 상대로 보도를 정정하도록 강제할 수가 없다. 이러한 특성은 기자를 쓰는 기사뿐만 아니라 언론사에게 오보를 낼 수 있다는 부담을 상당 부분 덜어주게 하는 요인이 된다.

## 북한 오보 원인 3. 남한 정부가 맞다는데?

김일성 사망설이 확정 보도됐던 1986년 11월 18일 『조선일보』 기사를 보면 이기백 국방부 장관의 발언이 주요한 근거로 제시된다. 당시 기사에서는 이기백 장관이 "대북괴 통신망, 전방에서 입수된 북괴군 동향, 우리 공관의 대외 첩보 등을 종합해 볼 때 김일성이 확실히 사망했다고 아직 단정할 수는 없으나 김(金)이 사망했거나 그렇지 않으면 북 내부에 심각한 권력 투쟁이 있는 것이 사실"이라고 국회에 보고했다는 점을 김일성 사망설 근거의 첫 번째로 언급했다.

북한 당국에 사실 확인을 하지 못하는 언론 입장에서는 남한 정부가 가지고 있는 첩보 및 정보 자산 등을 보조적으로 활용할 수밖에 없다. 남한 언론 입장에서 보자면, 김일성 사망설 같은 사안에 있어서 가장 신뢰할 수 있는 책임 있는 기관인 북한 당국의 확인이 불가능할 경우, 그다음으로 공신력이 있는 기관은 현실적으로 남한 정부이기 때문이다.

남한 정부 역시 이러한 한계를 알고 북한과 관련해 사실에 어긋나는 정보를 정치적 목적을 위해 이용했던 역사도 있다. 북한과 관련한 오보 역사에서 빠지지 않고 등장하는 '금강산댐'과 관련한 사안이다.

1986년 10월 30일 이규효 당시 건설부 장관은 북한이 금강산댐을 건설한 뒤 이를 폭파시켜 200억 톤의 물로 남한을 공격하려 한다는 내용을 발표했다. 여의도 63빌딩 중간 높이까지 물이 찰 수 있다는 모형이 공개되면서 국민들의 공포가 커졌고, 이후 '평화의댐' 건설 자금을 모으는 국민 성금 운동까지 일어났다.

하지만 이는 거짓된 정보였다. 1993년 문민정부가 들어선 이후 감사원이 실시한 조사에 따르면 파괴 목적으로 댐을 시공하는 것은 그 자체가 어려우며 설사 폭파시키더라도 댐 전체가 붕괴하는 것이 아니고, 금강산댐의 저수량도 200톤이 아닌 27.2억 톤이었다는 결과가 공개됐다.

그러면 남한의 전두환 정부는 왜 이런 거짓을 발표했을까? 당시 10월 28일부터 건국대학교에서는 '반외세 자주화, 반독재 민주화, 조국통일'의 구호를 내걸고 학교를 점거하는 학생 민주화 운동이 일어났었다. 이때 경찰의 진압 작전으로 인해 1,525명이 연행됐고 1,288명이 구속됐다.

금강산댐 발표는 진압 전날에 이뤄졌는데, 이에 전두환 당시 정권이 민주화 운동을 진압하고 대통령 직선제 개헌에 대한 관심을 누그러뜨리면서 국민들의 눈을 다른 곳으로 돌리기 위해 거짓 공작을 벌였다는 분석이 지배적이다.

## 3. 북한 오보의 문제점

### 북한은 역시 "상종 못할 것들"…혐오 인식 확산

북한 오보의 역사를 보면 최고지도자 및 정권 주요 인사들에 대해 확인되지 않은 부정적 소재들이 주를 이룬다. 2013년 현송월 부부장의 공개 총살을 사실인 것처럼 보도한 『조선일보』의 기사는 독자로 하여금 북한이 최고지도자의 심기를 거스르게 하면 재판 절차 없이 공개적으로 사형을 집행하는 전근대적인 통치 방식을 가지고 있는 국가라고 인식하게 만든다.

심지어 이 기사는 마지막 부분에 독자들이 이러한 반응을 보이고 인식하게 하기 위한 직접적인 유도 장치까지 마련했다. 기사는 "김정은 옛 애인 처형 소식에 네티즌들은 '김정은 옛 애인 처형 무섭다', '김정은 옛 애인 사실일까', '김정은 옛 애인 잔인하네' 등의 반응을 보였다"고 마무리됐다.

1986년 『조선일보』의 김일성 사망설 보도 역시 북한을 상종 못 할 집단인 것처럼 묘사해 놓았다. 신문은 자신들의 오보를 반성하는 것이 아니라, 북한이 김일성 사망설이 보도된 이후 남쪽을 속이기 위해 거짓으로 대남 방송을 한 것을 탓하며 "'무서운 術策(술책)같다' 분노-허탈 엇갈려"라는 제목의 기사를 내놨다.

신문은 이 기사에서 총리실의 한 관계자가 "철저히 폐쇄적이고 극단적인 북한의 전략전술을 우리나 서방 국가들이 갖고 있는 상식과 합리성으로는 판단하기 어려운 것"이라고 말했다면서 독자들에게 북한을 "비상식적이고 비합리적인 존재"로 인식하도록 유도했다.

## 상종 못할 것들이랑 무슨 협력? 평화 정책 추진 장애

KBS 공영미디어연구소는 매년 국민 통일의식을 조사하는데 가장 최근 결과인 2024년 8월 12일 전국 만 19세 이상 성인 1,664명을 상대로 조사해 발간한 보고서에 따르면, 응답자의 88.1%는 북한의 김정은 국무위원장과 집권세력에 대해 반감을 가지고 있다고 답했다.

이 수치는 남북 정상회담 두 차례, 북미 정상회담이 한 차례 열렸던 2018년과 비교했을 때 2배 이상 높아진 수준이다. 2018년에는 북한 김정은 정권에 대해 반감을 느낀다는 응답이 35.4%, 호감을 느낀다는 응답이 20.6%로 집계됐고 '그저 그렇다'는 응답이 43.9%로 나타났다.

2019년 하노이에서의 2차 북미 정상회담 결렬을 기점으로 북한 정권에 대한 반감이 커지면서 북한을 '적대 대상'이라고 보는 응답도 높아졌다. 2018년의 경우, 11.3%의 응답자만이 북한을 '적대 대상'이라고 판단했으나 2019년 22.5%로 그 비율이 높아졌고 2024년에는 39.9%로 높아졌다.

북한에 대한 남한 국민들의 인식이 이런 정도라면 정부가 남북 간 협력이나 교류 등 평화를 위한 정책을 펼쳐 나가기는 대단히 어렵다. 또 민간 차원에서의 교류나 지원 역시 동력을 상실할 가능성이 높다. 그런데 북한에 대한 이러한 인식을 형성하는 과정에서 언론의 보도가 상당한 영향을 미치고 있다.

『북한에 관한 언론의 보도 태도가 대북 친밀감에 미치는 영향』(김병철, 2020)에 따르면, 2007~2018년 10개 중앙 종합 일간지의 북한 관련 보도의 긍정 및 부정 보도의 양이 대북 친밀감에 영향을 주는 유의미한 변수인 것으로 나타났다.

반면 공중파 방송, 남북 인적교류 정도, 남북 교역 규모, 북한이탈주민 입국자 수 등은 대북 친밀감에 별다른 영향을 주지 않는 것으로 조사됐다. 그만큼 언론, 특히 활자 언론이 역할이 중요하며, 이들이 북한에 대한 적대적인 오보를 낼 경우 북한을 적대하는 인식은 더욱 고착화될 가능성이 높다는 것을 예상할 수 있다.

### 교육자료로 탈바꿈하는 오보, 미래세대에도 영향

다양한 방식으로 만들어져 여러 유통 경로를 통해 대중들과 만나는 북한에 대한 오보들은 1차 소비에 그치지 않고 확대 재생산되는 경향을 보인다. 특히 이러한 오보들이 학생들의 통일 교육에 사용될 가능성이 높다는 점은 오보의 주요 부정적 영향 중 하나다.

2024년 3월 16일 통일부가 배포한 '2023년도 학교 통일교육 실태조사'에 따르면 '통일, 북한 등에 대한 지식이나 정보를 어디에서 얻는지'에 대한 질문에 교사들의 다수는 언론 매체의 보도를 통해 접한다는 답을 내놨다.

복수 응답이 가능한 이 질문에 대해 응답자의 51.6%가 'TV, 라디오 등 방송'에서 얻는다고 답했고 '온라인 방송(유튜브, 웨이브 등)'이라는 응답이 33.4%, '신문, 잡지'라는 응답이 21%를 기록했다.

가장 많은 응답자는 '인터넷(포털, 블로그 등)'(59.6%)을 꼽았는데 이 범주 내에 언론 매체의 인터넷 보도 및 보도가 재생산되어 편집된 글이 다수 존재한다는 것을 고려했을 때, 교사들은 북한에 대한 대부분의 정보를 언론을 통해 얻는다고 볼 수 있다.

학생들 역시 북한에 대한 정보를 어디서 얻냐는 질문에 '교과서, 학교 수업'(49.4%)이라는 응답이 가장 많았지만, 그 뒤를 'TV, 라디오 등 방송'(40.5%), '인터넷(포털, 블로그 등)'(38.2%), '온라인 방송(유튜브, 웨이브 등)'(34.4%)의 순으로 대답해 주로 언론을 통해 얻는 정보의 양이 많다고 답했다.

문제는 남한 언론사의 북한에 대한 오보가 적지 않은 현실에서 이러한 보도가 별도의 검증 없이 그대로 교육 자료로 쓰일 경우 교육을 받는 대상자들이 왜곡된 인식을 가질 수 있다는 점이다. 대부분의 오보가 북한을 부정적 대상으로 간주한다는 점에서 더욱 그렇다.

실제 이 조사에서 북한은 어떤 대상이라고 생각하냐는 질문에 답한 초중고생 43.5%가 경계해야 하는 대상, 12.5%가 적대적인 대상이라고 답한 것으로 나타났다.

## 4. 북한에 대한 오보, 줄일 수 있는 방법은

### 평화통일과 남북 화해 협력을 위한 보도 제작 준칙 준수

북한에 대한 오보를 줄이거나 없애려면 보도 생산 주체인 언론사, 그리고 실제 취재 및 보도를 하는 기자·PD 등 언론인들의 역할이 중요하다. 이와 관련 지난 1995년 전국언론노동조합과 한국기자협회,

한국PD연합회 등이 마련한 '평화통일과 남북 화해 협력을 위한 보도 제작 준칙'을 살펴볼 필요가 있다.

해당 준칙은 "지금까지 우리 언론은 남북관계 및 통일문제 보도·제작에서 화해와 신뢰 분위기 조성에 기여하기보다는 불신과 대결의식을 조장함으로써 반통일적 언론이라는 오명을 씻어내지 못했다"는 문제의식에 따라 제정됐는데, 각각 10개 항의 보도실천요강과 제작실천요강으로 구성돼 있다.

이 중 북한 오보를 줄이기 위한 노력으로 보도실천요강에 "관급자료 보도 유의-조선민주주의인민공화국에 대한 관급 보도자료의 무절제한 인용·전재를 피하고 최대한 확인절차를 거쳐서 보도한다", "각종 추측 보도 지양-국내외 관계자들이 무책임하게 유포하는 각종 설은 보도하지 않는다. 다만 취재원을 확인할 수 있는 경우는 예외로 한다" 등 북한 보도에 있어 유의해야 할 원칙들이 정리돼 있다.

이 준칙은 말 그대로 강제성을 가지고 있는 것은 아니다. 하지만 언론에 대한 수용자들의 신뢰가 높지 않은 상황에서 언론들이 북한에 대해 명확히 확인되지 않은 사실을 보도하고 이것이 나중에 오보로 밝혀질 경우, 그 후과는 언론 신뢰도 하락에서 그치지 않고 언론의 존립 기반을 위태롭게 하는 데에도 영향을 미칠 수 있다.

준칙에서 나온 대로 "냉전시대에 형성된 선입견과 편견에서 벗어나 객관적으로 보도·제작함으로써 남북 사이의 공감대를 넓혀"가고 "남과 북의 우수한 민족문화 유산을 공유하고 민족의 공동번영을 추구할 수 있는 기사 및 프로그램 개발"에 힘쓰는 것까지는 못하더라도, 최소한 오보는 내지 않으려는 언론인들의 자세가 필요한 이유가 여기에 있다.

## 남한 정부의 선택적 정보 유통을 막기 위한 견제 장치 마련

남한 정부가 북한에 대한 정보를 정치적 필요에 따라 활용하지 않도록 하는 제도적 장치가 마련될 필요가 있다. 북한에 대한 정보는 그 특성상 정부가 사회 내 다른 주체들에 비해 상대적으로 많은 양을 보유하고 있고 여러 기관들이 참여하기 때문에 신뢰성 역시 다소 높은 측면이 있다. 그렇기 때문에 집권 세력은 자신들에게 유리하게 북한 정보를 이용하려는 유혹에 빠지기 쉽다.

그런데 안보와 관련한 사항은 행정부의 '통치행위'로 보는 판례가 있기 때문에 법률로 제한하기 어려운 부분이 있다. 예를 들어 대법원은 2004년 남북 정상회담의 개최에 대해 고도의 정치적 성격을 지니고 있는 행위이기 때문에 "특별한 사정이 없는 한 그 당부를 심판하는 것은 사법권의 내재적·본질적 한계를 넘어서는 것이 된다"고 밝힌 바 있다.

다만 여기서도 구체적 사안에 대해서는 통치행위가 아니기 때문에 사법 판단의 대상이 된다고 판단한 것도 있었는데, 대법원은 "남북정상회담의 개최 과정에서 (중략) 북한 측에 사업권의 대가 명목으로 송금한 행위"에 대해서는 사법심사 대상이 된다고 결정하기도 했다.

이처럼 안보와 관련한 사안은 기본적으로는 통치행위로서 행정부의 고유 권한이지만, 실제 그 부수적 행위에 대해서는 현행 법률을 적용해 사법심사를 하기도 한다. 하지만 남한 정부가 필요에 따라 북한에 대한 정보를 유통하는 행위를 막을 수 있는 현행 법률은 존재하지 않고, 이를 법률이라는 특정한 기준을 통해 일률적으로 규제하는 것이 가능한지도 의문이다.

따라서 현시점에서는 행정부의 이 같은 행동을 견제할 수 있는 국회의 적극적 역할이 필요하다. 국회가 예산권을 가지고는 있으나, 이는 특정 시기에 특정한 영역에서만 영향력을 행사하는 것이므로, 정부의 북한 정보 유통에 대응하는 데는 한계가 있다.

이에 국가정보원이 국회 정보위원회에 비록 비공개지만 현안 보고를 하는 것처럼, 외교통일위원회와 국방위원회 등 관련 위원회에서 해당 정부 부처에 정기·수시로 현안을 보고할 수 있도록 법제화시키는 방안을 생각해 볼 수 있다. 또 국회의 요구자료 등에 대해서도 행정부가 거짓으로 답하지 않도록 하는 규제 등도 마련할 필요가 있다.

### 남북 간 교류 활성화 및 북한 언론 개방

북한에 대한 오보가 발생하는 구조적 원인으로 남북 간 교류가 막혀있다는 점을 꼽을 수 있다. 현재 남북은 민간 교류는 물론이고 정부 간 대화도 하지 않고 있다. 정부 간 연락이 가능한 통신선인 군 통신선, 남북연락사무소 연락 채널 모두 현재 가동 중단된 상태다. 전쟁이 나더라도 대화는 해야 하는데, 기본적인 통신도 이뤄지지 않고 있는 셈이다. 이런 조건에서는 북한에 대한 사실 확인을 하는 것이 매우 어려울 수밖에 없다.

따라서 정부와 민간을 막론하고 북한과 교류가 늘어나야 오보를 지금보다 줄일 수 있다. 남한 언론이 북한 당국에 사실 확인을 하는 단계까지 가지는 못하더라도, 교류가 늘어나 남북 간 오가는 사람들이 많아지면, 언론 입장에서는 정부뿐만 아니라 다른 취재원을 통해서라도 사실 확인을 할 수 있는 여지가 생기기 때문이다. 또 특정 취재원이 알려준 사실을 다양한 다른 취재원들을 통해 교차 확인을 할 수 있기도 하다.

북한의 방송과 신문 등 언론 매체를 개방하는 것도 오보를 줄일 수 있는 방법이기도 하다. 남한에서 북한 매체에 바로 접근이 가능하다면, 북한 매체 때문에라도 남한 언론이 사실 확인이 부족한 기사를 지금처럼 자유롭게 내보내지는 않을 수 있기 때문이다.

실제 윤석열 정부에서 북한 언론 매체 개방을 시도하기도 했었다. 2022년 7월 통일부는 업무보고에서 "남북 간 개방과 소통을 통해 민족동질성을 회복해 나가겠습니다. 아울러 소식을 전하는 사업(언론, 출판, 방송 등)의 단계적 개방을 통해 상호 이해와 공감대를 넓혀가며 민족동질성을 회복하겠습니다"라고 밝힌 바 있다.

또 권영세 당시 통일부 장관은 그해 8월 18일, 국회 외교통일위원회에 출석해 "조금 더 검토를 해봐야겠지만, 선전 매체가 아니라 사실 보도하는 매체라면「국가보안법」개정 없이도 할 수 있지 않겠나 생각한다"라고 답하면서 개방 가능성을 열어뒀다.

하지만 이후 2023년 1월 29일, 통일부는 현실적 제약으로 인해 북한 당 기관지인『로동신문』의 PDF 열람 가능 장소를 확대하는 것 외에 방송 개방은 더 이상 추진하지 않았다.

## 5. 80년 전 비극 되풀이하지 않으려면

언론 자유는 한 사회의 민주주의 정도를 가늠해 볼 수 있는 주요한 척도다. 한국은 다른 선진국들에 비해 언론 자유는 다소 뒤떨어지긴 하지만, 헌법상에 언론 자유를 보장하고 있는 국가다. 그런데 언론에게는 그 자유만큼의 책임도 요구된다. 특히 잘못된 보도를 하더라도 언론사가 별다른 타격을 받지 않는 북한과 관련된 오보일 경우, 언론사의 자체적인 자정 능력이 더욱 절실히 필요하다.

언론사들이 북한에 대한 오보를 내지 않도록 남한 정부의 역할도 중요하다. 지금까지 상당수의 남한 정부는 북한 문제를 자신들의 권력 유지에 이용해 왔다. 북한 정보의 폐쇄성으로 인해 발생하는, 이른바 '북풍' 유혹에서 벗어날 수 있도록, 이를 방지할 수 있는 제도적 방안이 마련돼야 한다.

북한은 외부와 통로를 열어둘 필요가 있다. 북한이 외부, 특히 남한과 교류를 끊고 담을 쌓으려 한다면 남한의 언론사와 정부는 더욱 거침없이 북한에 대한 잘못된 정보를 남한 사회 내에 퍼뜨릴 수 있다. 국제사회에서 남한의 위상이 높아지면서 북한에 대한 잘못된 정보가 남한을 넘어 세계로 퍼져나갈 수도 있다. 이는 북한을 위해서도 좋은 일이 아니다.

북한에 대한 오보를 줄이고 한반도의 평화적 분위기 조성을 위해서는 언론사와 남한, 북한 정부 각각의 노력과 함께 최소한 소통의 끈은 이어가려는 남북 정부 및 국민들의 합의가 무엇보다도 중요하다. 서로 소통은 하고 있어야 오보를 방지할 수도 있고, 불필요한 오해를 막을 수 있고, 그래야 더 큰 충돌을 예방할 수 있다.

　아무리 상대가 미워도 어차피 물리적으로 서로 떨어질 수 없는 사이라면, 교류와 접촉을 늘리며 서로를 조금이나마 이해하려는 작업을 하루빨리 시작해야 한다. 한반도에서 또다시 전쟁이 발발한다면 그건 80년 전 동족상잔의 비극과는 비교할 수 없을 정도의 재앙이 될 수 있음은 남북한, 그리고 한반도에 살고 있는 주민 모두가 다 알고 있는 것 아닌가.

# III

# 남북관계 변화와 교류협력 리빌딩

북으로 가는 수해 지원품 ⓒ〈연합〉

인도개발

# 상호 발전과 화해를 위한 인도개발협력

이예정 / 우리민족서로돕기운동 사업국장

## 1. 남과 북, 협력의 파트너가 되다

1995년 8월, 북한은 유엔에 긴급 식량지원을 요청한다. 그간 소문만 무성했던 북한의 식량난이 공식화되는 순간이었다. 유엔과 국제사회는 재난평가팀을 파견하는 등 대북지원을 위해 발 빠르게 움직였다. 남측에서도 시민사회와 종교계가 중심이 되어 전국적인 '북한동포돕기운동'이 전개되었는데, 이것이 민간의 대북지원·인도개발협력의 시발점이 되었다.

초기 대북지원은 밀가루, 옥수수 등 식량이 주를 이루다, 차츰 피복, 생필품, 학용품 등으로 지원 품목이 확대되었다. 그리고 2000년 6월, 첫 남북정상회담을 계기로 남북 인도개발협력은 새로운 장을 맞게 된다. 한번 주고 끝나는 단순 지원이 아니라, 북한 주민 스스로 자생력을 제고할 수 있도록 분야별 프로젝트 사업으로 서서히 전환되기 시작한 것이다.

남측 민간의 인도개발사업은 북한 주민 전체의 필요를 충족하기에는 부족했지만 북한의 인도적 상황을 개선하는데 일정 정도 기여했다. 특히, 대북지원 초기부터 아동, 산모에 대한 지원이 꾸준히 이어지며 취약계층의 인도적 상황 증진에 이바지했다고 평가된다. 또한 개발협력사업을 통해 새로운 기술과 농법, 현대적 사업 방식이 북에 소개되며 북한 주민 스스로 더 나은 작업 방식, 발전의 길을 고민하는 데 도움을 주었다. 그러나 민간 협력사업은 무엇보다 남북 주민들의 빈번한 접촉과 협력 과정을 통해 상호 이해를 높이고, 서로를 협력의 대상, 더 나아가 한반도 평화를 함께 만들어갈 파트너로 인식하게 했다는데 가장 큰 의의가 있다.

우리 사회에서 북한에 대한 인식을 근본적으로 변화시킨 인도개발사업은, 그러나 2008년 금강산 관광객 피살, 2010년 천안함 사건 이후 양적·질적으로 퇴행을 거듭하다 현재는 장기 휴지기에 머물러 있다. 남북은 이 긴 침체를 끝내고 협력을 재개할 수 있을까?

## 2. 민간 인도개발협력의 시대는 끝났나?

### 2000년대, 민간 협력의 황금기

2000년대 10년은 가히 민간 남북협력의 황금기로 불릴만하다. 민간 대북지원은 2000년 남북정상회담을 계기로 식량, 생필품 중심의 일회성 지원에서 농업, 축산, 보건의료, 산림, 환경, 에너지 등 다양한 분야의 중장기 개발협력성 사업으로 점차 전환되었다. 2000년대 중반부터는 특정 지역에 대한 종합개발사업이 시도되기도 했다. 일례로 우리민족서로돕기운동과 경기도는 공동으로 2006년부터 3년간 평양 강남군 당곡리에 대한 대대적인 지역개발사업을 진행했다. 벼농사 및 시설농업 지원, 진료소 개축 및 의료 장비 지원, 아동시설 신축, 각종 주민 편의시설 신축, 도로 개보수. 종합적인 지역개발을 통해 당곡리는 새로운 모습으로 탈바꿈했다.

> "와!!!" "이~~야!!!"
>
> 북쪽 사람 특유의 억양과 함께 가슴 깊은 곳에서 저절로 터져 나오는 함성은 어떻게 글로 표현할 수가 없습니다. 현장에 있던 북과 남의 '사람'들은 모두가 그저 탄성을 내지를 수밖에 없었습니다. 1년간 당곡리 협동농장 곳곳을 누비며 미운정과 고운정이 함께 들었던 북쪽의 사업 담당자는 누구에게 하는지도 모를 "수고했어! 수고했어!"라는 말을 연발하면서 옆에 서 있던 나를 부둥켜안았습니다.
>
> - 우리민족서로돕기운동 실무자 (2007.10)

개발협력성 사업은 물적 자원은 물론, 일회성 물품 지원과 달리 많은 인적 자원을 필요로 한다. 이는 후원자, 기술진, 실무진 등 하나의 사업에 과거보다 훨씬 많은 사람들이 관여함을 의미한다. 자연스럽게 많은 남측 주민들이 북한을 방문했으며, 1996년 12억 원이던 지원 규모는 2007년 1,129억 원(민간 자체자금 909억 원, 정부의 민간지원 기금 220억 원)을 기록하는 등 폭발적으로 증가했다.

### 인도개발협력의 쇠퇴

2008년 이명박 정부가 들어서며 남북협력 단체 사이에서는 대북지원, 인도개발사업에 대한 정부 정책이 퇴보하지 않을까 우려하는 목소리가 흘러나왔다. 그러나 대다수는 10여 년간 이어져 온 남북협력의 흐름이 쉽사리 바뀌지 못할 것으로 판단했으며, 북측 파트너들에게도 민간의 협력사업은 꾸준히 이어질 것이라는 의견을 전했다.

남북협력을 가로막는 결정적 사건은 전혀 예상치 못한 곳에서 발생했다. 2008년 7월, 금강산에서 남측 관광객이 북한 초병에 의해 피살된 것이다. 이후에도 남북관계에는 악재가 이어졌다. 2010년 3월에는 천안함이 침몰했고, 같은 해 11월에는 연평도 포격 사건이 발생했다. 그리고 천안함 사건 이후 발효된 5.24 조치에 대북 지원사업의 원칙적 보류(영유아 등 순수 인도적 지원은 예외) 조항이 포함되며 이후 민간 협력사업의 규모가 급감한다. 2010년 222억 원(정부기금 21억 원, 민간자체 자금 201억 원)이던 민간의 인도지원 총액은 2011년 131억 원, 2013년 51억 원, 2020년 30억, 23년에는 9억 원으로 급감하더니, 2024년에는 대북지원이 집계된 95년 이래 처음으로 0을 기록했다. 규모뿐 아니라 사업 내용도 퇴행했다. 협동농장, 병원, 제약공장, 양묘장 등 북측 사업장 중심의 중장기 사업이 모두 중단된 것이다. 현재 민간의 남북협력사업은 단순 물자 지원 형식의 어린이지원과 일회성 긴급지원을 중심으로 명맥이 유지되고 있다.

연도별 인도적 대북지원

| 구분 | 정부차원 | | | | | | 민간차원 | 합계 |
|---|---|---|---|---|---|---|---|---|
| | 무상지원 | | | | 식량차관 | 계 | | |
| | 당국차원 | 민간기금지원 | 국제기구지원 | 계 | | | | |
| '95 | 1,854 | - | - | 1,854 | - | 1,854 | 2 | 1,856 |
| '96 | - | - | 24 | 24 | - | 24 | 12 | 37 |
| '97 | - | - | 240 | 240 | - | 240 | 182 | 422 |
| '98 | - | - | 154 | 154 | - | 154 | 275 | 429 |
| '99 | 339 | - | - | 339 | - | 339 | 223 | 562 |
| '00 | 944 | 34 | - | 977 | 1,057 | 2,034 | 386 | 2,421 |
| '01 | 684 | 63 | 229 | 976 | - | 976 | 782 | 1,757 |
| '02 | 832 | 65 | 243 | 1,140 | 1,510 | 2,650 | 578 | 3,228 |
| '03 | 811 | 81 | 205 | 1,097 | 1,510 | 2,607 | 766 | 3,373 |
| '04 | 949 | 102 | 262 | 1,314 | 1,359 | 2,673 | 1,558 | 4,231 |
| '05 | 1,221 | 120 | 19 | 1,360 | 1,787 | 3,147 | 780 | 3,926 |
| '06 | 2,000 | 133 | 139 | 2,273 | - | 2,273 | 709 | 2,982 |
| '07 | 1,428 | 220 | 335 | 1,983 | 1,505 | 3,488 | 909 | 4,397 |
| '08 | - | 241 | 197 | 438 | - | 438 | 726 | 1,164 |
| '09 | - | 77 | 217 | 294 | - | 294 | 377 | 671 |
| '10 | 183 | 21 | - | 204 | - | 204 | 201 | 405 |
| '11 | - | - | 65 | 65 | - | 65 | 131 | 196 |
| '12 | - | - | 23 | 23 | - | 23 | 118 | 141 |
| '13 | - | - | 133 | 133 | - | 133 | 51 | 183 |
| '14 | - | - | 141 | 141 | - | 141 | 54 | 195 |
| '15 | - | 23 | 117 | 140 | - | 140 | 114 | 254 |
| '16 | - | 1 | 1 | 2 | - | 2 | 28 | 30 |
| '17 | - | - | - | - | - | - | 11 | 11 |
| '18 | 12 | - | - | 12 | - | 12 | 65 | 77 |
| '19 | - | - | 106 | 106 | - | 106 | 170 | 277 |
| '20 | - | 7 | 118 | 125 | - | 125 | 23 | 149 |
| '21 | - | 5 | - | 5 | - | 5 | 26 | 31 |
| '22 | - | 6 | - | 6 | - | 6 | 20 | 26 |
| '23 | - | 2 | - | 2 | - | 2 | 8 | 10 |
| '24 | - | - | - | - | - | - | - | - |
| 합계 | 11,258 | 1,200 | 2,969 | 15,427 | 8,728 | 24,155 | 9,286 | 33,440 |

*출처: 통일부, "인도적 대북지원 현황," www.unikorea.go.kr

### 하노이 이후 남북협력사업 전면 중단

2018년 남북관계의 해빙 무드와 함께 민간단체들의 협력사업 정상화에 대한 기대도 높아졌다. 오랜만에 방북길에 오른 단체들은 과거 협력사업을 진행했던 북측 사업장을 방문하고 북측과 사업 재개를 위한 협의를 진행했다. 그러나 짧았던 '한반도의 봄'은 2019년 2월 하노이 북미정상회담이 실패하며 막을 내리고 만다. 북측은 당국 간 대화는 물론, 남측 민간과의 모든 접촉과 대화, 협력사업 논의, 남측으로부터의 물품 수령을 금지시켰다.

하노이회담 이후에도 민간은 북측과의 소통과 협력을 이어가려 최선을 다했다. 북측 파트너와의 직접 접촉, 해외 동포 단체와 제3국의 중개자를 통한 소통, 국제기구와의 연대 등 활용할 수 있는 모든 채널을 동원했다. 그러나 북측의 불통 정책은 2025년 현재까지 이어지고 있다. 그 사이 북은 남북관계를 '적대적 두 국가'로 규정하며 남북협력사업 재개를 모색하는 민간에 다시 한번 충격을 던졌다. 남북협력 단체들은 '적대적 교전국' 관계 속에서 향후 협력사업이 어떤 모습일지, 아니 협력사업이 가능하기는 할지 고민해야 하는 상황에 놓여있다.

## 3. 인도개발협력, 너무도 정치적인 '비정치적' 사안

남북협력의 큰 물줄기는 결코 돌이킬 수 없다고 믿던 때가 있었다. 그러나 현재 민간의 남북협력사업은 과거의 일이 되어버렸다. 민간의 인도개발협력은 왜 현재와 같은 상황에 처하게 됐을까?

## 정치군사에 종속된 민간 남북협력

김대중 정부 이래, 역대 남측 정부는 보수와 진보를 막론하고 북한에 대한 인도지원은 정치군사적 상황과 무관하게 추진하겠다는 입장을 밝혀왔다. 그러나 실제 민간의 인도개발협력은 당국 간 정치군사적 상황에 따라 부침을 거듭했다. 더불어 민간의 협력사업은 남과 북 양측 당국의 허가와 승인을 바탕으로 진행돼 왔다. 사업이 확대되며 당국의 통제가 일부 완화되기도 했지만, 민간이 당국의 통제를 벗어나 완전히 독립적으로 활동할 수 있었던 적은 없다.

모든 협력사업의 기본이 되는 북한주민접촉신고의 경우, 민간은 신고 이후 남측 당국의 신고 수리를 득해야 한다. 정부가 신고를 수리하지 않은 상황에서 북측 파트너를 만나는 것은 불법이다. 결국 정부는 신고제를 실질적으로는 승인제로 운영하며 민간의 활동을 통제하고 있는 것이다. 북측의 사정도 다르지 않다. 하노이회담이 초래한 '봉남정책' 발효 후 모든 남북협력이 중단된 것에서 알 수 있듯 남북협력사업에 대한 북한 당국의 통제는 남측 이상으로 강력하다. 민간의 독립성이 확보되지 못하고 현재와 같은 당국의 통제가 지속되는 한, 앞으로도 인도개발협력의 재개와 활성화를 낙관할 수는 없다.

## 협력사업에 대한 사회적 합의 저하

90년대 중반 '북한동포돕기운동'이 출범할 당시만 해도 남측 사회에 팽배한 반공 정서로 인한 저항이 작지 않았다. 그러나 종교계, 사회 각 부문의 원로들이 합류하며 대북지원은 점차 인도주의 운동, 민족화해 운동으로 자리 잡아 간다. 그러나 2000년대, 협력사업의 규모가 확대됨과 동시에 남북협력에 대한 비판적 목소리도 점점 더 커져갔다. 특히 2006년 10월, 북한이 1차 핵실험을 감행하며 남측 사회에서 '퍼주기 논란'이 폭발했다. 인도적 지원과 대북협력이 결국 '북핵'으로 돌아왔다는 논리였다.

더불어 인도적 지원에 대한 피로감이 쌓이며 남북협력사업에서도 손익 계산이 필요하다는 사회적 요구가 세를 더해갔다. 남북협력사업은 일방적인 지원이어서는 안 되며 남측에도 이득이 돼야 한다는 것이다. 이에 대한 대응으로 남북협력, 특히 경협의 경제적 효과를 강조하는 대북정책이 고안되기도 했지만 남북협력사업의 실질적인 경제적 가치를 남한 사회에 공유하는 데는 한계가 있었다.

대북지원에 대한 피로감, 남북관계 장기 경색으로 인한 대북 적대감 고조, 경제적 이득에 대한 회의론 등이 뒤엉키며 협력사업에 대한 사회적 합의는 매우 낮아진 상황이다.

### 민간의 중장기 전략 부재

앞서 언급했듯 2000년대 10년 동안 민간의 남북협력사업은 크게 성장했다. 대북지원 물자를 실은 배가 매주 인천항과 남포항을 운항하던 이 시기, 민간단체 관계자들은 하루가 멀다 하고 북한을 오갔고, 수백 명의 방북단을 실은 전세기가 서해 직항로를 통해 북한을 방문하는 일도 잦았다. 문제는 단체들이 당장의 개별사업에 몰두하다 보니 결과적으로 민간 남북협력을 제도화하는 일은 후순위로 밀렸다는 점이다.

교류협력이 양적·질적으로 성장하던 이때, 남북협력 단체들은 민간의 독립성을 확보하고 협력사업의 지속가능성을 제고하기 위해 힘을 모았어야 했다. 무엇보다 남북 주민 간 접촉과 만남을 자율화하고 협력사업에 따라붙는 복잡하고 불필요한 행정 절차를 간소화했어야 했다. 더불어 대북 인도지원법 제정을 통해 정기적인 대북 인도지원을 안착시켜야 했다. 그러나 아쉽게도 위에 언급된 그 어느 것도 제대로 추진되지 못했다.

물론 2000년대 민간이 교류협력의 제도화에 무관심했던 것은 아니다. 그러나 공동의 중장기 전략이 부재한 상황에서 개별적 문제 제기가 실질적인 변화로 이어지기에는 한계가 있었다. 남북협력의 지속가능성은 결국 제도와 시스템을 통해 담보된다. 그런 점에서 현재 남북협력의 전면 중단은 일정 정도 과거 민간의 중장기 전략 부재에서 기인했다고 할 수 있다.

### 높아진 대북제재 수위

2006년 10월 9일 북한의 1차 핵실험 이후 UN 안전보장이사회는 대북제재결의안 1718호를 채택하고 안보리 산하에 1718 대북제재 위원회를 설치, 제재 전반을 감독해 왔다. 그 이후 10여 년 동안 안보리는 북한의 추가 핵실험과 탄도미사일 발사 시마다 새로운 제재결의안을 채택했다. 2016년 3월 채택된 결의안 2270호까지 UN의 제재는 북한의 대량살상무기 개발 중지에 초점이 맞춰져 있었다. 그러나

2016년 북한의 5차 핵실험 이후 발효된 5개의 결의안(2321, 2356, 2371, 2375, 2397)은 대량살상무기 부문뿐만 아니라 북한 경제, 주민 생활 전반에 막대한 영향을 끼치고 있다.

그뿐만이 아니다. 현재의 제재 레짐 하에서는 의미 있는 대북지원, 남북협력사업이 추진될 수 없다. 2018년, 남북 당국은 철도 연결, 개성공단 재개 등을 협의했으나 국제사회의 대북제재로 인해 의미 있는 진전을 이루지 못했다. 민간사업도 예외가 아니다. 대북제재위원회는 민간 인도협력사업에 대해 제재를 면제하는 프로세스를 가동하고 있다. 그러나 소위 '순수한' 인도지원사업에만 제재 면제를 승인하고 있어, 북측 협력사업장 중심의 개발협력사업은 추진이 어려운 현실이다.

## 4. 상호 발전과 화해를 위한 남북협력 모색

### 민간 인도개발협력의 목표 재설정

북측은 오래전부터 '상호 이득이 되는' 사업을 강조해 왔다. 남측에서도 과거 방식의 일방적 지원은 다시금 '퍼주기 논란'을 불러올 수 있다. 더불어 북한의 '두 국가 선언' 이후, '같은 민족이니 도와야 한다'는 과거의 추진 동력을 보완할 새로운 논리가 필요한 상황이다. 이렇듯 변화된 환경에서 앞으로의 인도개발협력은 무엇을 목표로 해야 할까?

미래 인도개발협력은 무엇보다 서로의 필요와 발전 전략에 부합해야 한다. 그런 점에서 남북 모두의 관심사인 글로벌 이슈로부터 협력 재개를 모색할 필요가 있다. 특히, 기후변화와 전 지구적 감염병 대응은 남북 양자 협력을 위한 중요한 매개가 될 수 있을 것이다. 그러나 되돌아보면 과거 남북이 협력했던 농축산, 산림, 환경, 보건의료, 제조업 등 모든 부문은 남북 양측 모두에게 중요한 분야이다. 따라서 과거 사업의 재평가를 시작으로 보다 발전된 미래 사업의 로드맵을 그려나가는 것 또한 현실적인 접근법이 될 수 있다.

상호의 필요와 더불어 남북협력이 남북관계 개선, 상호 이해와 화해 분위기 조성에 기여해야 한다는 점은 과거에도 현재도 모두가 동의하는 방향일 것이다. 다만, 과거의 사업이 남북 간 상호 이해와 화해분위기 조성에는 도움이 되었으나, 남측에서는 예상치 못한 사회 갈등 요소로 부상했다는 점을 기억해야 한다. 따라서 향후 진행되는 협력사업은 남북 간 화해뿐만 아니라 남남화해를 도모하는 방향으로 기획, 추진돼야 할 것이다.

### 양자 및 다자틀을 통한 남북 소통 채널 확보

남북협력사업에 있어 북측과의 소통 유지는 가장 기본적인 요소이다. 그러나 하노이 이후 남측 민간과 북측 파트너 기관들과의 소통은 대부분 차단돼 있다. 설상가상으로 북한의 두 국가 선언 이후, 과거 남측 민간을 상대해 왔던 민족화해협의회나 민족경제협력연합회가 이미 해체됐다는 소식마저 들려온다. 쉽지 않은 상황이다.

그래도 다행인 것은 북측은 일부 해외동포 단체들과는 여전히 관계를 지속하고 있다. 남측 민간과 해외동포 단체들과의 유대도 여전히 두텁다. 남-북-해외동포 3자 협력이 꾸준히 제기되는 이유이다. 실제

일부 단체는 3자 협력을 통한 대북협력을 추진하고 있다. 그러나 북측이 남측과의 협력을 공식적으로 거부하고 있는 상황에서 남측이 '비공식적'으로 참여하는 현재의 방식은 단기적 접근으로, 조심스럽게 추진해야 한다.

비록 전통적인 북측 파트너기관들이 해체됐지만, 몇몇 북측 실무자들은 여전히 어떤 형태로든 남측의 접근이 가능한 영역에서 일하고 있다. 민간은 우선 이들과의 협력을 통해 북측과의 공식적인 관계 재구축에 나서야 한다. 더불어 UN 및 국제기구, 국제 시민사회 플랫폼을 통해 남북 간 직접 접촉의 기회를 최대한 확보해야 한다. 다자틀에서의 남북의 조우는 남측 민간의 협력 의지를 북측에 지속적으로 전달하고, 북측의 관심 분야를 확인하는 소중한 기회이다.

### 지속가능한 남북협력을 위한 법제도 정비

남북 민간의 인도개발협력이 시작된 지도 30여 년이 흘렀다. 그 사이 북을 대하는 우리 사회의 태도와 인식은 하나로 규정할 수 없을 정도로 크게 바뀌었다. 적대감과 무관심은 차치하고, 이제는 유튜브에 넘쳐나는 북한 관련 콘텐츠에 누구나 쉽게 접근할 수 있다.

세상은 이렇게 바뀌었지만 남북관계 관련 법 제도는 이런 변화를 반영하지 못하고 있다. 남북교류를 관장하는 「남북교류협력에관한법률」의 경우, 제정 목적이 남북의 '상호 교류와 협력을 증진'하기 위해서라고 규정돼 있지만, 주요 내용은 여전히 남북 주민의 만남부터 협력사업의 종료까지 민간 활동에 대한 정부의 통제 규정이다.

남북 간 체제 경쟁의 시대는 지났다. 남측 주민을 언제든 북에 포섭될 수 있는 존재로 상정하고 운영되던 법 제도는 이제 바뀌어야 한다. 남북 주민의 자유로운 만남과 협력사업 추진이 가능하도록 대대적인 제도 개선이 필요하다. 무엇보다 북한주민접촉신고는 말 그대로 신고로서 완결돼야 한다. 또한 협력사업에 대해서는 포괄승인제를 통해 해당 사업과 관련된 접촉, 방북, 물자 반출 등 지난하고 불필요한 행정 절차를 간소화해야 한다. 이러한 제도 개선이 이루어질 때, 보다 다양한 주체들이 남북협력사업에 접근할 수 있을 것이다.

중장기적으로는 법률에 근거한 남북교류협력 전문 재단의 설립을 추진할 필요가 있다. 현재 비슷한 기능을 담당하는 기관의 경우, 업무의 대부분이 통일부가 위탁하는 실무에 한정돼 있고 결정권도 거의 없다. 향후 설립되는 재단은 독립 기관으로서 남북교류협력 전반을 관장할 수 있도록 법률로서 그 권한을 부여해야 한다. 그럴 때 동 재단은 정치군사적 상황과 관계없이 교류협력을 추진할 수 있는 중요한 기반으로 기능할 수 있을 것이다.

### 대북협력과 한반도 평화 증진을 위한 국제 환경 조성

한반도 평화는 남북만의 문제가 아닌 국제적 사안이다. 결국 남북협력의 증진, 화해, 한반도의 평화 정착을 위해서는 국제사회의 협조와 지지가 필수적이다. 그러나 북한 문제에 대한 피로감, 최근 몇 년 사이 유럽과 중동을 강타한 전쟁으로 인해 국제사회에서 한반도에 대한 논의는 거의 실종되었다.

한반도 문제에 대한 국제사회의 관심을 환기시키고 실질적인 변화를 추동하기 위해 정부, 민간 모두의 노력이 필요하다. 정부와 민간의 접근법이 완전히 동일할 수는 없을 것이다. 그러나 '무력 배제', '대화와 외교를 통한 접근', '평화 우선'이라는 공동의 원칙을 기반으로 활동할 때 서로 간의 시너지를 확보할 수 있을 것이다.

더불어 남측보다 먼저 북한에 대한 인도지원과 협력사업을 시작했던 국제 인도주의 사회와의 연대를 통해 꽉 막힌 대북협력 환경을 풀어나가는 노력도 병행해야 한다. 정부는 세계식량기구(WFP), 세계보건기구(WHO), 세계백신면역연합(GAVI) 등 국제기구의 주요 도너로서 이들의 활동을 지원하고, 민간은 북한 주민의 인도적 상황을 악화시키는 대북제재에 대한 접근법을 함께 고민하며 향후 대북 협력의 전략을 모색해야 한다.

## 남북협력에 대한 사회적 공감대 확산

남북협력사업의 재개와 활성화를 위해서는 협력사업에 대한 사회적 공감대를 넓히는 일이 무엇보다 중요하다. 그리고 이는 남북협력의 성과를 복기하는 것에서 시작해야 할 것이다. 특히, 단체 차원의 경험을 넘어 사업에 직접 참여했던 일반 시민들의 목소리를 통해 협력사업이 평범한 남북 주민들의 삶을, 서로에 대한 인식을 어떻게 변화시켰는지 공유하는 것이 중요하다.

우리 사회의 전반적인 평화 감수성을 높여내는 일도 함께 추진돼야 한다. 평화가 단순히 물리적 폭력이 없는 '소극적 평화'로만 인식된다면 한반도의 미래는 현재와 크게 다르지 않을 것이기 때문이다. 전면적 무력 충돌을 가까스로 피해 가며 '위태로운 평화'를 이어갔던 지난 80년 동안 남북한 사회는 분단이 낳은 모순과 폭력에서 자유로울 수 없었다는 것을 기억해야 한다.

남북협력에 대한 사회적 공감대를 확장하고 남북관계 개선의 기반을 다지는 활동은 결국 우리 사회의 전반적인 수준을 높여내고 평화 문화를 확산하는 일의 연장선상에 있다. 남북협력이 평화, 환경, 젠더 등 더 나은 사회를 만들어 가는 운동과 긴밀히 연대해야 하는 이유이다.

## 5. '만남'이 '평화'로 이어질 때까지

2012년 김정은 위원장 집권 이래 2010년대와 같은 형식과 규모의 민간 협력사업은 진행되지 못했으며, 설상가상으로 하노이 이후 북한은 남측과의 협력 자체를 거부하고 있다. 남측에서는 남북 간 직접협력의 경험이 없는 세대가 점차 사회의 주축으로 성장하고 있다. 그런가 하면 국제사회의 대북제재는 인도적 지원과 대북협력을 더욱 위축시키고 있다.

이러한 환경을 감안할 때 남북 인도개발협력의 재개와 활성화에는 조금 더 시간이 필요할 것으로 보인다. 또한 재개된다고 하더라도 그 모습은 과거의 그것과는 사뭇 다를 것이다. 그럼에도 남북협력 재개를 위한 노력을 멈추지 말아야 할 이유는 명확하다. 민간의 협력사업은 남북의 주민이 서로 만나고, 이해하고, 화해하는 '평화 만들기'의 장이었기 때문이다.

결국 모든 변화의 시작은 만남이다. 민간 남북협력이 30년을 향해 가는 시기에 또다시 '만남'을 얘기해야 하는 현실이 안타깝다. 그러나 이 길 이외에 다른 길이 있을까? 교류협력의 단계를 건너뛰고 '남북이 평화롭게 공존하는 한반도'를 만들 방법이 있을까? 없다. 그렇기에 우리는 과거 남북협력의 경험을 돌아보며 같은 실수를 반복하지 않도록 조심스럽게, 그리고 더 많은 이들이 이 여정에 동참할 수 있도록 독려하며, 발걸음을 내디뎌야 한다.

남북경협
# 남북경협, 평화에서 번영으로

최은주 / 세종연구소 연구위원

## 1. 남북 경제협력, 평화를 위한 또 하나의 열쇠

　남한과 북한이 평화로운 관계를 만든다는 건 무슨 의미일까? 가장 기본적으로는 전쟁 발발 가능성을 없애는 일이다. 남북한이 지금의 '휴전' 상태를 '종전' 상태로 바꿔 전쟁을 끝냈다고 공식 선언하는 것이 그 첫 단계일 것이다. 그리고 더 나아가, 남과 북이 서로 평화를 약속하는 평화협정까지 맺으면, 한반도의 평화는 훨씬 더 단단해질 수 있다.

　하지만 평화는 단순히 선언만으로 이루어지는 것은 아니다. 남북 사이에는 이미 많은 갈등을 겪어 왔고, 앞으로도 해결해 나가야 할 새로운 갈등이 생길 수 있다. 이런 갈등을 대화와 협력으로 슬기롭게 풀어나가는 방법이 온전히 정착될 때, 진짜 평화를 만드는 과정이 시작될 것이다.

남북 정상들은 지금까지 4번의 정상회담을 통해, 평화와 협력의 방향을 담은 선언문들을 발표하였다. 선언이 '말로 한 약속'이라면, 그 약속을 실제로 지키겠다는 의지는 행동으로 보여줘야 한다. 2000년대에 활발히 진행됐던 남북 경제협력사업들은 약속을 행동으로 옮긴 대표적인 사례였다.

하지만 2016년 이후 남북 경제협력은 완전히 멈춰 섰고 지금 재개하기도 쉽지 않은 상황이다. 가장 큰 이유는 북한의 핵 개발과 미사일 시험발사에 따른 국제사회의 대북 제재이다. 각종 대북제재로 북한은 외부와의 경제 교류가 거의 불가능해졌다. 남북 경제협력도 이런 흐름에서 자유롭지 않다.

게다가 2023년 말, 북한은 남북 관계에 대한 공식 입장을 바꿨다. 남북이 '통일을 준비하는 특수한 관계'라는 기존의 관점을 버리고, 서로를 '적대적인 두 국가 관계'로 규정한 것이다. 이로 인해 과거에 적용되었던 남북 경제협력의 근거가 크게 흔들리게 되었다.

그럼에도 불구하고, 남북 경제협력은 한반도 평화를 만드는 데 여전히 중요한 역할을 할 수 있다. 서로 경제적으로 얽히고 이익을 공유하는 관계가 형성되면, 갈등이 생겨도 쉽게 끊어지지 않는 강한 연결고리가 만들어지기 때문이다. 그렇기 때문에 지금의 상황에 맞는 새로운 남북 경제협력 모델을 고민하고 준비할 필요가 있다.

이 글의 2장에서는 과거 남북 경제협력이 어떤 기대 속에서 추진됐는지 되돌아본다. 3장에서는 왜 경제협력이 좌초됐는지 그 이유를 찾고 가능성을 모색해 본다. 4장에서는 지금의 변화된 환경에서 남북 경제협력을 어떻게 다시 시작할 수 있을지 구체적인 방안을 살펴보고자 한다.

## 2. 남북경협, 경제적 이익을 넘어 평화와 공존의 길로

### 남북경협의 목표와 역할

남북 경제협력이란 무엇일까? 남북 경제협력은 남한과 북한이 서로 합의해 함께 진행하는 다양한 경제 교류와 협력 사업을 의미한다. 남북이 하나의 경제공동체로 가기 위한 첫걸음이라고 볼 수 있다. 남과 북은 서로 다른 경제 시스템을 갖추고 있기 때문에 처음부터 하나로 합치는 것은 어렵다. 그래서 경제 교류부터 시작하여 서로의 차이를 인정하고 이해하면서, 점점 협력 범위를 넓혀가야 한다.

남북 경제협력의 목적은 추진 주체에 따라 다르다. 정부 차원에서는 경제협력을 통해 남북이 함께 잘 사는 것뿐 아니라, 갈등을 줄이고 평화를 정착시키는 데 활용하고자 한다. 반면 기업 입장에서는 수익이 중요하기 때문에 경제협력을 통해 경제적 이익을 얻는 게 가장 큰 목표이다.

남북 경제협력은 크게 두 가지로 유형으로 나눌 수 있다. 하나는 정부가 담당하는 공적 투자이다. 예를 들어 남북 철도·도로 연결 같은 대규모 인프라 사업을 들 수 있다. 또 하나는 민간 기업들이 참여하는 사업이다. 남북 교역, 북한에서 만든 제품을 남한에 가져오는 위탁가공 등이 있다. 개성공단과 금강산관광은 정부와 민간이 함께 만든 대표적인 남북 경제협력사업이다.

남북 경제협력은 경제적 이익을 넘어 한반도의 평화를 위해서도 필요하다. 경제협력을 통해 남한은 저성장 문제를 해결할 새로운 기회를 찾고, 북한은 부족한 자금과 기술을 확보할 수 있다. 동시에, 경제적으로 상호의존관계가 심화되면 평화적 방법을 통한 남북 간 갈등 해결을 선호할 가능성이 높아진다. 경제협력이 평화를 지키는 안전장치 역할을 하는 것이다.

### 남북 경제협력사업의 전개

남북 경제협력은 크게 모색의 시기, 이행의 시기, 단절의 시기로 구분해 볼 수 있다. 모색의 시기는 남북한이 경제협력을 논의했으나 구체적인 실천으로 이어지지 못한 단계이다. 이행의 시기는 합의된 사항을 중심으로 경제협력이 활발히 추진된 시기이다. 마지막으로 단절의 시기는 남북 및 북미 관계 악화로 기존의 경제협력사업이 중단된 시기이다.

1980년대 중반부터 남북이 공식·비공식으로 접촉하기 시작했고, 1991년에는 남북기본합의서가 체결되면서 경제협력의 기본 틀이 만들어졌다. 다만 이 시기에는 본격적인 남북 경제협력사업이 이루어지지 못해 모색의 시기라 할 수 있다.

1998년 김대중 정부는 '대북 포용정책'을 통해 남북 경제협력을 본격적으로 실행하였다. 2000년 첫 남북정상회담에서 남북은 '6·15

남북공동선언'을 발표하며 경제협력을 민족 경제의 균형적 발전을 위한 중요한 수단으로 인정했다. 이후 개성공단, 금강산관광, 남북 철도·도로 연결과 같은 사업들이 본격화되면서 빠르게 확대되었다. 2007년 두 번째 정상회담에서는 '10·4 선언'을 통해 구체적인 협력 방향과 추가 사업 계획까지 마련하였다.

하지만 2008년 이후 남북관계가 얼어붙으면서 상황이 달라졌다. 이명박·박근혜 정부는 정치와 경제를 분리해서 접근하던 기존 방식과 달리, 정치·군사 갈등이 경제협력에도 직접 영향을 주는 방식으로 전환한 것이다. 특히 2008년 금강산에서 남측 관광객 피살 사건이 발생한 금강산관광을 중단하였고, 2010년 천안함 사건 이후에는 5·24 조치를 취해 개성공단을 제외한 모든 남북협력사업들을 전면 중단하였다. 2016년 북한의 4차 핵실험 직후에는 개성공단마저 문을 닫으면서, 남북 경제협력은 완전히 멈춰섰다.

### 남북 경제협력사업이 남긴 가능성

남북 경제협력사업이 이루어진 기간 동안 남북 교역은 질적으로나 양적으로 빠르게 성장하였다. 1994년에 1억 9천만 달러에 불과했던 교역액은 2015년 27억여 달러로 14배 이상 증가하였다. 뿐만아니라 개성공업지구에 입주한 기업의 수도 2005년 24개에서 2014년 125개까지 증가하였다.

위탁가공 사업을 중심으로 출발했던 남북 경제협력사업은 정부뿐만 아니라 민간 기업들도 함께 참여하면서 일반교역과 위탁가공교역,

금강산관광 및 개성공단과 같은 북한 내 경제특구를 활용하는 경제협력 등 다양한 형태의 사업들로 확대되기도 하였다.

**남북한 교역액 규모의 연도별 추이**

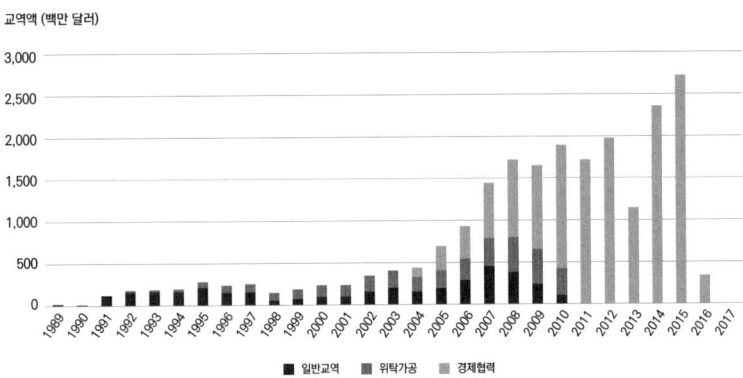

*주: 경제협력에는 금강산관광, 개성공단, 경공업협력 등을 포함
*자료: 통일부, "주요사업통계," www.unikorea.go.kr

이렇듯 남북 경제협력이 활성화되면서 남북한 모두에게 경제적 이익을 가져왔다. 먼저 북한은 1990년대 최악의 경제상황에서 벗어나는 데 필요한 재원의 일부를 확보하는 등 남북 경제협력사업을 긍정적으로 활용할 수 있었다. 남북한 간에는 경제력 격차가 크고 북한의 구매력이 남한보다 낮다. 그러므로 남북 경제협력은 주로 북한의 제품을 남한에 수출하고, 남한의 기업들이 북한에 공장을 건설하고 북한의 노동력을 활용하는 방식으로 이루어졌다. 이를 통해 북한은 경제적 이익을 얻을 수 있었다.

한편 남한은 코리아 디스카운트를 감소시킬 수 있었다. 코리아 디스카운트는 남한 기업들이 경제 규모가 유사한 다른 국가들의 기업보다 주식 시장에서 낮게 평가되는 현상을 의미한다. 이는 남북 간 군사적 긴장이 고조될 때 더욱 심화되는데, 투자자들이 남한 기업을 평가할 때 남북관계로 인한 위험 요소를 고려하기 때문이다. 남북관계가 악화되면 경제 활동의 불안정성이 커지면서 한국의 주가 하락으로 직결되는 것이다. 반대로 남북 경제협력사업이 안착되면 한반도에서의 전쟁 발발 위험이 낮아지기 때문에 코리아 디스카운트를 완화시키는 데에도 기여한다.

1990년대 후반, 남한 경제는 심각한 외환위기에 처했었고 회복을 위해 해외로부터의 투자 유치가 절실했다. 그런데 이 시기에 발생한 북한의 금창리 핵시설 의혹과 그에 따른 남북관계의 악화는 투자유치에 걸림돌이 되었다. 이에 김대중 정부는 금강산관광사업을 승인하면서 남북 경제협력사업을 추진했다. 이는 외국인 투자자들의 남한 경제에 대한 불안감을 줄였고, 경제 안정에 긍정적인 영향을 미쳤다. 결과적으로 남북 경제협력은 북한뿐만 아니라 남한의 경제 안정과 성장에도 중요한 역할을 한 것으로 평가할 수 있다.

### 3. 남북 경제협력이 남긴 숙제들

남북 경제협력은 한반도의 평화와 공동 번영을 위한 중요한 수단으로 평가받지만, 협력의 과정에서 다양한 문제와 한계를 드러내기도 했다. 이러한 경험에서 우리는 몇 가지 중요한 교훈을 얻을 수 있다.

### 경제적 측면

첫째, 법과 제도적 안정성을 확보해야 한다. 남북 경제협력은 법과 제도가 불안정하다는 점에서 늘 높은 위험을 안고 있었다. 남북한의 법 체계가 다를 뿐 아니라, 경제협력을 뒷받침할 법적·제도적 기반이 제대로 갖춰지지 않아 기업들의 장기 투자를 유치하기 어려웠다. 여기에 대북정책과 남북협력관련 정책이 정권에 따라 달라지면서 기업들은 남북 경제협력의 미래에 대한 불확실성이 커졌다. 이런 불안정성은 기업들의 부담을 키웠고, 투자 결정에도 부정적인 영향을 줬다. 앞으로는 법적 안전장치와 안정적인 정책 환경을 만드는 것이 무엇보다 중요하다.

둘째, 기업들이 경제협력에 대한 관심을 갖고 쉽게 참여할 수 있도록 해야 한다. 북한은 외국 기업 및 남한 기업들의 진입을 제한하는 여러 규제를 두고 있다. 이는 경제협력의 경험이 협소한 데에서 기인하는 것으로 시간을 두고 경험을 통해 풀어나가야 한다. 또한 국제사회의 대북제재로 인해 남북경제협력사업의 매력이 상당히 약해졌다. 기업들은 제재라는 경제적 위험을 감수하면서까지 협력에 참여할 동기가 없기 때문이다. 이러한 문제 해결을 위해서는 먼저 국제사회가 제재를 완화할 수 있도록 북한이 노력할 것을 촉구해야 한다. 동시에 기업들이 적극적으로 참여할 수 있도록 제도적 정비와 경제적 인센티브를 강화할 필요가 있다.

셋째, 남북 경제협력을 통해 남북한 간의 상호보완적인 산업구조를 형성해 나가야 한다. 북한은 상대적으로 노동 및 자원집약적 산업에 강점을 갖고 있고 남한은 자본 및 기술집약적 산업에 강점이 있다. 그러나 이러한 특징을 활용한 남북 간의 산업적 연계는 부족한 상황이다. 그 결과 남북 경제협력이 남북 간 서로의 경제적 필요를 충족시키는 구조를 형성하는 데에까지 나아가지 못했다. 따라서 남북 경제협력을 성공적으로 이끌기 위해서는 남북 간 산업구조의 연계를 강화하고, 상호보완적인 경제협력 모델을 마련할 필요가 있다.

### 정치적 측면

첫째, 남북 경제협력의 불확실성에 따른 높은 리스크를 낮추기 위해 노력해야 한다. 과거 개성공단 사업과 금강산관광 등 다양한 경제협력사업들이 추진되었으나, 남북 관계의 급격한 변화로 인해 돌발적으로 중단되는 사례가 빈번했다. 이는 남북 경제협력사업에 참여한 기업들에게 상당한 불안감을 조성했으며, 투자금 회수의 어려움과 경제적 손실을 초래했다. 따라서 향후 남북 경제협력을 추진할 경우, 돌발적인 중단 가능성을 줄일 수 있는 안정적인 법·제도적 장치가 마련되어야 한다.

둘째, 남북한 간의 안보 불안과 군사적 긴장이 남북 경제협력에 미치는 부정적 영향을 근본적으로 해결하기 위해 노력해야 한다. 북한의 핵과 미사일 발사 시험, 그리고 이에 따른 국제사회의 제재는 남북경제협력의 지속성을 저해하는 요소로 작용해 왔다. 경제협력은 정치·군사적 안정이 보장될 때 지속될 수 있기 때문에, 남북 간의 신뢰구축과 군사적 긴장 완화가 선행되어야 한다. 이를 위해 남북 간 군사적 충돌을 방지하는 신뢰구축 조치가 경제협력사업과 함께 추진될 필요가 있다.

셋째, 남북 경제협력을 둘러싼 남한의 정책은 초당적 합의를 통해 정책적 일관성을 확보해야 한다. 예를 들어 진보 정권은 정경분리 원칙을 기반으로 군사적 갈등이 발생하더라도 남북 경제협력을 지속하는 정책 기조에 초점을 맞췄다. 반면, 보수 정권은 정경일치를 강조하며 북한의 군사적 행동에 대한 대응으로 남북 경제협력사업을 중단시키는 등 대북 압박 수단으로 활용하였다. 이러한 정책 변화는 남북 경제협력에 대한 장기 계획의 수립과 새로운 사업 추진을 어렵게 하여 기업들의 투자 결정 및 확대를 저해하였다. 따라서 일관된 남북 경제협력의 원칙을 수립하고, 정치적 변화에 따른 영향을 최소화할 수 있는 체계를 구축하는 것이 중요하다.

이러한 교훈을 바탕으로 향후 남북경협이 지속 가능하도록 하기 위해서는 안정적인 법적·제도적 장치의 마련, 남북 간 군사적 신뢰의 구축, 그리고 정치적 변화에 흔들리지 않는 일관된 정책 방향의 설정이 필요하다. 이를 통해 남북경협이 단순한 경제적 협력을 넘어 한반도 평화와 공존의 기반이 될 수 있도록 해야 한다.

### 국제적 측면

첫째, 국제사회의 대북제재와 북한의 핵·미사일 개발 문제가 남북 경제협력에 미치는 영향을 고려해야 한다. 국제사회는 북한의 핵·미사일 개발을 저지하기 위해 강력한 경제제재를 시행하고 있으며, 이는 남북 경제협력사업을 제약하는 주요한 요인이 되고 있다. 대북제재로 인해 남한 기업들의 북한 내 투자 및 거래가 거의 불가능한 현실이다. 뿐만 아니라 국제사회의 압력 속에서 남북 경제협력사업을 남한이 독자적으로 추진하기도 어려운 상황이다.

따라서 남북 경제협력을 재개하기 위해서는 국제사회의 대북제재를 준수한다는 점을 명확히 밝히면서도 남북 경제협력사업이 한반도 평화에 중요한 역할을 할 수 있다는 점 등을 들어 국제사회를 적극적으로 설득해야 한다. 동시에 대북제재 하에서도 추진할 수 있는 경제협력 방안을 마련하고 단계적인 시행 방안을 모색해야 한다. 이와 관련하여 북한과 협력사업을 추진하고자 하는 국제단체들을 남북 경제협력사업에 포함시키는 방법도 고려해 볼 수 있다.

둘째, 남북 경제협력사업은 양자협력에서 출발하지만 주변국가들이 참여하는 다자협력으로 확대해 나가야 한다. 이를 위해서는 북한과 중국, 북한과 러시아 간의 경제협력이 남북 경제협력에 미칠 영향 또한 고려해야 한다. 남북 경제협력이 멈춰 있는 동안, 북한은 중국과의 교역을 크게 늘려왔고, 최근에는 러시아와의 경제협력도 강화하고 있다. 이렇게 북중·북러 경제협력이 확대되면서, 북한 경제가 중국과 러시아에 지나치게 의존하게 되면, 남북 경제협력에 대한 북한의 관심과 동력이 약해질 수 있다.

결국, 북중·북러 경제협력이 남북 경제협력을 완전히 대체해 버리는 상황은 피해야 한다. 이를 위해, 남북 간 경제협력을 남북만의 사업에 그치지 않고, 주변국들도 함께 참여하는 다자간 경제협력으로 발전시킬 필요가 있다. 앞으로 남북 경제협력은 주변국과의 경제 관계까지 고려한 확장형 협력 모델로 발전시켜야, 한반도 평화와 공존을 뒷받침하는 든든한 기반이 될 수 있다.

## 4. 평화와 번영을 위한 새판짜기

남북 경제협력은 한반도의 평화와 공동 번영을 위한 중요한 수단으로 평가받아 왔다. 그러나 현재의 국제 정세와 남북한 내부 변화로 인해 기존의 접근 방식을 그대로 유지하기 어려운 상황이다. 따라서 기존의 경험을 바탕으로 하되 변화된 현실적 조건을 반영한 새로운 전략이 필요하다.

### 변화된 현실 속 전략적 접근

첫째, 과거 정부들이 추진했던 남북 경제협력의 목표와 기본 방향은 이어가되, 구체적인 실행 방식에서는 변화된 현실을 반영할 필요가 있다. 특히, 남북경제협력과 한반도 비핵화 문제를 어떻게 연결할지 재검토해야 한다. 과거에는 남북 경제협력이 핵문제 등 정치·군사부문 협상의 일환으로 활용된 측면이 컸지만, 앞으로는 경제협력 자체가 지속 가능하도록, 독립적인 경제 프로젝트로 발전시킬 필요가 있다.

둘째, 남북경제협력의 재개 측면에서 기회보다는 현실적인 제약과 도전 과제가 훨씬 커졌다는 점을 냉정하게 봐야 한다. 국제사회의 대북제재가 계속되는 상황에서, 남북 경제협력은 사업의 범위와 방식 자체가 크게 제한될 수밖에 없다. 게다가 북한의 국제 정세에 대한 인식과 경제 정책도 과거와는 많이 달라졌다. 남한 내부에서도 남북 경제협력에 대한 인식이 변화하고 있는 만큼, 이런 변화를 반영한 전략적 접근이 필요하다.

## 단계적 교류협력과 지속 가능한 발전 전략

남북 경제협력사업을 재개하고 지속하기 위해서는 다음과 같은 요소들을 고려할 필요가 있다.

먼저, 남북경제협력사업의 실현 가능성을 높이기 위해 대북제재를 고려하되, 현재의 제재 하에서도 시도해볼 수 있는 협력 사업을 단계적으로 추진해야 한다. 이를 위해 초기에는 인도적 협력에서 출발하여 장기적으로 경제협력사업으로 발전시킬 수 있는 교류협력 사업을 발굴해야 한다.

둘째, 지속 가능한 남북경제협력을 위해 경제성을 고려한 협력사업을 추진해야 한다. 초기에는 소규모 투자로 빠른 성과를 창출하고 성공 경험을 축적할 수 있는 사업들을 먼저 추진할 필요가 있다. 또한, 중앙정부와 지방자치단체 간 전략적 보완 관계를 형성하여 지방자치단체의 실질적인 역할을 강화해야 한다. 이를 통해 중앙정부 차원에서 경제협력사업을 추진하기 어려운 상황이 발생하더라도 지역 단위에서는 지속적인 교류협력을 추진할 수 있는 여건을 조성할 수 있게 된다.

셋째, 남북 경제협력의 확장 가능성을 고려해야 한다. 남북 경제협력의 실질적인 모멘텀을 복원하고 지속적으로 유지하기 위해서는 국제사회의 역할을 적극적으로 활용할 수 있는 방안들을 모색할 필요가 있다. 특히, 시작한 협력사업을 지속할 수밖에 없도록 경제적·제도적 고정제약(binding constraints)을 부과할 수 있는 국제협력사업을 추진함으로써, 남북 경제협력이 국제협력의 틀 안에서 안정적으로 추진될 수 있도록 해야 한다.

이를 통해 남북 경제협력이 단순한 경제적 교류를 넘어 한반도의 평화와 안정, 지속 가능한 발전을 위한 기반이 될 수 있도록 해야 한다.

### 스마트농업을 통한 남북협력

남북 '스마트농업 협력단지' 조성 사업은 북한의 식량 생산능력의 향상과 지속 가능한 농업 발전 모델의 구축을 목표로 하는 협력프로젝트이다. 이 사업은 남한의 정밀농업 기술을 접목하여 북한 내 스마트농업 단지를 조성하고 첨단 기술을 활용한 농업 생산 방식을 도입하는 것으로 남북한 간에 추진해 볼 수 있는 사업이다.

북한은 농업 부문에서 식량 문제를 해결하는 한편 스마트 팜을 조성하여 기후변화와 자연재해에 대한 대응능력을 향상시키고자 하는데, 협력사업을 통해 효과적으로 추진할 수 있다. 한국도 협력사업을 통해 식량안보 강화, 농업혁신 촉진, 스마트 농업 기업의 발전 등을 기대할 수 있다.

농업분야의 협력은 국제사회의 인도적 지원과 연계될 경우 현재의 대북제재 속에서도 추진할 수 있는 가능성이 높은 사업이다. UN과 국제기구들은 북한의 식량 문제를 해결하기 위한 지속적인 지원을 고려하고 있으며, 스마트 농업 기술의 도입은 정치적 민감성이 약한 사안이기 때문에 남북한뿐만 아니라 국제사회와의 협력을 통해 추진될 수 있다.

북한 내 협동농장과의 연계를 통해 점진적으로 확장할 수 있다는 점도 실현 가능성을 높인다. 협동농장은 북한 농업의 기본 단위로, 이를 현대화하면 농업생산성이 크게 향상될 수 있다. 따라서, 개별 농가보다는 협동농장을 중심으로 스마트 농업 기술을 도입하는 것이 보다 효과적이다.

이 사업을 통해 다음과 같은 결과를 기대할 수 있다. 먼저 친환경적이고 지속 가능한 농업 모델을 구축할 수 있다. 북한의 토양 환경과 기후 조건을 고려한 스마트 온실 및 정밀 관개 시스템을 도입한다면 가뭄과 홍수 같은 자연재해에 대한 대응력을 높일 수 있다.

또한, 친환경 비료와 생물학적 방제 기술을 도입하여 화학 비료 및 농약 사용을 최소화함으로써 환경친화적인 농업을 실현할 수 있다. 이는 북한이 당면한 토양의 황폐화 문제를 해결하는 데 기여할 뿐만 아니라, 지속 가능한 농업 생태계를 구축하는 데에도 도움을 줄 것이다.

그리고 농업 교육 프로그램을 병행하여 북한 농업 인력의 역량을 강화하는 것도 남북한 간에 추진해 볼 수 있다. 스마트 농업 기술이 도입되더라도 이를 운용할 수 있는 인력이 부족하면 지속적인 운영이 어려워진다. 따라서, 남한의 전문가들이 북한의 농업 노동자들에게 농업 기술 및 장비운용법을 교육하는 프로그램을 통해 사업의 지속 가능성을 높일 수 있다.

이 사업은 단기적으로는 북한 내에 있는 농업 전문 특구인 농업개발구를 활용하고 점진적으로 북한의 농업 지역으로 확대하는 방식으로 추진될 수 있다. 이렇듯 북한 전역으로 스마트 농업 단지가 확산되면, 한반도 전반의 농업 생산성이 향상될 것이다.

나아가 북한의 농산물을 가공·유통하는 남북 공동의 농산물 브랜드를 개발하여, 한국과 국제 시장에 판매하는 사업도 추진해 볼 수 있다. 북한은 농산물의 가공 및 유통 시스템이 미흡한 상황이다. 남한의 가공·유통 기술과 북한의 노동력을 결합하면, 새로운 형태의 경제 협력 모델을 구축할 수 있다.

또한, 남북한의 농업 협력이 주변 국가들과의 협력으로 확장되면 국제시장으로의 진출도 모색할 수 있다. 북한에 스마트 첨단 기술에 기반한 농업 협력이 이루어지면 주변 국가와의 협력 기회도 증가할 것이다. 향후 남북 경제협력이 정착되면, 동북아 농업 허브로 성장할 수 있을 것이다.

이와 같이 남북 농업협력사업은 단기적으로는 북한의 식량난 해결에 기여하고, 장기적으로는 남북한이 농업 분야에서 첨단 기술에 기반한 경제협력모델을 마련하고 경제적 상호의존도를 높여 협력의 기반을 강화하는 역할을 할 것이다.

## 5. 평화를 위한 선택, 남북 경제협력

남북 경제협력은 한반도의 평화와 공동 번영을 위한 핵심적인 수단으로 평가받아 왔다. 과거의 경험을 통해 우리는 경제협력이 남북 간의 경제적 상호보완성을 높이고, 신뢰를 구축하는 역할을 했음을 확인할 수 있었다. 그러나 남북관계를 둘러싼 국제 정세와 북한 정책의 변화, 대북제재 등으로 인해 기존의 방식대로 남북경제협력을 추진하는 것은 현실적으로 어렵게 되었다. 변화된 현실을 반영한 새로운 전략적 접근이 필요한 상황인 것이다.

우선, 남북경협의 지속 가능성을 높이기 위해 경제협력 자체를 독립적인 경제 프로젝트로 발전시킬 필요가 있다. 과거에는 남북경제협력이 정치·군사적 협상의 일부로 활용되면서 부침이 컸는데 앞으로는 경제적 이익을 바탕으로 실현 가능한 협력 모델을 구축해야 한다. 이를 위해 남북한이 단계적으로 추진할 수 있는 현실적인 교류협력 사업을 발굴하는 것이 중요하다.

또한, 국제사회의 대북제재가 지속되는 상황에서도 추진 가능한 협력 모델을 개발해야 한다. 스마트 농업 협력단지와 같은 사업은 인도적 지원과 경제협력을 결합한 형태로, 국제사회의 제재를 우회하면서도 실질적인 성과를 창출할 수 있는 대안이 될 수 있다. 초기에는 소규모 협력 모델을 구축하고, 이를 기반으로 확장 가능성을 모색해야 한다.

이와 함께 중앙정부뿐만 아니라 지방자치단체와 민간 부문의 역할을 확대하여 다층적 경제협력 구조를 구축할 필요가 있다. 지방 차원의 교류협력이 활성화되면 중앙정부 차원의 경색 국면에서도 남북 간 지속적인 교류의 틀이 유지될 수 있으며, 이는 향후 본격적인 남북경협 재개 시 중요한 기반이 될 것이다.

마지막으로, 남북 경제협력의 국제적 정당성을 확보하고 확장 가능성을 높이기 위해 글로벌 협력 네트워크를 활용해야 한다. 북한이 중국·러시아와 경제협력을 강화하는 가운데, 남북 경제협력이 국제사회의 틀 안에서 안정적으로 추진될 수 있도록 다자 협력 방안을 모색할 필요가 있다. 특히, 국제기구와의 협력을 통해 경제적·제도적 고정 제약을 마련하고, 이를 통해 남북 경제협력이 보다 안정적으로 운영될 수 있도록 해야 한다.

남북 경제협력은 단순한 경제적 교류를 넘어 한반도 평화와 지속 가능한 발전을 위한 기반이 되어야 한다. 이를 위해 단기적으로는 실현 가능한 경제협력사업을 발굴하고, 단계적으로 협력의 범위를 확대하는 전략이 필요하다. 동시에, 국제적 협력을 강화하여 남북경제협력이 한반도를 넘어 동북아 경제협력의 중심으로 자리 잡을 수 있도록 해야 한다.

과거 남북경제협력이 남긴 교훈을 바탕으로 새로운 시대에 맞는 협력 모델을 정립하고, 이를 현실적이고 지속 가능한 방식으로 추진해야 한다. 이를 통해 남북 경제협력은 한반도의 평화와 번영을 실현해 나가는 핵심적인 요소로 자리 잡을 수 있을 것이다. 이제는 기존의 방식을 답습하는 것이 아니라, 새로운 접근과 실용적인 협력 모델을 통해 남북 경제협력을 미래지향적인 방향으로 발전시킬 때이다.

지역협력

# 언제든 지속될 지역협력을 위하여

윤세라 / 덕성여자대학교 지식문화연구소 연구교수

## 1. 지역협력의 찬란한 봄

한겨울 최고의 간식 중 하나는 따뜻한 방에서 먹는 귤이다. 귤은 열대 및 아열대 지역에서 재배되기 때문에 남측에서는 흔하지만, 북측에서는 귀한 과일로 대접받는다. 1998년 12월 제주에서 출발한 감귤 100t이 1999년 1월 북측에 도착했다. 최초의 남북 지역 교류 사례다. 1990년대 초반부터 제주에서는 감귤의 수급 조절 등을 위해 북에 감귤을 보내자는 움직임이 있었다. 그러나 남북 관계 대립 등에 따라 실행되지 못하다가 1998년에서야 첫 발자국을 떼었다. 이후 제주의 감귤 보내기 사업은 약 10년 동안 꾸준히 진행되었다.

대한민국 유일한 분단 도(道)인 강원도는 지방자치단체(이하 지자체)가 주도적으로 남북교류를 진행한 사례다. 강원도는 1998년 남북교류협력의 제도적 기반을 선제적으로 마련했다. 지자체 최초로 남북교류협력 관련 조례를 제정하고, 도청 내 남북교류협력 전담 부서를 설치했다. 2000년에는 반관반민(半官半民) 성격의 남북교류협력 전담 기구인 '남북강원도협력협회'를 설립하였다. 2000년 남강원도가 북강원도를 공식 방문해 북측 강원도 인민위원회와 교류협력 합의서를 체결하였으며, 이후 연어자원 보호 증식, 산림 병해충 공동방제, 농업지원 및 사회문화교류사업 등 다양한 사업을 추진했다(진희관 외, 2022).

이렇듯 남북협력에서 지역의 교류는 1990년대 후반부터 시작되었다. 시작의 배경에는 김대중 정부의 대북 포용정책이 있었다. 1998년 2월 김대중 정부가 출범하면서 '햇볕정책'으로 대표되는 대북정책을 시행하고, 2000년 6월 최초의 남북정상회담이 진행되면서 남북교류 분위기가 조성되었다. 이렇게 시작된 지역 간 교류는 김대중, 노무현 시기까지 활발하게 진행되었다. 2003년 노무현 정부 출범 이후에는 지자체의 남북교류협력이 본격화되었다. 이 시기부터 지역의 남북교류협력 영역에서 민관협력 거버넌스가 정착하고 사업 내용도 다각화되었다(김정수·황교욱, 2020).

그러나 지역 차원의 대북 교류는 2008년부터 점차 위축되다가 5·24 조치(2010) 및 북핵 및 미사일 문제에 따른 국제사회 제재 여파로 중단되었다. 2017년 문재인 정부 출범 이후 잇단 남-북-미 정상회담, 비핵화 추진 합의 등 국면이 전환되었다. 남북협력사업 재개 기대감이 높아지면서 지자체도 남북 교류와 협력을 적극적으로 준비하였다. 그러나 당국 간 합의와 남북관계 개선 움직임에도 불구하고 지역 교류협력은 부진했다. 그리고 윤석열 정부 이후 교류는 제로(0)이다.

지역의 남북 교류는 한때의 찬란한 봄으로 남겨질 것인가? 다른 교류와 더불어 지역 교류가 필요하고 중요한 이유는 남북관계의 부침 속에서도 다양한 주체가 꾸준하게 교류할 가능성이 크기 때문이다. 지역의 교류는 중앙정부 차원의 대북정책을 보완해 주는 역할을 할 수 있다. 남북 간 긴장이 고조되어 지속될 때, 지역 차원의 교류를 이어감으로써 남북 간 협의 채널로 활용할 수도 있다. 또한, 지역민 의사가 결집된 지역 차원의 대북 교류는 주민들이 생활 속에서 통일을 체감하고 정책에 참여하는 계기로 작용한다.

지속가능한 남북교류를 위하여 본 장에는 최근의 지역협력 현황(2절)과 문제점(3절)을 돌아보고, 앞으로의 어떤 협력을 모색해야 하는지(4절) 살펴보고자 한다.

## 2. 다양한 사업안, 그러나 실행 부재

### 지방자치단체 교류의 법·제도적 변화

남측의 지자체는 어떤 제도에 따라 협력을 추진해 왔을까?

1990년 「남북교류협력에 관한 법률」 제정 이후 지자체와 민간단체 등이 교류를 시작한 가운데, 노무현 정부 시기부터는 민간단체가 주도하고 지자체가 지원하는 민관협력 구조가 만들어졌다. 이는 2003년 5월 통일부가 지자체의 독자적 사업 추진을 제한하면서 나타난 변화이다. 이후 지자체는 남북교류 경험과 전문성을 갖춘 민간단체와 협력하거나 위탁하는 방식으로 교류를 이어갔다(박성열, 2018; 진희관 외, 2022).

문재인 정부 시기인 2021년 「남북교류협력에 관한 법률」 개정에 따라 지자체가 남북교류협력의 주체로 명시되며 지역 교류협력은 새로운 전환점을 맞았다. 여기에 2021년 「인도적 대북지원사업 및 협력사업 처리에 관한 규정」에서 지자체를 별도 신청 절차 없이 대북지원사업자로 일괄 지정하고, 필요한 경우 지자체의 대북지원사업에 남북협력기금을 지원할 수 있도록 하면서 지자체 중심으로 교류협력이 활발하게 기획되었다. 또한, 지자체 남북교류협력 사무의 집행기관으로 교육감도 명시되어 시도교육청의 남북교류협력도 모색되었다.

그러나 지자체의 무리한 사업 추진 등이 문제가 되자 윤석열 정부 시기인 2023년 「인도적 대북지원사업 및 협력사업 처리에 관한 규정」을 개정하였다. 개정된 규정에는 지자체가 대북지원사업 시 통일부와 사전에 협의하고, 기금 지원 시에도 사전에 통보하는 조항이 신설되었다. 또한, 지자체가 자체적인 협력기금을 보유하고 있는 점을 고려하여 남북협력기금 지원 대상에서도 제외하였다.

### 지역의 적극적 추진과 대비되는 미실행의 교류안

김대중, 노무현 시기에 이어 문재인 정부 이후 남북관계의 화해 분위기가 조성됨에 따라 지역에서는 적극적으로 남북교류협력사업을 추진했다. 특히 지자체가 남북교류협력 법적 지위를 확보함에 따라 지자체별 남북교류 제도 개선 및 사업 추진이 더욱 활발히 진행되었다.

과거 지역 협력은 광역 단위에서 주로 추진되었다면, 문재인 정부 이후에는 기초 지자체도 남북교류협력에 적극적으로 참여하는 것이 특징이다. 이는 남북교류협력조례 제정 건수에서도 드러난다. 2015년 12월 남북 교류 관련 조례를 제정한 기초 단위 지자체는 35곳이었지만, 2021년 12월에는 158곳으로 확인된다(진희관 외, 2022).

이 시기 광역·기초 지자체와 지역연구원 등에서 지역 맞춤 교류방안을 적극적으로 개발했다. 예를 들어 대구는 평양 대동강 맥주 축전 교류안을 내놓았고, 경북은 청송사과 재배기술 교류사업을 구상했다. 광주의 남북공동학술대회 개최 및 과학기술 분야 학술 교류, 제주포럼 북측인사 초청 등의 학술교류도 사업안으로 제시되었다. 2024 강원 동계 청소년 올림픽 공동개최, 2032 서울-평양 하계올림픽 공동유치 등의 대형 국제 스포츠 행사에도 남북 지역교류의 희망이 스며들었다.

지역별 다양한 사업안들이 봇물 터지듯 쏟아져 나왔지만, 현실적으로 실행된 것은 거의 없다. 이는 중앙정부 차원의 교류와 대조되는 것이다. 문재인 정부의 남북 정상회담 이후 남북한 고위급 회담과 군사·철도·도로·산림 등 분야별 협력을 위한 당국자 간 회담이 연쇄적으로 열렸다. 비정치적 분야의 교류도 진행되었다. 2018 평창 동계올림픽대회를 시작으로 스포츠 교류가 진행되었고, 불교계 방북 등 종교계 교류도 재개되었다. 이산가족 상봉, 우리민족서로돕기운동 대표단 방북 등의 인도적, 민간 교류도 나타났다. 그러나 지역협력은 기지개를 켜지 못했다.

지역교류가 진행되지 않은 상태로 지속되면서 지자체 스스로 지방 조례 및 기금을 폐지하는 사례도 발생했다. 예를 들어 서울시 광진구는 2023년 5월 남북교류협력에 관한 조례를 폐지하였고, 송파구는 2023년 10월 남북협력기금을 폐쇄하였다. 그밖에 지자체에서도 조례 폐지나 기금 폐쇄를 추진하고 있다. 2025년 3월 말 지자체의 남북 교류 관련 조례 건수(시행규칙, 이산가족 지원 등 제외)는 147개로 확인된다(국가정보법령센터, 2025).

각 지자체의 고민은 폐지안 검토에 여실히 드러났다. 2023년 11월 서울시 관악구는 남북교류협력 조례 폐지를 검토하며 "지방자치단체 차원에서 남북교류 및 통일정책 등을 주도하기에 한계가 있고, 남북교류협력기금의 존속기간의 도래가 임박했음에도 불구하고 장기간 남북교류사업이 없었던 점을 고려해 볼 때 해당 조례가 사실상 유명무실화됨"을 지적했다. 상위법인 「남북교류협력에 관한 법률」의 유사 내용 규정과 「인도적 대북지원사업 및 협력사업 처리에 관한 규정」에서의 지자체 남북교류사업 지원 조문 삭제와 통일부 규제 강화도 근거가 되었다(행정재경위원회, 2023).

남북 화해 분위기와 지역 교류협력의 제도적 뒷받침과 적극적인 사업구상에도 불구하고 지자체의 교류가 실제로 실행되지 않았다는 점은 치명적인 부분이다. 왜 이렇게 되었을까? 다음 파트에서는 그 이유를 살펴보고자 한다.

## 3. 정부에 치이고 북과 교감 없는 지역협력

### 선관후민+선중후지의 첩첩산중

국가 차원의 남북 화해 무드가 조성되었지만, 지역 차원의 협력은 얼어붙은 이유는 무엇일까?

먼저 남북 당국이 먼저 합의가 된 이후 다른 행위자가 움직일 수 있는 선관후민(先官後民)의 구조이다. 이 구조는 보수, 진보 정권을 가리지 않고 이어져 왔다. 오히려 남북관계사에서 선민후관(예: 김대중, 노무현 시기)은 예외적 사례에 해당했다. 이 또한 완전하게 민(民)이 우선인 상황은 아니었다.

여기에 더불어 중앙정부 중심의 선중후지(先中後地) 교류 시스템은 지역 교류의 적극적인 추진을 가로막고 있다. 선중후지 구조에서 남북교류협력은 중앙정부 역할을 중요하게 설정하고 지자체는 중앙정부 정책의 보조자 역할을 수행하게 한다. 중앙에서 협력 추진이 어려운 경우에 지역 협력으로 추진하거나 중앙과 별개로 지속적인 지역 협력이 진행되기 어려운 구조적 한계가 지속되고 있다.

이는 지방 분권이 미약한 상황을 반영하기도 한다. 남북교류 당사자의 역할이 중앙에 집중된 가운데 지자체의 사업 시행과 남북협력기금 활용 등에서 자율성이 제약되면서 지자체만의 교류를 추진하기에 한계가 존재하는 것이다. 지역 교류를 제언하는 많은 연구에서 분권적 협치나 거버넌스가 늘 강조되는 이유이다.

### 북측은 지역협력을 원하나요?

남측의 넘쳐나는 지역협력 추진안과 대비되는 점은 북측에서는 남북지역협력에 대한 언급이 없다는 점이다.

북측의 노동신문, 민주조선, 조선중앙통신, 조선신보 등 매체를 통해 나타나는 지역협력은 한반도를 제외한 국가를 대상으로 한 것이다. 정작 남북의 지역협력 내용 언급은 없다. 문재인 정부 이후 남북관계 개선 상황에서도 지역협력은 주요 사안이 아니었다.

그나마 김정은 시기 이후 지역협력 가능성이 보이는 것은 지방급 경제개발구이다. 김정은 시기 들어 경제특구가 중앙정부만이 아닌 지방정부에서도 가능하도록 법과 제도가 개편되었다. 각종 제재와 대외관계 경색으로 인해 실제로 경제개발구가 시행되지는 않았지만, 지금으로선 지역협력 가능성이 있는 연결고리다.

더 결정적인 문제는 김정은 정권이 남북관계를 '적대적 두 국가'와 '전쟁 중인 교전국'으로 설정하면서 대남기구를 폐지한 것이다.

그동안 남측 지자체의 카운트 파트너는 북측의 지자체가 아니었다. 민간단체, 민족화해협의회(민화협)를 통해 남북교류협력사업이 진행되었다. 2024년 김정은 정권의 대남전략 변화에 따라 수많은 대남기구가 폐지되었거나 폐지가 추정되었다. 아쉽게도 민족화해협의회는 현재 공식적으로 폐지가 확인되었다. 지역협력의 창구가 없어진 셈이다.

## 4. 지역 중심의 다양한 교류 상상하기

### 중앙-지방의 상호보완적 교류

지역협력이 지속성을 갖기 위해서는 협력의 경직성과 단절성을 내재하고 있는 중앙 중심의 교류협력 구도가 변화되어야 한다.

이를 위해서는 제도적 분권화와 더불어 실질적 실행 분권화 필요하다. 「남북교류협력에 관한 법률」이 제정된 이래 수차례 개정이 진행되었으나, 기본적인 접근방식은 중앙정부를 중심으로 한 교류협력의 허용이다. 이는 정권 변화에 따라 정부 승인의 폭과 범위가 달라져 정치적 상황 변화에 따른 교류협력 중단이 언제든 가능한 구조를 야기했다. 지속가능한 교류협력을 뒷받침하기 위해 기본법제의 접근방식 정비가 절실하다. 30여 년간 변함없이 유지된 이 큰 방향을 변화시키고 지역과 관련한 것은 지자체에 분권화할 필요가 있다.

지방정부를 중심으로 다양한 행위자가 협력할 수 있는 제도도 뒷받침되어야 한다. 지방정부는 상대적으로 중앙정부보다 국제환경에 덜 영향을 받는다는 장점이 있다. 이는 남북협력에 자율성을 더해준다. 또한, 다양한 행위자와 결합하여 교류의 다양성을 확보할 수 있는 유연성이 존재한다. 중앙 중심의 접근에서 탈피하여 유연한 전략과 제도가 필요한 시점이다.

### 한반도를 넘어선 협력 추진

앞서 살펴본 지역협력의 여러 사업안은 오로지 남과 북이 중심이 되어 추진되었다. 지역협력이 추진할 수 있는 다양한 규모, 주제, 주체 등의 장점을 살리지 못한 것이다.

지역협력의 상상력을 남북에 국한하지 않고, 제3국, 국외 행위자, 민간 등을 통해 연결하여 교류의 접점과 영역을 넓혀야 한다. 지자체 뿐만 아니라 개인, 단체, 기업 등과의 다양한 협력 대상 발굴, 교류 가능성 확대해야 한다.

이런 점에서 유럽연합 내 INTERREG 프로그램은 남북지역협력에 큰 시사점을 준다. INTERREG는 △국경 간 협력(cross-border cooperation), △초국가적 협력(trans-national cooperation), △지역 간 협력(inter-regional cooperation)의 3가지 협력 범주가 결합된 정책이다. 국가뿐만 아니라 지역, 국경 등의 다양한 협력이 함께 진행되면서 비교적 정치적 환경 변화에도 지속적이고 다층적인 협력이 진행되었다.

또한, INTERREG 사례는 중앙 중심의 협력에서 지역 기반의 협력으로 변화하는 과정을 잘 보여준다. 지방정부나 비정부기구의 활동이 활발하지 못한 지역협력 초기에는 중앙정부 주도로 'Top-down' 방식의 지역협력이 진행되었다. 그러나 지역협력 제도와 시스템이 갖추어지고 지역협력의 혜택이 지역에 돌아가면서 'Bottom-up' 방식으로 정책 집행 과정이 진화하였다. 남북 지역협력이 다시 시작되어야 하는 지금 장기적 관점에서 고려할 수 있는 협력 모델이다(김일한 외, 2021).

### 북한 경제개발구를 기반으로 한 지역협력 추진

북측의 지역협력 가능성을 활용할 수 있는 것은 지방급 경제개발구이다. 대외관계 악화로 10년 넘게 시행되지 못했지만, 최근까지도 학술 연구물에 관련 내용이 꾸준하게 발표되고 있는 등 북측의 구상은 계속되고 있다. 지방급 경제개발구 현황과 활용가능한 남북사업안은 다음과 같다.

## 북한의 경제개발구 현황

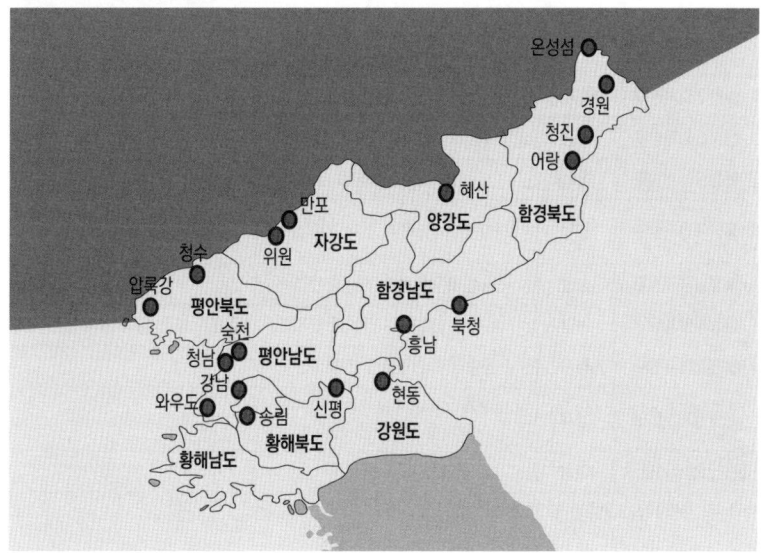

## 경제개발구를 중심으로 한 남북 사업 매칭

| 북측 개발구 | 유형 | 주요 사업 | 남측 사업 |
|---|---|---|---|
| 혜산경제개발구 | 경제 | 수출가공, 현대농업, 관광휴양 | |
| 만포경제개발구 | 경제 | 농업, 관광휴양, 무역 | |
| 위원공업개발구 | 공업 | 광물자원 및 목재, 농토산물 가공 | |
| 청수관광개발구 | 관광 | 압록강 관광 | · 용인 민속촌: 개발 및 운영 경험 공유 |
| 압록강경제개발구 | 경제 | 농업, 관광휴양, 무역 | |
| 숙천농업개발구 | 농업 | 농축산 등 생산 및 가공, 기술연구개발 | |
| 청남공업개발구 | 공업 | 채취설비, 공구, 석탄화학, 무역 | · 당진화력발전소: 서해안발전벨트 연계 |
| 와우도수출가공구 | 수출가공 | 수출지향형 가공조립 | · 인천경제자유구역, 인천남동공단: 물류, 산업, 개발 경험 공유<br>· 새만금사업단 : 재생에너지, 태양광, 풍력 등 |

| 북측 개발구 | 유형 | 주요 사업 | 남측 사업 |
|---|---|---|---|
| 강남경제개발구 | 경제 | 다수확우량품종육종, 사료생산, 첨단제품가공 및 임가공 | |
| 송림수출가공구 | 수출가공 | 수출가공, 창고보관, 화물운송 | |
| 신평관광개발구 | 관광 | 유람과 탐승, 휴양, 체육, 오락 | |
| 현동공업개발구 | 공업 | 정보산업, 경공업 | |
| 흥남공업개발구 | 공업 | 보세가공, 화학제품, 건재, 기계설비 | · 여수국가산업단지: 화학공업 연계 경험 공유 |
| 북청농업개발구 | 농업 | 과수 및 과일종합가공, 축산업 | |
| 어랑농업개발구 | 농업 | 농축산기지, 농업과학연구단지 | · 강원 고성군: 양어 연계 |
| 청진경제개발구 | 경제 | 금속가공, 기계제작, 건재생산 | |
| 경원경제개발구 | 경제 | 전자, 수산물가공, 정보산업, 의류 및 식료가공, 관광 | |
| 온성섬관광개발구 | 관광 | 외국인 대상 관광개발 | |

*출처: 차명철(2018); 김일한 외(2021)를 참고하여 저자 작성.

　북측의 경제특구 등은 중앙정부만이 할 수 있는 것이었다. 그러나 2013년 이후에는 지방정부도 경제개발구를 건설·운영할 수 있게 되었다. 「경제개발구법」 제정으로 법적 근거도 마련되었다. 이와 더불어 지방정부의 권한도 확대되었다. 해당 도(직할시) 인민위원회는 지역국토건설총계획에 기초하여 경제개발구의 개발계획과 세부계획을 작성하고 개발기업을 선정할 수 있는 권한을 가진다. 실무 관리는 통일적으로 중앙정부의 대외경제성이 진행하지만, 라선경제무역지대, 중앙급 경제개발구는 대부분을 대외경제성에서 담당한다는 점에서 지방의 권한이 매우 크다고 볼 수 있다.

　지방급 경제개발구의 사명은 대외관계를 다양화·다각화하고, 다른 나라 투자를 장려하여 지방경제의 발전에 이바지하는 것이다. 즉, 지방급 경제개발구는 단순히 국가 차원의 개혁개방이 아닌 지방경제 발전 그 자체를 목적으로 하고 있다. 따라서 각 지역에 맞는 유연한 협력을 모색할 수 있다. 남북뿐만 아니라 다양한 행위자가 여러 층위에서 협력할 수 있는 컨소시엄 형태도 구상해 볼만하다.

## 5. 현실 직시로 지속 가능한 미래 대비

다양한 남북교류협력 분야에서 유독 지역협력은 남측의 일방적인 짝사랑 느낌이 가득하다. 혼자 설레어 준비하다 고백도 못 해보고 마음을 접은 모습이다. 거기다 이제는 파트너까지 없어졌으니 망연자실하다.

앞으로의 지역협력이 실제로 지속 가능하기 위해서는 지금까지의 문제점을 직시하고 부푼 희망은 버리고 현실적으로 접근해야 한다. 지역 협력은 왜 해야 하는지, 지역협력을 위해서 어떻게 접근해야 하는지, 다른 교류와 달리 지역 협력이 지속되지 못한 이유는 무엇인지, 북측과 어떤 교류를 해야 상호 이익이 되는지, 북측은 무엇을 원하고 있는지 등을 다시 돌아보는 것이 무엇보다도 필요하다.

기후환경협력
# 남북이 함께 대응해야 할 기후위기

김은진 / 서울대학교 환경대학원 박사과정

## 1. 기후변화 영향하의 한반도

갑자기 많은 눈이 내리고 더워지는 이상기후는 이제 우리의 일상이 되었다. 체감하기 어려웠던 기후변화는 그 다양한 면모를 보이며 삶 가까이에 자리 잡았다. 지구 온도가 1.5℃를 넘어서기 시작한 지금, 지구 온도 상승이 왜 문제가 되는가. 지구 온도가 2℃에 도달하면 바다의 생태계를 책임지는 산호초는 99% 이상 멸종하며 빈곤계층도 수억 명 증가할 수 있다(IPCC, 2019). 태평양 섬나라인 루발루는 해수면 상승으로 거주지를 잃을 위기에 처해 있다(조선일보, 2023.12.28). 이처럼 우리는 기후변화로 인해 가보지 않았던 길을 가게 되었다.

지구 온도 변화에 대응하기 위해서 국제사회는 여러 노력을 수행했다. 1992년 기후변화협약(United Nations Framework Convention on Climate

Change; UNFCCC)이 채택된 이후로 국제사회는 매년 당사국총회(Conference of the Parties; COP)를 개최하여 기후변화 대응을 논의하고 있다. 2015년 파리협정이 체결된 후 국가들은 국가 온실가스 감축 목표(Nationally Determined Contribution; NDC)를 제출하기로 약속했다. 전 세계 과학자들이 참여하는 기후변화에 관한 정부 간 협의체(Intergovernmental Panel on Climate Change; IPCC) 발행 보고서는 기후변화에 대한 과학적 근거와 정책 방향을 제시하고 있다.

한반도 지역도 기후변화의 영향을 받고 있다. 남북은 기후변화 대응에 있어 국제사회에서 다른 입장에 있다. 한국은 기후위기에 책임이 있는 선진국으로 온실가스를 감축해야한다. 북한은 기후변화로 피해를 받는 국가이기에 기후변화 적응을 위한 도움이 필요하다. 국제사회의 남북문제는 한반도 안에서 남북의 입장 차이와 유사한 모습을 보인다. 이처럼 한반도는 같은 공간을 공유하지만 공유하지 않는 모순된 공간이다. 그러나 기후변화 대응에 대한 남북의 입장 차이는 오히려 장점이 될 수 있다. 이 장은 기후변화 대응에 있어 남북이 어떻게 다른지 살펴보고 협력할 수 있는 분야를 검토해 보고자 한다.

## 2. 기후변화 대응에 대한 남북의 입장 차이

### 한국, 기후변화에 대한 책임

기후변화의 영향은 우리 모두 체감하고 있다. 여름철의 긴 가뭄 후 이어진 집중호우, 3월과 9월의 고온 현상, 극심한 기후변동폭 등

날씨는 예측하기 힘들어졌다. 우리는 이를 경험하면서 세상이 달라지고 있음을 느낀다. 12월 중 하루는 12.4℃를, 하루는 -8.2℃를 기록하며, 봄과 가을은 사라지고 긴 여름과 긴 겨울이 우리를 맞이한다. 산불은 지난 10년 평균 대비 1.1배 이상 증가하였다. 이는 2019년 강원도 산불처럼 진압하기 어려운 산불로 번지기도 한다(기상청, 2023; BBC, 2019.04.07).

한국은 기후변화로 인한 피해만큼 책임을 지고 있는 국가이다. 한국 정부의 기후변화 대응은 국민들의 기후변화 적응을 돕는 것과 함께 온실가스를 감축시키기 위한 노력으로 추진되었다. 정부는 2008년 '국가 기후변화 적응 종합계획'을 수립하였다. 이후 「저탄소 녹색성장 기본법」과 '기후변화대응 기본계획'을 발표하는 등 여러 노력을 기울였다. 2015년 파리협정 가입 후에는 NDC를 제출해서 자체적인 온실가스 감축 목표를 설정하고 2050년까지 탄소중립에 도달할 것을 약속하였다. 2021년 발족한 2050 탄소중립위원회(現 2050 탄소중립녹색성장위원회)는 기후변화 대응이 국가 정책에 반영되며 확산될 수 있도록 노력하고 있다.

## 북한, 시급한 기후변화 적응

북한 당 기관지인 『로동신문』에 재난, 이상기후를 언급하는 기사가 증가하기 시작했다. 김정은 위원장 집권 이후에는 이전 시기에 비해 기후변화 적응, 산림 회복 등의 내용을 더 많이 다루었다(윤순진 외, 2019). 북한의 관심은 남한보다 온도 상승 등 변화가 더 빠른 것을 체감하기 때문으로도 볼 수 있다. 북한의 연평균 온도 상승은 남쪽보다

1.3배 높고 폭염일, 열대일, 폭우 등의 발생 일수도 증가하는 추세이다(윤병수, 2024). 북한이탈주민들은 북한에 거주했을 때 이미 다양한 극한기후를 경험했고 기후변화를 체감했다고 보고하였다(명수정 외, 2013). 북한 기후의 변화는 주민들부터 북한 당국까지 체감되는 위기로 다가오고 있는 상황이다.

기후변화 대응을 위해 북한도 여러 노력을 기울이고 있다. 북한 연구자들은 피해에 대응하기 위해 이상기후에 강한 작물을 개발하거나 재난을 예측하는 시스템을 개발하는 연구를 수행했다. 『김일성종합대학학보』, 『기상과 수문』, 『기술혁신』 등 북한 학술지를 보면 '가뭄 견딜성'이 강한 작물 개발, '표준화강수증발지수', '산불일기지수' 분석을 통한 재난 예측 등을 고려하고 있는 것으로 보인다(김명섭, 2022; 박철용 외, 2023; 송정명 외, 2021). 2020년대에는 '재해성이상기후'를 언급하며 농업 활동에서 재난을 대비할 것을 강조하기도 하였다(노동신문, 2022.12.24). 제도적으로는 「재해 방지 및 구조, 복구법」을 제정하였고 기후변화 관련 법 19개를 제·개정하는 등의 노력을 기울이고 있다(허정필 외, 2023).

## 남북 환경협력은 어떠했나

남북 환경협력은 교류협력의 일환으로 추진되었다. 2000년과 2007년 남북정상회담을 통해 환경 분야 및 재난 관리에 대한 협력 사업 추진이 합의되었다. 금강산 관광과 개성공단을 추진하면서 개성공단 환경영향평가 및 금강산 폐기물 및 오·폐수 관리가 논의되었다. 이후 북한의 산림황폐화를 막기 위한 약품, 기술지원, 산림 복원 협력 등 여러 논의가 있었지만 대북제재 강화 등의 한계로 협력은 제한되었다.

2018년 남북관계가 해빙모드에 접어들면서 문재인 정부에서도 산림협력을 통해 온실가스 흡수원을 확보하고자 하는 시도가 있었다. 제3차 정상회담(2018년)에서 자연생태계 보호를 위한 환경협력이 합의되었다. 그러나 실질적인 협력은 미비했다. 종자 11kg만 지원되었고 파주 남북산림협력센터에서 생산한 대북지원용 묘목도 제대로 지원되지 않았다(BBC, 2021.11.4; 연합뉴스, 2022.10.14). 윤석열 정부에서도 대북 정책으로 그린데탕트를 언급하며 환경협력을 강조했지만 구체적인 협력은 없었다.

1990년대 국내 민간단체들은 북한의 식량난 해소를 위해 지원을 시작했고 그 중 환경 분야는 농업과 산림 회복에 초점을 맞췄다. 단체들은 농업 관련해서 옥수수 종자 개발, 씨감자 재배 지원, 젖염소 목장 지원 등 식량 문제를 해결할 수 있는 분야에 집중했다. 산림 지원은 병해충 방제 지원, 묘목 지원 등이 추진되었다. 특히 2007년 남북정상회담 이후 지자체와 민간단체들의 북한 양묘장 지원 사업이 활발히 진행되었으나 안타깝게도 2010년 중단되었다(매일일보, 2024.09.18). 2010년대 초반에는 협동농장에 자원순환형 지원사업을 추진하면서 친환경에너지와 축산, 농업이 연계될 수 있는 방식을 적용하기도 하였다(빙현지 외, 2017).

## 3. 난관에 부딪힌 기후변화 대응

### 한국, 온실가스 감축목표를 달성할 수 있는가

한국은 세계에서 13번째로 온실가스 배출량이 많은 국가(2023년 기준)로 이를 감축할 의무가 있다(연합뉴스, 2023.12.2). 2021년 정부는 2030년까지 온실가스를 2018년 대비 40%를 감축하겠다고 발표했지만 달성하기는 쉽지 않을 것으로 보인다. 온실가스 감축 계획으로 국제협력을 통한 감축, 이산화탄소 포집·활용·저장 기술(Carbon Capture, Utilization, and Storage; CCUS)을 통한 감축을 늘리고 산업 부문의 비중을 감소시켰다. 이는 현실화하기 어려운 계획으로 평가되고 있다. 온실가스 감축 경로 또한 2022년 초기에는 완만하고 2030년으로 갈수록 볼록한 형태를 그리고 있다. 이러한 계획은 미래세대가 온실가스 감축에 대한 더 많은 부담을 지게 됨을 뜻한다.

온실가스를 가장 많이 배출하는 분야는 에너지 분야로 전체 배출량의 86.9%를 차지한다(2021년 기준). 에너지 분야의 배출량 감소를 위해서는 신·재생에너지 발전이 증가해야 하나 보급률은 9% 수준(2023년)으로 쉽지 않은 상황이다. 화석연료를 사용하는 고탄소체제에서 풍력, 태양광 등을 활용하는 저탄소체제로의 에너지 전환은 기후변화 완화를 위해 필수적이다(박상철, 2019).

한국의 에너지 전환에는 어떤 어려움이 있는가. 전력망 인프라 부족으로 태양광 발전소의 계통 연계 지연이 발생하거나 주민들의 설비 도입 반대로 지역 갈등이 생기기도 한다. 재생에너지 발전의 간헐성으로 전력 수급이 불안정해지고, 제주도 같이 풍력과 태양광 발전이 많은 지역은 출력제한이 걸리기도 한다. 온실가스 배출량 감소를 위해 재생에너지를 적극적으로 도입하기에는 여전히 여러 난관이 산재해 있다.

### 북한, 적응을 위한 협력은 가능한가

북한은 기후변화에 대한 국제 논의에 적극적으로 참여하고 있다. 그러나 한계는 명확해 보인다. 파리협정에 가입한 북한은 NDC(2016년)를 제출하고 온실가스 감축을 위한 목표를 제시하였다. 에너지 효율 개선, 재생에너지 보급 확대, 폐기물 관리의 목표를 밝혔으나 북한 자체의 힘으로 달성하기에는 요원해 보인다. 특히 지표로 제시한 500MW 해상풍력발전소 건설, 500MW 육상풍력발전소 건설 등은 외부의 지원 없이 추진하기 어렵다.

2019년에는 온실가스 감축 목표를 상향하여 2030년까지 배출전망치(Business As Usual; BAU) 대비 16.4%를 감소하고 국제지원을 통해 52%를 감축할 것이라고 보고하였다. 북한은 대북제재에도 불구하고 NDC 목표 달성을 위해 상당한 국제지원을 염두하고 있는 상황이다. 에너지 문제가 산림 벌채, 주민 에너지 소비 등 다양한 영역에 영향을 미치고 있는 만큼 기후변화 대응에 대한 지원은 필수적이다. 그러나 북한의 기후변화 대응 계획은 한계가 있을 수밖에 없음을 보여주고 있다.

북한 당국이 재난 피해를 줄이기 위해 여러 대비를 하고 있음에도 여전히 문제점이 많다. 노동신문에서는 농사에 대해서 "앞으로 가물과 큰물, 태풍과 같은 재해성이상기후현상은 더욱 잦아질 것이며 그로 인한 피해는 계속 증가될 것"이라고 예상하고 있다. 북한도 피해를 대비하는 것이 중요하다는 점을 인식하고 있는 것이다. 이를 위해 "강하천 바닥파기, 제방쌓기, 물길가시기" 등을 강조하여 홍수를 대비하고 있으나 쉽지 않은 상황이다(노동신문, 2022.12.12; 2022.6.28). 기후변화 대응에도 인력 동원을 통해 해결하려는 경향을 보이고 있어 북한의 한계는 여실히 드러나고 있다(윤순진 외, 2024).

### 남북 기후·환경협력의 어려움

윤석열정부의 남북협력 한계는 기후·환경협력의 어려움을 그대로 보여주고 있다. '적대적 두 국가 관계'라는 경색된 남북관계 속에서 상호신뢰가 부재한 상황에서는 어떤 협력도 추진하기 어렵다. 정치와 긴밀히 연결되어 있는 남북관계는 비정치적으로 보여지는 기후·환경협력도 어렵게 만든다. 소통과 신뢰는 남북 기후·환경협력이 추진되는 데 있어 전제조건이 되어야 할 것이다.

대북제재 또한 협력을 어렵게 만드는 요인 중 하나이다. 점차 강화된 대북제재로 북한으로의 물자 반입뿐만 아니라 기술 이전도 어려워졌다(박효민, 2019). 2018년 산림협력이 진행되었을 때에도 비료와 농기구 등의 반입이 차단되어 사업이 중단된 것이 이러한 한계를 잘 보여준다. 일부 국제기구와 해외 NGO가 대북제재 면제를 받고 북한과의 사업을 추진하기도 하였다. 하지만 대부분 위생과 보건에 관련된 것으로 기후변화와 관련한 협력은 한계에 직면해 있다(김성진 외, 2021).

기후·환경 협력을 위한 제도가 구체화되지 않은 것도 남북 기후·

환경협력의 제약요건으로 지적할 수 있다. 금강산 관광과 개성공단을 추진할 때는 남북이 별도의 법을 제정하여 사업 추진의 법적 근거를 마련하였다. 그러나 한반도 기후변화 대응에 대해서는 법적 기반과 이행기구가 구체화되지 못했다. 관련 논의도 남북정상회담과 실무협의회 회의로만 그치고 있어 사업 추진 동력이 저하될 수밖에 없다. 남북 기후·환경협력을 위해서는 특정 국가의 이익을 넘어서는 공동의 이익을 추구하는 인식의 변화와 제도의 구성이 수반되어야 한다.

## 4. 협력의 시너지 효과 그려보기

기후변화 대응에 있어 남북은 각각 한계와 어려움을 가지고 있다. 남북이 함께 할 때 그릴 수 있는 더 나은 미래를 위해 남북 기후·환경협력에 대한 아이디어를 구상해보고자 한다. 물론 다양한 아이디어를 이야기하기에 앞서 제도가 뒷받침되어야 협력이 구체화될 수 있다. 따라서 협력의 시너지 효과를 고려하기 위해 제도적으로 구상해볼 수 있는 것들을 제안한다.

먼저, 기후변화 공동 대응에 대한 이해가 필요하며 기후변화 대응을 논의할 수 있는 협의체 또는 위원회가 구성되어야 한다. 예를 들어 '기후변화공동대응위원회(가칭)'를 구성하여 기후변화를 함께 대응하는 틀을 제도화하는 것이다. 기후·환경협력을 위해서는 5년 후의 미래, 25년 후의 미래, 그 이후의 미래까지 함께 그려보는 논의의 장이 필요하다. 위원회 추진이 어렵다면 '기후변화공동대응협의체(가칭)'를 구성하는 것도 좋을 것이다. 다양한 행위자들이 기후변화로 인한 문제를 인지하고 이를 논의하는 장을 마련하는 것이다.

다음으로, 기후변화 대응을 위한 공동 기금을 조성하는 것도 제안할 수 있다. 북한 기후변화 적응 사업, 남북 기후변화 협력 사업을 위한 연구를 위해 자금을 조성하고 이를 활용하는 것이다. 이를 위해 UNFCCC, 유엔개발계획(United Nations Devlopment Programme; UNDP)과 같은 국제기구의 참여와 녹색기후기금(Green Climate Fund; GCF)의 지원을 고려할 수 있다. 이러한 공동 기금 조성은 추후 협력 사업의 가능성을 높일 수 있다.

기후변화 공동 대응을 위해 남북이 각각 기후·환경 협력을 위한 법과 제도를 마련할 필요가 있다. 기후변화 협력 협정 및 관련 법, 사업 절차 규정 등을 구체화하여 기후변화 공동 대응을 위한 다양한 제도적 틀을 구축하는 것이다. 아래의 아이디어는 이러한 전제조건이 추진될 것을 염두해두고 구상한 협력안이다.

### 기후변화, 함께 잘 적응하기

기후변화에 영향을 미치는 다양한 피해를 인지하고 공동 관리가 필요한 지역에 대한 협력 방안을 마련하는 것이 필요하다. 하구와 연안지역, 서해는 남과 북, 중국이 함께 관리해야 하는 지역이다. 특히 서해는 한반도와 중국의 강이 흘러 들어가는 바다로 삼국이 공유하는 곳이다. 서해는 향후 플라스틱 오염으로 향후 생물이 살아가기 힘든 바다가 될 가능성이 있다. 기후변화공동대응위원회 또는 관련 협의체를 구성하고 산하 위원회로 서해와 하구 공동 관리를 논의하는 것이 필요하다. 2018년 남북이 한강하구 공동수로 조사를 실시했던 경험은 공동관리의 좋은 사례가 될 수 있다. 폐기물 관리를 포함한 서해 오염 관리, 하구 및 연안 지역 환경정보 공유 시스템 구축 등을 추진할 수 있을 것이다.

공동으로 재해와 기후 예측 시스템을 구축하여 이상기후로 인한 피해를 줄이고 주민들이 기후변화에 적응하도록 도울 수 있다. 북한에서 연구한 산불예측정보와 홍수 정보 등을 포함하여 공동으로 예측 관련 지수들을 연구할 필요가 있다. 이를 토대로 통합된 시스템을 구축하여 재난을 쉽게 대비할 수 있도록 하는 것이다. 또한 기상과 안전 부문 연구자와 분석가들이 공동연구를 할 수 있는 기회를 늘리는 것도 필요하다. 이를 통해 공동으로 재해 대응을 할 수 있는 시스템을 개발할 수 있다. 이는 한반도 지역의 위기를 함께 대응할 수 있도록 하는 방안이다.

### 지구 온도 상승을 저지하기 위한 협력

기후변화 완화를 위해서는 재생에너지 협력이 필요하다. 과거에도 접경지역(Demillitarized Zone; DMZ)에 태양광과 풍력 발전을 설치하거나 서해 북방한계선(Northern Limit Line; NLL)에 풍력발전단지를 조성하는 방안이 제안되기도 했다. 하지만 협력이 추진되는데는 어려움이 있었다. 따라서 재생에너지 협력은 인도주의 성격이 강조되는 환경 프로젝트로 추진하는 것을 고려해 볼 수 있다. 남북이 직접 인프라 구축을 하기

보다는 북한 내 재생에너지 기술 교육, 인적 자원 육성을 통해 지원하는 것도 방법이 될 수 있다.

파리협정 6.2조 합의는 남북에 기회가 될 수 있다. 2024년 개최된 COP29에서 파리협정 제6조에 대한 세부규칙이 합의됨에 따라 국가 간 온실가스 감축 실적을 주고받을 수 있게 되었다. 남북은 기후변화 대응에 있어 부족한 부분을 서로 보완할 수 있다. 우선 기후변화 공동 대응 협정 또는 합의를 통해 온실가스 감축 실적 거래를 위한 기반을 마련한다. 기존에 협력을 진행한 경험을 토대로 산림 부문 협력을 추진하여 남북 기후·환경협력을 추진한다. 또한 온실가스 감축 실적 거래의 경험을 바탕으로 향후 재생에너지 단지를 조성하는 사업을 추진하는 것으로 확대해 나갈 수 있다. 북한에는 부족한 에너지를, 한국에는 온실가스 감축 실적을 확보할 수 있는 방안이다.

### 더 나은 방향으로 나아가기

기후변화의 농업에 대한 영향은 더 심해질 것으로 보인다. 농작물의 재배적지 변화는 현장에서도 체감하고 있는 사안이다. 국내 농업 연구자들은 아열대 과일을 시범 재배하고 있다. 북한도 가뭄에 잘 견디고 병해충에 강한 작물을 개발하기 위해 노력하고 있다. 작물의 재배적지 변화에 대응하기 위한 공동 연구 및 정보 공유는 앞으로 다가올 변화에 대응하고 적응하는 데 도움이 될 것이다.

북한은 '고리형순환생산체계'를 도입하여 농촌에서 에너지 자립 및 자원순환을 목표로 한 정책을 추진한 바 있다. 북한의 정책은 동물 배

설물을 천연비료로 만들어 사용하며, 유기질비료를 활용하는 방안을 담고 있다. 유기농 분야도 협력할 수 있는 분야이다. 국내의 분뇨 처리 기술과 북한이 개발한 흙보산비료 등 유기질비료와 같은 농업 관련 기술을 함께 연구할 수 있다. 이를 통해 한반도 지역의 환경을 개선하고 기후변화 대응하는 방안을 고려해 볼 수 있다.

산업 부문의 재자원화와 순환경제 기반을 구축하는 것 역시 남북이 협력할 수 있는 방안이다. 남북이 자원 재활용 및 순환경제에 초점을 맞춰 폐기물의 재자원화와 관리 기술 및 노하우를 공유하는 것이다. 북한은 지방공업을 활성화시키기 위해 노력하고 있다. 지방공업 발전에 친환경 사업 기반을 구축하고 제품의 전과정평가(Life Cycle Assessment; LCA) 등을 적용할 수 있도록 지원할 수 있다. 이를 통해 북한 산업이 생산과정에서의 환경영향을 최소화할 수 있다. 협력 추진 시 국제 기준에 맞춰 탄소감축 프로젝트로 추진하며 참여한 한국 기업이 탄소감축실적을 확보할 수 있도록 한다. 이러한 협력은 남북이 상호 '윈윈'하는 방식으로 협력의 긍정적인 측면을 강조할 수 있을 것이다.

## 5. Better Together, Better Future!

남북은 한반도라는 지역 안에서 서로 이웃하고 있지만 기후변화에 대해서는 풀어야 할 다른 과제를 안고 있다. 변화하는 기후에 대응하기 위해 노력하고 있지만 남북이 각각 대응하는데 있어서는 그 한계가 명확하다. 지속 가능한 삶의 방식을 고려하기 위해서는 장기적으로 남북이 협력해 나갈 필요가 있다. 우리가 그려야 할 것은 단기적인 미래가 아니다. 앞으로 30년 후, 50년 후의 미래를 그리며 지금을 살아야 한다. 그러기 위해서는 더불어 살아가는 것에 대한 긍정적인 경험들이 쌓여야 한다. 기후변화 공동 대응을 위한 제도 구축 및 다양한 영역에서의 협력 추진은 더불어 살아가기 위한 노력의 하나이다.

기후변화에 대해 남북이 처한 상황은 다르다. 그러나 다른 상황을 넘어 상호협력을 추진하고 서로를 이해하게 된다면 남북문제로 갈등하는 국제사회에 좋은 선례를 줄 수 있다. 기후변화는 지역의 문제이기도 하나 국제적인 문제이기도 하다. 이처럼 한반도에서의 경험은 미국의 정권 변화 등으로 더욱 갈등이 첨예해질 국제사회 기후변화 대응에 긍정적인 시사점을 제공해 줄 수 있다. 2025년은 앞으로 5년 남은 2030년까지 어떻게 보내야 할지, 2050년에 어떤 미래에 도달할지를 그리는 시기이다. 남북 기후·환경협력은 다양한 이해관계 속에 추진될 수 있다. 하지만 횡적이며 종적으로 필요한 협력이라는 점이 분명 고려되어야 할 것이다.

접경지역협력
# 접경지역에서 시작하는 한반도 평화

정원희 / 강원대학교 통일강원연구원 선임연구원

## 1. 기대와 불안이 교차하는 공간

남북 접경지역은 경제적으로 투자가치가 꽤 높은 곳으로 알려져 있다. 남북관계가 진전되고 한반도의 평화가 왔을 때 남북협력의 중심지가 될 가능성 때문이다. 2018년 남북 간 해빙무드가 본격화되자 경기·강원 접경지역을 중심으로 부동산 시장이 들썩였다. 2018년 4월 판문점 선언에 개성공단과 금강산 관광 재개, 사회기반시설(SOC) 개발 계획과 연내 종전선언 추진 등이 담기면서 개발 기대가 한껏 부풀어 올랐다.

경기도 및 강원도 북부에 위치한 접경지역은 군사시설보호구역 설정 등 군사적 규제와 토지이용 제한 등의 이유로 당장의 개발은 어렵다. 하지만 지가 자체가 낮고 소액 투자가 가능하기 때문에 투자 관점에선 굉장한 기회 요인이다. 2025년 1월 트럼프 2기 행정부 출범 후 북미 협상의 가능성이 보이자 경기도 파주, 연천 일대를 중심으로 부동산 시장에 대한 문의가 다시 늘어나고 있다고 한다.

그러나 접경지역 주민들의 반응은 기대와는 다소 온도 차가 있다. 대신에 주민들은 남북관계가 개선되면 대북, 대남 확성기 방송에서 벗어날 수 있다는 사실이 더 반갑다고 말한다. 접경 지역에 사는 주민들은 남북관계가 악화될 때마다 새벽부터 밤늦게까지 들려오는 대남방송으로 극심한 고통에 시달려왔다. 특히 2015년 파주 DMZ 목함지뢰 사건, 연천 서부전선 포격 사건과 같이 물리적 충돌이 발생할 때면 '진짜 전쟁이 일어날 수 있다'라는 불안감에 내몰려왔다.

본 장은 남북 분단의 아픔과 평화 시대에 대한 기대가 공존하는 접경지역에서 가능한 남북 협력사업, 궁극적으로 한반도 평화의 가능성에 주목한다. 평화는 일차적으로 전쟁이 없는 상태이며, 한반도의 진정한 평화는 한반도에 사는 모든 사람의 인권과 인간다운 삶을 보장될 때 가능할 수 있다. 한반도의 평화는 군사적 충돌 방지에서 시작하여 남북 간 신뢰를 바탕으로 상생과 번영을 도모하는 과정으로 이어진다. 접경지역은 분단의 최전선이자 군사적 갈등이 바로 체감되는 곳인 만큼, 이 공간에서의 평화야말로 한반도 평화 정착을 알리는 시금석이라 할 수 있다.

## 2. 분단이 낳은 접경지역의 현실

### 계속되는 비무장지대의 무장화

접경지역은 말 그대로 두 영역의 경계(border)가 만나는 지역을 의미한다. 국경을 맞댄 곳은 세계 어디에나 존재하지만, 남북한이 대치하는 접경 구간은 전 세계적으로도 긴장이 가장 첨예한 지역 가운데 하나로 꼽힌다. 현재의 군사분계선(MDL)은 1953년 정전협정에 의해 설정되었고, 이를 기준으로 남북 각각 2km 구간을 비무장지대(DMZ)로 명시하여 군대 주둔, 무기·군사시설 설치가 금지되어 있다.

그러나 정전협정의 원래 취지와는 달리 DMZ 지역은 중무장화 되었다. 남북 양측 모두 법에서 규정하는 DMZ 폭을 온전히 지키지 못한지 오래다. 전 세계에 12개소의 DMZ가 존재하고 실제 목적과 달리 무장된 경우가 있는데, 이 중에서도 한반도 DMZ는 가장 중무장한 사례로 꼽힌다(박은진, 2012). 지금도 북쪽의 북방한계선과 남쪽의 남방한계선에는 각각의 군대가 무장하고 철책을 두르고 있다.

남북이 분단된 지도 어언 80년, DMZ 일대 무장 수준은 오히려 더 강화되었다. 2024년 6월경 북한이 군사분계선 북쪽 1km 지점을 따라 콘크리트 벽을 세우는 듯한 모습이 포착됐다. 더욱이 이 작업 도중 북한 병사 여러 명이 지뢰 폭발로 숨지거나 다친 것으로 파악되기도 했다(연합뉴스, 2024.6.18). 2018년 9.19 군사합의에 따라 이루어진 DMZ 내 감시초소(GP) 철거, 공동유해발굴, 판문점 비무장화와 같은 군사적 긴장 완화 조치들은 무의미해졌다. 이러한 DMZ의 무장화는 주변 군사기지와 인근 지역사회까지 상당한 영향을 미치게 된다.

### 총성 없는 전쟁

접경지역은 일상적으로 비평화적인 상태에 놓여있다. 이는 군사적 충돌뿐 아니라 다양한 비군사적 갈등으로 드러난다. 대표적인 사례는 심리전(戰)의 일환으로 알려진 '삐라(영어 Bill(광고지)의 일본식 발음),' 즉 전단 살포다. 전단은 오래전부터 전시(戰時) 상황에서 적의 사기를 꺾거나 민심을 교란하기 위한 대표적인 심리전 수단으로, 전시가 아닌 상황에서 타국이나 자국 영토에 전단을 무차별적으로 살포하는 사례는 찾아보기 어렵다. 그럼에도 분단 이후 한반도에서는 전단 살포, 확성기 방송 등이 지속적으로 오가면서 이것이 남북 간 긴장을 고조시키는 촉매제가 되어왔다.

체제 특성상 외부 정보 유입에 민감한 북한은 전단 살포에 매우 예민하게 반응한다. 2020년 6월 남북연락사무소를 폭파하면서도 대북 전단 살포를 직접적 원인으로 지목했다.

남북 간 긴장의 수위가 높아질수록 접경 인근 지역은 북한의 군사 행동에 직접적으로 노출된다. 북한은 한국 민간단체의 대북 전단 살포를 우리 정부의 도발로 규정하며 군사적 보복을 시사하기 때문이다. 실제로 2014년 10월 북한이 대북 전단을 담은 기구를 향해 고사총을 발사하여 그 총탄이 연천군에 떨어지면서 무력충돌 직전까지 간 적도 있었다. 2024년 10월 대북 전단 살포가 예고되었을 때, 경기도는 파주·김포·연천 등 경기 북부 접경지역에 위험구역을 설정하고 전단 살포 목적 출입을 금지하는 행정명령을 발령하기도 했다.

이러한 사태의 심각성은 남북 모두가 잘 알고 있다. 1970년대부터 남북한은 서로의 지역에 대한 전단 살포 금지를 위해 여러 차례 합의를 시도했다. 1972년 11월(남북조절위원회 공동위원장 제2차 회의 공동발표문), 1991년 12월(남북기본합의서), 2004년 6월(제21차 남북군사실무회담), 2018년 4월(판문점선언) 등이다. 그러나 이러한 남북 합의사항은 꾸준히 지켜지지 못하고 또다시 제자리로 돌아왔다.

더욱이 북한은 2024년 5월부터 대북 전단 살포에 오물풍선으로 대응했다. 근 6개월간 남북한이 오물풍선과 대북확성기 방송을 주고받으며 맞대응의 논리를 펼치는 동안 접경지역 주민들의 불안감은 더욱 커졌다. 2018년 9.19 군사합의 무력화로 완충 공간이 사라지고 남북 간 소통 장치가 부재한 상황에서 이러한 남북의 심리전은 주민들의 생존권을 심각하게 위협하는 요인이 되었다.

주민들은 군사적 충돌 가능성이 높아질 때마다 농경지 출입 제한이나 지역경제의 침체까지 우려해야 한다. 접경지역에 주둔하는 군 장병들의 외출이 금지되고 관광이 중단되면 생업과 지역경제에 직접적 타격이 불가피하다. 정전 이후 서울과 경기권을 중심으로 급속한 경제 발전이 이뤄지는 동안, 접경지역은 사실상 한반도의 군사기지 역할을 담당하면서 여전히 1차 산업과 기초 서비스업에 크게 의존해 온 구조적 한계를 지닐 수밖에 없었다.

## 3. 접경지역 현황과 정부의 구상

### 접경지역의 현황

접경지역을 지원하기 위해 우리 정부는 2000년 1월 「접경지역지원법」(2011년 5월 전면 개정되어 「접경지역지원특별법」으로 명칭 변경)을 제정하였다. 지역적 특수성으로 인해 낙후된 접경지역의 경제발전 및 주민복지 향상을 지원하고, 접경지역의 자연환경 보전·관리하고 평화통일 기반을 조성하겠다는 취지다. 2000년 제1차 남북정상회담이 성사되면서 통일에 대한 국민의 관심이 높아지자, 남북교류협력의 전진기지로서 접경지역의 위상을 제고한 측면도 있다.

이는 과거 독일의 분단 시기 서독이 동서독 접경지역 주민들을 위해 추진했던 「접경지역지원법(Zonenrandförderungsgesetz)」(1971)과 유사한 맥락이다. 서독 빌리 브란트 수상은 동방 정책의 주요 시책 중 하나로 분단으로 인한 접경지역 주민들의 고통을 보상하는 차원에서 접근하였다. 독일은 향후 통일이 실현될 것이라는 가정하에서 접경지역의 중요성을 파악하고 침체된 경제와 열악한 생활 조건을 개선하는 데 중점을 두었다.

「접경지역지원특별법」에 의하면 접경지역은 아래와 같이 남방한계선으로부터 민통선까지, 그 너머 25km 이내 인천, 경기, 강원권의 시·도내 15개의 시·군이 포함된다. 통상 'DMZ 일원'이라 불리는 이 구역은 군사분계선 길이 248km, 총 면적은 12,400㎢(약 38억 평)에 달하는 광범위한 지역이다.

## 한반도 접경지역 현황

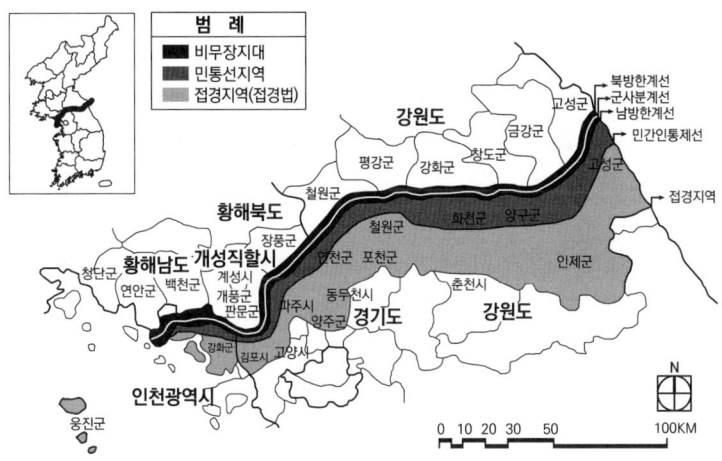

## 접경지역의 시군 현황

| 접경지역 지원 특별법 시행령 제2조 | | 지역 |
|---|---|---|
| ① 비무장지대 또는 해상의 북방한계선과 잇닿아 있는 시·군 | 인천광역시 | 강화군, 옹진군 |
| | 경기도 | 파주시, 김포시, 연천군 |
| | 강원특별자치도 | 철원군, 화천군, 양구군, 인제군, 고성군 |
| ② 대통령령으로 정하는 시·군 | 경기도 | 고양시, 양주시, 동두천시, 포천시 |
| | 강원특별자치도 | 춘천시 |
| ③ 비무장지대 중 경기도 파주시 군내면에 위치한 집단취락지역 | | |

*주: 「접경지역지원특별법 시행령」 제2조 제2항 대통령령으로 정하는 시·군에 경기도 가평군, 강원특별자치도 속초시가 추가된 개정안이 현재 입법 예고를 마친 상태임(2025.2).

## 정부의 구상

역대 정부는 접경지역에 대한 정책들을 지속적으로 마련해 왔다. DMZ에 대한 평화주의적 접근과 접경지역 정책들이 본격적으로 등장한 것은 1980년대부터라 할 수 있다. 그 이전인 냉전 시기 동안 DMZ는 안보 체험의 장이자 땅굴로 대표되는 전쟁 위협의 공포를 강화시키는 측면이 강했고 접경지역은 실제 충돌의 위기를 내포한 공간으로 간주되었다(이정철, 2013).

**역대 정부의 접경지역 관련 제안의 주요 내용**

| 역대 정부 | 주요 내용 |
| --- | --- |
| 노태우 정부 | '민족자존과 통일번영을 위한 특별선언(7.7선언)' 발표 이후, 1988년 19월 UN 총회 기조연설에서 DMZ 내 평화시 건설, 1989년 9월 국회 연설에서 DMZ 내 이산가족 면회소, 민족문화관, 남북연합기구 설치 제안 |
| 김영삼 정부 | 1994년 '민족발전 공동계획'에서 DMZ의 자연공원화를 북측에 제안, 1997년 UN 환경특별총회 연설에서 'DMZ 생태계 보존을 위한 남북협력' 제안 |
| 김대중 정부 | 2000년 「접경지역지원법」 제정<br>2001년 환경인 신년인사회에서 유네스코 지정 「DMZ 유네스코 접경생물권 보전지역」 계획을 제안 |
| 이명박 정부 | 2009년 8.15 경축사에서 DMZ 내 남북경협평화공단 조성 제안<br>2011년 「접경지역지원법」 전면 개정(「접경지역지원특별법」으로 명칭 변경) |
| 박근혜 정부 | DMZ 세계생태평화공원 조성 제안<br>(2013년 미국 상하원 합동의회 연설, 광복절 경축사, 한국전쟁 기념식, 2014년 드레스덴선언 등) |
| 문재인 정부 | 2018년 판문점 선언에서 DMZ 평화지대화에 합의, 2019년 유엔총회 연설에서 DMZ 국제평화지대화 구상을 제안 |
| 윤석열 정부 | 접경지역의 그린평화지대화를 통한 남북 그린데탕트 구현을 국정과제로 제시 |

*출처: 통일부, 「국회 제출자료」 (2020.12); 정일영, 「남북 접경지대에서 평화의 제도화 방안 연구」, 『한반도미래연구』, 제4호(2021), p. 25 참고하여 작성

앞에서 보는 바와 같이 역대 정부의 접경지역 구상은 생태환경 보존과 관련된 DMZ 평화적 이용, 접경지역 지원을 위한 법령 제·개정과 접경지역 발전종합계획, 그 외 접경지에서 가능한 다양한 남북협력을 위한 구상들을 제시해 왔다. 노태우 정부 시기 남북이 공동으로 추진할 수 있는 접경지역 사업들이 제시되기 시작했고, 이때부터 분단으로 인해 의도치 않게 형성된 DMZ는 한반도에서 평화와 생태의 가치를 보유한 새로운 공간으로 주목을 받았다.

1990년대 후반부터 2000년대에 걸쳐 남북교류협력이 활발하게 추진되면서 경제적 차원에서 접경 협력이 중요하게 다루어졌다. 접경지역의 대표적인 남북교류의 효시 사업인 금강산 관광(1998), 개성공단(2002)이 이루어졌다. 이 밖에도 일반교역, 위탁가공교역, 직접투자 등 경제협력 사업들이 추진되었고 도로·철도 연결 구상도 가시화되었다. 2006년 2월 한나라당 임태희 의원은 여야 의원 100여 명과 함께 경기도 파주시 북부 통일경제특별구역 설치를 골자로 하는 법안을 처음 발의하기도 하였다.

### 지자체의 사업 유치 노력

2000년대 남북교류가 본격화되면서 접경지역 지자체들은 남북 협력사업을 통해 지역 발전의 기회를 얻고자 노력했다.

정부가 새로운 구상을 발표할 때마다 접경지역 지자체들은 지역 발전과 남북교류협력의 시너지 효과를 기대하며 유치전에 나섰다. 대표적으로 박근혜 정부 시기 DMZ 세계평화공원 계획을 발표했을 당시

엔 파주시, 연천군, 철원군, 고성군 등 지자체들이 각종 인프라와 지역적 상징성을 강조하며 사업 대상지로서의 적합성을 부각시켰다. 파주시는 수도권 접근성과 임진각, 캠프 그리브스 등 이미 구축된 평화관광 자원을 근거로 장단면 동장리 일대를 내세웠고, 연천군은 신서면 도밀리 일대를 평화공원 부지로 제안하며 임진강 수자원 공동 활용과 국토 중심부 입지라는 점을 앞세웠다.

이렇듯 접경지역 지자체들은 분단의 상징성을 새로운 성장동력으로 활용하려는 구상을 내놓았고 경쟁이 과열될 정도로 기대가 높았다. 이는 접경지역이 남북협력의 잠재적인 무대이자 발전 모멘텀을 확보할 기회의 공간임을 보여주는 방증이기도 하다.

그런데 이처럼 정부의 정책적 의지와 지자체의 적극적인 노력에도 불구하고 접경지역 발전 구상은 왜 꾸준히 추진되지 못했을까?

## 4. 접경지역 남북협력 구상의 한계

접경지역에 대한 제안들은 지속적으로 화두가 되었음에도 초기 계획에 비하여 실질적인 성과를 얻지 못한 사례가 반복되어 왔다.

### 선언적 성격이 강했던 정부 정책

정부가 제시해 왔던 접경지역 남북협력 구상은 현실성이 부족한 측면이 있었다. 구체적인 재원 조달 방안, 실현 가능성, 단계별 추진전략 등이 마련되지 않은 상황에서 남북협력은 남북관계 개선을 위한 정치적 수사로 활용되는 경향이 강했다. 특히 제도적·법적 장치가 미비한 상태에서 발표된 경우가 많아 실제 정책으로 구현되지 못한 채 유야무야되는 사례가 반복되었다.

부처별 협력이 부족했던 점도 문제였다. DMZ 및 접경지역 개발과 관련하여 부처별 정책들은 조정 없이 독립적으로 추진되는 경우가 많았고 대부분의 계획들이 내용상 유사한 목표와 전략을 공유하고 있었다.

중복 투자와 비효율적 자원 배분으로 인해 사업마다 고유한 특성을 갖고 추진되기 어려웠다. DMZ의 경우 공간적 연속성을 갖는 자연생태계임에도 개발 지방정부 단위에서 분절적으로 추진됨으로써 지속가능한 발전 모델로 자리 잡지 못한 측면도 있다.

### 환경과 개발 간 충돌

DMZ 및 접경지역의 활용 계획에서는 환경 보존과 경제 개발이라는 상반된 개념이 혼재되거나 상충되는 경우가 많았다.

생태계를 보호하려는 국제적 관심이 증가하면서 DMZ가 보유한 희귀 생물종과 자연경관의 환경적 가치를 유지해야 한다는 요구가 크다. 보전생태학의 관점에서 볼 때 DMZ는 반드시 '통째로' 보전해야 한다고 주장하는데, 동일한 면적이라도 희귀종이나 멸종위기종을 보전하기 위해서는 하나의 큰 지역이 여러 개의 작은 지역보다 훨씬 더 효율적이라는 것이다(최재천, 2021).

그러나 다른 한편에서는 낙후된 접경지역을 활성화하려는 목적으로 관광, 산업단지 조성, 물류 인프라 구축 등 개발사업을 적극 추진해왔다. 평화경제특구와 같이 접경지역 내 특정 지역을 집중 개발하여 남북경제공동체의 시험적 공간을 마련해야 한다는 것이다. 이들이 무분별한 개발을 주장하는 것은 아니지만 접경지역에 활기를 불어넣어줄 산업형, 관광형 개발사업에 더 중점을 둔다.

이와 같은 상충된 두 목표가 실제 접경지역 사업 추진에 갈등을 불러오는 경우가 많다. 2018년 행정안전부가 강화에서 고성까지 DMZ 내부를 개방하는 'DMZ 평화의 길' 사업을 발표하자 녹색연합 등 환경단체에서 생태계 파괴를 이유로 반대의견을 제시한 것이 그 예이다.

### 북한과의 협력 부족

접경지역의 남북협력 구상은 정치·군사적 상황으로 인해 성과를 창출하는 데 한계를 보일 수밖에 없었다. 남북관계의 부침에 따라 정책이 좌우되었고 특정 정부의 남북협력 기조가 바뀔 때마다 기존 사업들이 중단되거나 폐기되는 사례가 반복되었다. 대부분의 사업이 일관된 추진력을 갖지 못하고 단발적인 제안에 그치는 경우가 많았다.

접경지역에 대한 지원은 정부의 결정에 따라 그때 그때 바뀌면서 사업비의 안정적인 확보가 어려웠고, 정부의 결정은 언제나 북한 측에 대한 고려 없이 일방적으로 추진되었다. 결국 남북관계의 변화 속에서 우리 정부가 결정한 정책들은 북한의 호응을 이끌어내기 어려웠고 결과적으로 남북협력 기반을 조성하는 데에 실패했다.

### 접경지역의 각종 규제

접경지역 대상 사업의 태생적인 문제라 할 수 있는 것이 접경지역에 대한 각종 규제다. 「접경지역지원특별법」 역시 '다른 법률에 우선해 적용'하도록 되어 있으나 단서조항에 이러한 지역에 대표적으로 적용될 수 있는 「국토기본법」, 「수도권정비계획법」, 「군사기지 및 군사시설 보호법」 등에 대해서는 우선적용이 배제되어 있는 것도 문제다(동법 제3조).

특히 군사시설 보호 규제가 크게 작용한다. 「군사시설보호법」에 따라 설정된 군사시설보호구역의 경우, 건축, 도로, 토지개간, 임업 등 주민 혹은 지방자치단체의 재산상의 행위에 대하여 국방부 장관 혹은 관할 부대장의 협의를 거쳐야 하며, 군 작전에 방해되는 경우 퇴거와 행동제한, 출입허가 등 각종 제약이 있다.

DMZ의 경우 현재 유엔사가 보유하고 있는 관할권 문제도 남북 간 접경지역 협력에 제약이 되고 있다. 남북 DMZ를 통과할 도로·철도 등 인프라 건설에 있어서도 DMZ의 남측 관할권을 갖고 있는 유엔사와의 협의가 필요하다.

## 5. 접경지역에 대한 새로운 구상

접경지역은 남북을 잇는 관문이자 지정학적 위치에 따라 남북협력의 장이 될 수 있다. 통일 이후엔 정치, 경제, 사회문화적 충격을 완화하는 완충지대이자 남북통합의 선도 지역이 될 수도 있다. 접경지역의 남북협력은 한반도 전체의 평화를 궁극적 목표에 두고 남북관계 변화를 먼저 대비하는 차원에서 실제 추진가능한 전략을 장기적 관점에서 수립해야 할 것이다.

### 남북협력이 불가피한 의제 추진

접경지역에서 남북협력사업을 추진하기 위해서는 한반도에서 지속적으로 제기될 수 밖에 없는 남북협력 의제들에 선제적으로 주목할 필요가 있다. 방역 및 보건의료, 환경협력, 재해재난 협력 등 추진 명분이 명확한 분야가 우선적 검토 대상이 되어야 한다. 초국경 질병 문제나 남북공동수계 문제 등이 대표적일 수 있다. 산림병충해, 구제역, 조류독감, 아프리카돼지열병 등 각종 감염병의 확산은 앞으로도 반복 가능성이 높기에 남북 공동대응이 필수적이며 상호 이익을 실현할 수 있는 전형적인 상생협력사업에 해당한다.

남북공동수계 협력도 하류지역인 한국 입장에서 중장기적으로 반드시 추진해야 할 과제다. 접경지역 공동관리위원회 등의 제도적 틀을 구축함으로써 남북이 상호 이익을 도모하는 협력방식으로 발전시켜 나갈 필요가 있다.

### 접경지역의 통합 전략: 개발과 보전

접경지역 구상에서 현실적으로 대립하는 문제는 개발과 보전을 어떻게 조화롭게 추진할 것인가이다. 생태계를 외면한 개발은 지속가능성을 가질 수 없고, 반대로 보전만을 고집한다면 낙후된 지역에 대한 발전 동력을 마련하기가 어렵다.

생태계 보전과 지역 개발은 나무의 뿌리와 줄기에 비유할 수 있겠다. 뿌리는 땅속에서 나무를 온전히 지탱하며, 자라난 줄기와 잎사귀는 빛을 받아들이며 나무를 더 풍성하게 만들고 나무로서 제 기능을 다할 수 있다. 이처럼 생태계를 외면한 채 추진하는 개발은 지속가능성을 담보하기 어렵고, 개발 없이 보전만을 고집하면 그 나무 아래서 쉴 사람도, 화려한 잎과 꽃을 감상할 기회도 사라지게 된다.

접경지역은 환경 보존과 지역 발전이라는 두 가지 가치를 균형감 있게 추진해야 하는 복합적 공간이다. 이를 위해 기존 정책의 한계들을 재점검하고 단계별 로드맵에 따라 진행하는 것이 필수적이다. 접경지역의 생태적 가치를 훼손하지 않으면서도 지역 발전을 이룰 수 있는 통합적인 전략을 통해 장기적 비전을 제시해야 할 것이다.

### 북한도 원하는 남북협력사업

접경지역 협력은 남북관계가 정상화될 때 혹은 정상화로 이끄는 과정에서 중요한 역할을 할 것이다. 따라서 남북협력이 활성화될 때 북한의 적극적 참여를 이끌어내어 추진 동력을 얻을 수 있는 사업이 되어야 한다. 그렇다면 북한이 선호하는 남북협력사업은 구체적으로 어떤 것들이 있을까? 김정은 시대에 들어 북한은 동해안 지구를 중심으로 대규모 기념비적 사업을 추진해 왔다. 예컨대 강원도 평강군과 이천군, 세포군을 아우르는 5만 정보 규모의 세포등판 목축장, 마식령

스키장, 그리고 원산갈마 해안관광지구 등이 대표적이다.

2025년 6월은 김정은이 직접 지시하며 북한 당국이 공들여온 원산갈마 해안관광지구가 10여 년간의 공사를 마무리하고 개장할 계획이다. 이 지역은 원산 시내 주택지구, 석왕사지구, 갈마반도지구 등 크게 세 개의 지구로 나뉘어 건설이 진행 중인 것으로 알려져 있다. 특히 관광지 개발을 목적으로 호텔과 놀이시설, 수상공원 등 연간 100만 명의 관광객을 수용할 수 있는 리조트 단지가 조성될 예정이다. 이는 남북이 환경·관광·문화 등 다양한 영역에서 공동 개발과 협력을 추진할 잠재적 기반이 될 것으로 보인다.

## 6. 분단의 경계를 넘어 평화로

남북 접경지역은 군사적 갈등과 새로운 기회의 가능성이 공존하는 공간이다. 분단의 폭력을 직접적으로 겪으면서도 동시에 남북교류협력의 '실험공간(test-bed)'이자 남북관계의 발전과 한반도의 평화를 가능케 할 잠재력을 지니고 있다. 남북관계 변화를 대비하여 체계적인 접경지역 구상이 필요한 시점이다.

첫째, 접경지역에 대한 이상적 목표뿐 아니라 접경지역 주민들에게 실질적인 혜택을 줄 수 있는 사업들이 설계되어야 할 것이다. 지금껏 군사적 충돌과 대북·대남방송, 전단 살포와 같은 비군사적 갈등이 주민들의 안전과 생존권을 위협해 왔고 경제발전과정에서 소외되어 왔다. 앞으로는 실제 주민들을 위한 남북협력사업을 통해 평화의 가치를 실현해나가야 할 것이다.

둘째, 접경지역에서 협력사업은 남북 양측 모두가 중장기적으로 이익을 얻을 수 있는 분야에 집중해야 할 것이다. 방역, 환경, 재해재난 협력 등은 정치적 상황과 관계없이 공동의 필요성이 클 수밖에 없는 영역이다. 일회성 기념사업이 아니라 제도화된 공동관리위원회 등을 통해 지속 가능한 협력 체계를 마련해야 한다.

셋째, 남북 정부 간 협력을 넘어 국제기구, 민간단체, 지역사회 등 다양한 주체들이 참여하는 국제협력체계를 구축할 필요가 있다. 외연 확장을 통해 접경지역 평화의 안정성을 확보할 수 있으며, 경제협력뿐 아니라 환경·관광·문화 분야 등까지 확대될 수 있겠다.

마지막으로 남북 접경지역에서 진행되는 사업을 종합적으로 조율할 수 있는 최상위 기구를 설치하는 방안을 검토해야 한다. 이는 남북 간 합의의 부속합의서 형태로 법적 지위를 확보할 수 있고 접경지역 평화적 이용과 발전에 관한 정책방향을 수립하고 분과위원회 운영, 전문위원 파견, 분쟁 시 중재기구 역할 등을 수행하도록 설계할 수 있다. 이러한 컨트롤타워 하에서 정부 부처 간, 지자체·민간 간 긴밀한 협력체계와 장기적인 운영방안이 마련될 수 있다. 무엇보다도 이러한 기구가 실효성 있게 작동하기 위해서는 지역 주민들의 동의를 비롯한 사회적 합의가 전제되어야 할 것이다.

## 참고문헌

| 국문자료 |

관계부처 합동, 「제4차 북한이탈주민 정착지원 기본계획(2024~2026)」, 2024.5.
교육부, 『도덕과 교육과정』, 교육부, 2022a.
교육부, 『사회과 교육과정』, 교육부, 2022b.
국가정보원, 『北韓法令集-上』, 국가정보원, 2024.
국가정보원, 『北韓法令集-下』, 국가정보원, 2024.
국립외교원, 『2025 국제정세전망』, 국립외교원, 2024.
국립통일교육원, 『2024 북한 이해』, 국립통일교육원, 2024.
국립통일교육원, 『2024 통일문제 이해』, 국립통일교육원, 2024.
국방부, 『2022년 국방백서』, 국방부, 2023.
국회 외교통상통일위원회, 「대한민국과 인도공화국 간의 포괄적경제동반자협정 비준동의안 검토보고서」, 2009.
기상청, 『2023년 이상기후 보고서』, 기상청, 2023.
김기연 외, 『분단이 싫어서』, 씽크스마트, 2024.
김명심, 「산불일기지수에 의한 신불위험성평가」, 『김일성종합대학학보-지구환경과학 및 지질학』 제3호, 2022.
김범수 외, 『2024 통일의식조사』, 서울대학교통일평화연구원, 2024.
김범수 외, 『2024 통일의식조사』, 서울대학교통일평화연구원, 2023.
김범수·박상용, 『강원도 DMZ자원의 평화적 이용을 위한 기초 연구』, 강원연구원, 2020.

김병연, 『통일교육의 페다고지』, 피와이메이트, 2025.
김병연, 「남북관계의 변화와 학교 통일교육의 대응 방안」, 『윤리교육연구』 제75집, 2025.
김병연, 「통일교육 관련 법 규범의 문제점과 개선 방향」, 『윤리교육연구』 제56집, 2020.
김병연, 「평화 지향적 통일교육과 안보 지향적 통일교육의 연계성」, 『윤리연구』 제145권, 2024.
김병철, 「북한에 관한 언론의 보도 태도가 대북 친밀감에 미치는 영향」, 『지역과 커뮤니케이션』 제24권 제3호, 2020.
김성진·한희진·박보라, 『한반도 탄소중립을 위한 남북 기후개발협력 방안 연구』, 한국환경정책·평가연구원, 2021.
김양희, 「한국과 일본은 '담대한 중견국 연대'에 나서라」, 『한겨레』, 2023.4.4.
김양희, 「미 산업정책의 교차로…한국의 길은?」, 『한겨레』, 2024.9.24.
김윤태, 「북한인권정책 우선순위에 관한 연구: AHP 분석기법을 중심으로」, 『Journal of North Korea Studies』 제9권 제2호, 2023.
김일한 외, 「EU INTERREG 지역, 도시협력 사례연구 및 남북협력방안」, 통일부 정책용역보고서, 2021.
김지훈, 「한국 외교정책 결정과 민주적 절차의 필요성」, 『한국정치연구』, 제62권 제2호(2023).
김진하 외, 『미 인태전략과 동북아 국제정세: 중·러·북의 도전과 한국의 전략적 대응』, 통일연구원, 2025.
김현철, 「한국의 공급망 전략과 경제안보」, 『동북아경제연구』 제15권 제2호, 2023.
나용우 외, 『해외사례를 통해 본 남북접경협력의 추진방향과 전략』, 통일연구원, 2022.
대북협력민간단체협의회, 『대북지원 10년 백서』, 대북협력민간단체협의회, 2005.
대한민국 정부, 「제4차 남북관계발전기본계획-2024년도 시행계획」, 2024.5.
대한민국 정부, 「제4차 남북관계발전기본계획(2023-2027)」, 2023.11.

명수정 외, 『한반도 기후변화 대응을 위한 남북협력 기반 구축 연구 Ⅲ』, 한국환경정책·평가연구원, 2013.

민홍철·정청래 의원실, 「국회도서관 의회정보회답-주요 국가의 경제안보 관련 정부조직 현황」, 2025.1.21.

박상철, 「독일에너지전환정책과 비용 및 효과분석에 관한 연구」, 『EU학 연구』 제24권 제1호, 2019.

박성열, 「지방 차원 대북교류의 역사적 변천과정 분석과 정책적 시사점」, 『통일정책연구』 제27권 제2호, 2018.

박철용·로은아, 「표준화강수증발지수의 등급화에 의한 가뭄평가방법」, 『기상과 수문』 제1호, 2023.

박태균, 「미·중 전략경쟁과 한국의 외교전략」, 『한국정치학회보』 제56권 제1호, 2022.

박홍규, 『한국, 일본을 포용하다』, 경인문화사, 2025.

박효민, 「유엔 안보리의 대(對)북한 제재 연구-분야별 주요 내용 및 주요국의 이행을 중심으로-」, 『법제연구』 제57호, 2019.

변준희, 『평화사전』, 가치창조, 2024.

변준희, 「교육 영역에서 평화와 통합의 길」, 『정전 70년, 우리는 어디로 가야 하는가?』, 정전70주년평화축제준비위원회, 2023.

북한이탈주민지원재단, 『2024 북한이탈주민 정착실태조사』, 북한이탈주민지원재단, 2024.

북한이탈주민지원재단, 『2024 북한이탈주민 사회통합조사』, 북한이탈주민지원재단, 2024.

빙현지·이석기, 『북한 재생 에너지 현황과 시사점』, 산업연구원, 2017.

배영자, 「한국, 중국, 일본 3국의 양자 간 투자협정(BIT) 체결 양상 비교 연구」, 『한국정치연구』 제24집 제1호, 2015.

서정건·차태서, 「트럼프 행정부와 미국외교의 잭슨주의 전환」, 『한국과 국제정치』 제33권 제1호, 2017.

서진영, 「한중 관계의 변화와 한국의 전략적 대응」, 『국제관계연구』 제30권 제2호, 2019.

서울대 통일평화연구원, 「2024 통일의식조사: 부상하는 분단 지지, 흔들리는 통일론」, 학술회의 자료집, 2024.10.5.

성한용, 「미·중 갈등 시대, 한국 외교의 길」, 『한반도연구』 제41권 제1호, 2023.
송인호, 「현행 북한인권법의 개선방향에 대한 고찰」, 『동아법학』 제79호, 2018.
송정명·최태영, 「제꽃가루받이강냉이계통들의 가물견딜성검정」, 『기술혁신』 제4호, 2021.
신영복, 「존재론에서 관계론으로」, 『중등우리교육』 제101호, 1998.
엄현숙, 「학교 통일교육의 현안과 개선 방안: 2022 개정 초등 교육과정을 중심으로」, 『통일교육연구』 제21권 제2호, 2024.
외교부, 『2023년도 국제정세와 외교활동』, 외교부, 2024.
우리민족서로돕기운동, 『나눔과 평화의 길, 그 스무 해의 여정』, 우리민족서로돕기운동, 2016.
우석훈 외, 『따르릉 따르릉 비켜나세요, 이준석이 나갑니다: 이준석 전후사의 인식』, 오픈하우스, 2021.
유의상, 『대일외교의 명분과 실리: 대일청구권 교섭과정의 복원』, 역사공간, 2016.
유현욱, 「"자국우선주의에 WTO 붕괴…"언더도그마 벗어나 보조금 지원해야」, 『서울경제』, 2024.3.17.
윤병수, 「북한의 기후위기 대응정책과 남북 기후협력 방안 연구」, 『한국휴먼이미지디자인』 제6권 제2호, 2024.
윤순진·김은진·박정현, 「김정은 시기 북한의 국내 기후변화 연구와 국제 연구 협력 동향: 연구 주제 분석」, 『환경정책』 제32권 제3호, 2024.
윤순진 외, 「언론보도 분석을 통해 본 북한의 기후변화 담론 변화」, 『아태연구』 제26권 제3호, 2019.
윤영관, 「한미일 안보협력과 한국의 외교적 선택」, 『국제관계연구』 제32권 제1호, 2023.
이동기, 『비밀과 역설』, 아카넷, 2020.
이동기·송영훈, 『평화통일교육 추진전략 연구』, 유네스코한국위원회, 2014.
이병호, 「학교통일교육과정 개선방안 탐색」, 『통일교육연구』 제17권 제1호, 2020.

이상신 외, 『남북접경지역 교류협력 발전방안(1)』, 경제·인문사회연구회, 2021.
이상현, 「미국 신행정부의 대외정책 전망」, 『세종포커스』, 2024.11.12.
이예정, 「북한의 두 국가 선언과 민간 남북교류협력 전망」, 『통일과 평화』 제16집 제1호, 2024.
이정철, 『DMZ 담론: 개념사와 새 패러다임 모색』, 강원발전연구원, 2013.
이효영, 「경제안보의 개념과 최근 동향 평가」, 『국립외교원 주요국제문제분석』 8, 2022.
전봉근, 『비핵화의 정치』, 명인문화사, 2024.
전일욱, 「북한 인권실태에 대한 유엔의 활동과 한국의 역할」, 『한국동북아논총』 제23권 제2호, 2018.
진호성, 「북한인권법의 문제점과 개선방안: 북한주민의 헌법정책적 보호의 관점에서」, 『북한법연구』 제31권, 2024.
정구연, 「미국 우선주의에 대한 공화당 내 다양한 해석과 미국 대외정책에 대한 함의」, 『아산 이슈브리프』, 2024.
정성윤 외, 『2025년 북핵 쟁점: 군축·군비통제 담론 대응 중심으로』, 통일연구원, 2024.
정영철 외, 『공존의 시선으로 남북을 잇다』, 유니스토리, 2020.
정욱식, 『한반도의 길: 왜 비핵지대인가?』, 유리창, 2020.
정일영, 『한반도 오디세이』, 선인, 2023.
정일영, 『한반도 오디세이 Ⅱ』, 선인, 2025.
정일영, 「한반도 정세의 변화, 무엇을 준비할 것인가?」, 『인간과 평화』 제2권 제1호, 2021.
정일영, 「남북 접경지대에서 평화의 제도화 방안 연구」, 『한반도미래연구』 제4호, 2021.
정일영, 「한반도 평화체제의 구축방안 재론」, 『정책연구』 179호, 2013.
정일영, 「남북합의서의 법제화 방안 연구」, 『법과정책연구소』 제18권 제1권, 2012.
정일영·정대진, 「남북합의서 이행의 한계와 대안의 모색: 5.24조치와 '남북관계발전에관한법률' 제23조를 중심으로」, 『통일연구』 제21권 제1권, 2017.

조경일, 『리얼리티와 유니티』, 이소노미아, 2023.
조경일, 『아오지까지』, 이소노미아, 2021.
진희관 외, 『우리시대를 위한 통일과 평화』, 늘품플러스, 2022.
차명철, 『조선민주주의인민공화국 주요경제지대들』, 평양: 조선민주주의인민공화국 외국문출판사, 2018.
최영호, 「평화시대 한반도 농업통합 중장기 로드맵 수립 연구의 주요 내용」, 『KDI북한경제리뷰』, 2023년 4월호, 2023.
최은미, 「강제징용 대법원 판결 관련 해법 발표(2023.3.6)이후의 한일관계: 전망과 과제」, 『Issue Brief』, 2023-06.
최은미, 「윤석열-기시다 한일 정상 셔틀외교 복원 이후의 한일관계: 의미, 전망, 과제」, 『Issue Brief』, 2023-14.
최은미, 「일본의 대한국 공공외교와 한일관계: 한일인적교류 천만시대의 딜레마」, 『ASAN REPORT』, 2024-6.
최재천, 『생태의 시대와 DMZ: 지속가능한 미래를 위하여』, 통일교육원, 2021.
최희식, 「미중 전략경쟁 시기의 한일관계: 양극화된 정치와 대일정책」, 『일본연구논총』 제56권, 2022.
통일부, 『2024 통일백서』, 통일부, 2024.
통일부, 『2025년 통일부 예산·기금안 주요 내용』, 통일부, 2024.
통일부, 『북한인권보고서』, 통일부, 2024.
통일부, 『2023년도 학교통일교육 실태조사』, 통일부, 2024.
통일부, 「북한인권 증진 종합계획」, 2023.12.
통일부, 「제4차 남북이산가족 교류촉진 기본계획」, 2023.2.
통일부, 「2022 통일부 업무보고」, 통일부, 2022.
통일부 국립통일교육원, 『2024 통일교육 기본계획』, 통일교육원, 2024.
통일부 국립통일교육원, 『2023 통일교육 기본방향』, 통일교육원, 2023.
통일부 국립통일교육원, 『평화·통일교육 방향과 관점』, 통일교육원, 2018.
하승희·이민규, 「북한주민 생활 실태에 관한 국내 신문보도 프레임 연구: 조선일보, 동아일보, 한겨레, 경향신문을 중심으로」, 『한국언론정보학보』 통권 58호, 2012.

한국국제정치학회, 「중장기 통일정책 국제협력 분야 접근방향 연구」, 통일부 정책연구용역 보고서, 2023년 10월.
행정재경위원회, 「서울특별시 관악구 남북교류협력에 관한 조례 폐지조례안 검토보고서」, 2023년 11월.
허정필·김에스라, 「김정은 시대 북한 재해 거버넌스 발전에 관한 연구: 재해 관련 법을 중심으로」, 『한국보훈논총』 제22권 제2호, 2023.
홍용표, 「한반도에서 인권과 평화: 북한인권법 제정을 둘러싼 논쟁과 그 의미」, 『문화와 정치』 제6권 제4호, 2019.
KBS 공영미디어연구소, 『국민 통일의식 조사 결과』, 2020~2024년.
KDI 경제교육·정보센터, 「보이지는 않는 장벽 보호무역」, 『경제로 세상 읽기』, 2020.
경향신문, 「전간기(1919~1939)」, 2018.11.13.
경향신문, 「1987년 평화의 댐 착공」, 2009.2.27.
노동신문, 「지력개선에서도 중요한것은 각오이다」, 2022.12.24.
노동신문, 「농사의 성패는 일군들의 각오와 실력이 결정한다」, 2022.12.12.
노동신문, 「최대로 각성하여 기민하게 대응」, 2022.6.28.
동아사이언스, 「[기후위기와 산림] 남한·북한 가리지 않는 기후위기…"북한은 더 심각"」, 2023.2.9.
동아일보, 「[단독]징용피해자 의견 엇갈려… '재단 변제안 가능' '구걸할 생각 없다'」, 2023.2.14.
매일일보, 「유엔, '개풍양묘장' 지원사업 대북제재 면제 1년 연장」, 2024.9.18.
연합뉴스, 「문재인 정부 5년 남북산림협력, 종자 11kg 지원이 전부」, 2022.10.14.
연합뉴스, 「중국, 작년 온실가스 배출 1위…한국은 13번째로 많이 배출」, 2023.12.2.
연합뉴스, 「지성호 "지난주말 김정은 사망 99% 확신…금주말께 北발표 예상"」, 2020.5.1.
인천일보, 「경쟁과 대립의 시대…실리적 도시외교 주목해야」, 2024.6.20.
조선일보, 「해수면 상승하는 투발루가 '전국민 이주' 보장한 호주와의 조약에 와글와글한 까닭」, 2023.12.28.
조선일보, 「김정은 옛애인, 현송월 포르노 찍어 유출 돼 공개처형」, 2013.8.29.
조선일보, 「김일성 피살설」, 1986.11.6.

조선일보, 「김일성 피격 사망」, 1986.11.18.
중앙일보, 「폭염이 북핵만큼 무섭다… "기후, 한국 가장 큰 위협" 1위 [한국안보, 국민에 묻다]」, 2024.10.8.
BBC NEWS 코리아, 「강원 산불: 주택 401채와 축산시설 925개 피해」, 2019.4.7.
BBC NEWS 코리아, 「기후 변화: 문 대통령 언급한 '남북 산림 협력'… 가능성 및 걸림돌은?」, 2021.11.4.

| 영문자료 |

Allison, Graham, "The Thucydides Trap," Richard N. Rosecrance and Steven E. Miller, *The Next Great War: The Roots of World War and the Risk of U.S.-China Conflict*, Cambridge, M.A.: Belfer Center for Science and International Affairs, 2015.

Baldwin, R, *The Great Convergence: Information Technology and the New Globalization*. Cambridge: Harvard University Press, 2016.

Brands, Hal and Gaddis, John Lewis, "The New Cold War: America, China and the Echoes of History," *Foreign Affairs*, (November/December 2021)

Clarke, Michael and Anthony Ricketts, "Understanding the Return of the Jacksonian Tradition," *Orbis* Vol.61, No.1 (2016).

DPRK, Updated Nationally Determined Contribution of the DPRK, 2019.

DPRK, Intended Nationally Determined Contribution of Democratic People's Republic of Korea, 2016.

Holland, Jack, "Obama as Modern Jeffersonian," in M. Bentley and J. Holland eds., *The Obama Doctrine: A Legacy of Continuity in US Foreign Policy? Routledge Studies in US Foreign Policy*, New York, N.Y.: Routledge, 2016.

Hooker, R.D. Jr., *Charting a Course: Strategic Choices for a New Administration*, Arlington, V.A.: National Defense University Press, 2016.

Howard, Michael, "The Forgotten Dimensions of Strategy," *Foreign Affairs* Vol.57, Issue 5, (Summer 1979).

Human Rights Council Session 58th, Situation of human rights in the Democratic People's Republic of Korea, A/HRC/58/65, 5, (February 2025).

Ikenberry, G. John, "The Real Liberal Bet," *Foreign Affairs*, (March/April 2022).

IPCC, *Global Warming of 1.5℃*, WMO·UNEP, 2019.

Mead, Walter R., *Special Province: American Foreign Policy and How It Changed The World*, London: Routledge, 2002.

Mead, Walter R., "The Jacksonian Revolt: American Populism and the Liberal Order," *Foreign Affairs* Vol.96, No.2 (2017).

Mearsheimer, John J. "The Inevitable Rivalry: America, China and the Tragedy of Great-Power Politics," *Foreign Affairs*, (November/December 2021).

Medeiros, E. S, The Changing Fundamentals of US-China Relations. *The Washington Quarterly*, Vol.42 NO.3 (2019).

Nye, Joseph S. "When it comes to China, don't call it a Cold War," *The New York Times International Edition* (2021.11.4)

Rolf, Jan Niklas, "Donald Trump's Jacksonian and Jeffersonian," *Policy Studies* Vol.42 (2021).

Tucker, Robert W. and David C. Hendrickson, *Empire of Liberty: The Statecraft of Thomas Jefferson*, New York: Oxford University Press, 1990.

United Nations Security Council(S/2024/215), "Panel of Experts established pursuant to Security Council resolution 1874(2009)," (2024.3.7)

UNHRC, Fifty-fifth session Agenda item 4, Resolution adopted by the Human Rights Council, A/HRC/55/L.19, 2024.

Zakaria, Fareed, "Populism on the March: Why the West is in Trouble," *Foreign Affairs* Vol.95, No.6 (2016).

| 인터넷자료 |

국가교육위원회, www.ne.go.kr
국가법령정보센터, www.law.go.kr
국제응용시스템분석연구소, https://iiasa.ac.at
남북교류협력지원협회, https://sonosa.or.kr
대통령실, "캠프 데이비드 정신: 한미일 정상회의 공동성명(2023.8.18.)", www.president.go.kr
데일리굿뉴스, www.goodnews1.com
산업통상자원부, "FTA용어사전", https://fta.go.kr
여성소비자신문, www.wsobi.com
연합뉴스, www.yna.co.kr
오마이뉴스 연재시리즈, "탈북, 환대와 냉대 사이", www.ohmynews.com
오마이뉴스 연재시리즈, "조경일의 '리얼리티와 유니티'", www.ohmynews.com
외교부, "비핵지대(NWFZ) 관련 주요 이슈", www.mofa.go.kr
외교부, "북한 핵 문제-주요 문서", www.mofa.go.kr
외교부, "강제징용 대법원 판결 관련 정부입장 발표문(2023.3.7)", www.mofa.go.kr
전국언론노동조합·한국기자협회·한국PD연합회, "평화통일과 남북 화해 협력을 위한 보도 제작 준칙", www.journalist.or.kr
통일부 남북관계관리단, https://dialogue.unikorea.go.kr
통일부, "인도적 대북지원 현황", www.unikorea.go.kr
통일부, "주요사업통계", www.unikorea.go.kr
행정안전부, "접경지역발전종합계획", www.korea.kr

CNN, "Rumors surrounding Kim Jong Un not 'based on the facts' says former North Korean diplomat," April 27, 2020 https://edition.cnn.com

Donald J. Trump, "Transcript: Donald Trump's Foreign Policy Speech," *New York Times*, April 27, 2016.

Emily Benson and Gloria Sicilia, "A Closer Look at De-risking," *CSIS Commentary*, December 20, 2023, www.csis.org

Hass, Richard, Ten Lessons from the Return of History, *Project Syndicate*, Dec 13, 2022. www.project-syndicate.org

IMF, "Transcript of Press Briefing: Asia and Pacific Department Regional Economic Outlook October 24," (2024.10.24) www.imf.org